Gil Lobescat 2003.

Hachette

FÉERIES ANATOMIQUES

Généalogie du corps faustien

DU MÊME AUTEUR

PHYSIOLOGIE DE GEORGES PALANTE, *Portrait d'un nietzschéen de gauche*, Grasset, 2002.
LE VENTRE DES PHILOSOPHES, *Critique de la raison diététique*, Grasset, 1989. LGF, 1990.
CYNISMES, *Portrait du philosophe en chien*, Grasset, 1990. LGF.
L'ART DE JOUIR, *Pour un matérialisme hédoniste*, Grasset, 1991. LGF, 1994.
L'ŒIL NOMADE, *La peinture de Jacques Pasquier*, Folle-Avoine, 1993.
LA SCULPTURE DE SOI, *La morale esthétique*, Grasset, 1993 (Prix Médicis de l'essai). LGF, 1996.
ARS MORIENDI, *Cent petits tableaux sur les avantages et les inconvénients de la mort*, Folle Avoine, 1994.
LA RAISON GOURMANDE, *Philosophie du goût*, Grasset, 1995. LGF, 1997.
MÉTAPHYSIQUE DES RUINES, *La peinture de Monsu Désidério*, Mollat, 1995.
LES FORMES DU TEMPS, *Théorie du sauternes*, Mollat, 1996.
POLITIQUE DU REBELLE, *Traité de résistance et d'insoumission*, Grasset, 1997. LGF, 1999.
A CÔTÉ DU DÉSIR D'ÉTERNITÉ, *Fragments d'Egypte*, Mollat, 1998.
THÉORIE DU CORPS AMOUREUX, *Pour une érotique solaire*, Grasset, 2000. LGF, 2001.
ANTIMANUEL DE PHILOSOPHIE, *Leçons socratiques et alternatives*, Bréal, 2001.
ESTHÉTIQUE DU PÔLE NORD, *Stèles hyperboréennes*, Grasset, 2002.
L'INVENTION DU PLAISIR, *Fragments cyrénaïques*, LGF, 2002.
CÉLÉBRATION DU GÉNIE COLÉRIQUE, *Tombeau de Pierre Bourdieu*, Galilée, 2002.
SPLENDEUR DE LA CATASTROPHE, *La peinture de Vladimir Vélikovic*, Galilée, 2002.
LES ICÔNES PAÏENNES, *Variations sur Ernest Pignon-Ernest*, Galilée, 2003.
ARCHÉOLOGIE DU PRÉSENT, *Manifeste pour l'art contemporain*, Grasset-Adam Biro, 2003.

Journal hédoniste :

I. LE DÉSIR D'ÊTRE UN VOLCAN, Grasset, 1996. LGF, 1998.
II. LES VERTUS DE LA FOUDRE, Grasset, 1998. LGF, 2000.
III. L'ARCHIPEL DES COMÈTES, Grasset, 2001. LGF, 2002.
IV. LA LUEUR DES ORAGES DÉSIRÉS (à paraître chez Grasset en 2004).

MICHEL ONFRAY

FÉERIES ANATOMIQUES

Généalogie du corps faustien

BERNARD GRASSET
PARIS

‹ Vous êtes devenus des contempteurs du corps !
car de créer au-dessus et au-delà de vous-mêmes
vous n'êtes plus capables. »

Nietzsche, *Ainsi parlait Zarathoustra.*

SOMMAIRE

8 – La résection

Avortement et monothéismes. Pour un eugénisme ontologique. Résistances à l'abortif. L'affaire Perruche et ses enjeux. Laïciser et déchristianiser l'avortement. Sélection de l'embryon. L'humanité d'un être : ailleurs que dans sa forme. Dans sa capacité à ressentir la douleur.

9 – La résolution

Qui choisit ? Débile mental, fou et délinquant relationnel. Du droit d'enfanter. Priorité aux droits de l'enfant sur les droits de l'homme. Empêcher l'éternel retour de la défaillance. Ce qui n'est pas humain, ce qui ne l'est plus. Contraception et stérilisation hors-la-loi. Légiférer sur la stérilisation des handicapés. Résister au désir abortif ou contraceptif de l'autre. Les pleins pouvoirs féminins. La paternité extorquée : un viol ontologique. Naître d'une demi-violence. Absence de contraception masculine. Illégalité de la vasectomie. Susceptibilité psychique masculine : puissance sexuelle, ardeur libidinale, fécondité naturelle et pérennité de l'espèce.

10 – La transgenèse

La révolution transgénétique. Sortie du Moyen Age médical. Périodes généalogiques, moments d'acmé et chef-d'œuvre. Angoisses, délires et fantasmes. Neutralité de la technique en soi. Les fins déterminent la valeur. Principe de précaution et raisonnements sophistes. Usages libéral et marchand. Usage humaniste et hédoniste. Médecine prédictive. Évitement de la douleur contre traitement. Réduction du coût existentiel. Médecine pacifique contre médecine agonistique. Épistémologie de la conservation contre réparation. Politiques de la transgenèse. Un gouvernement sanitaire planétaire.

11 – Le monisme

Abolition de la transcendance. Lecture immanente du monde. Universalité du codage dans le vivant. Le devenir Un de la planète. Carpe et lapin transgénique. Le sang du tabac, le lapin fluorescent. Matérialisme vitaliste, atomisme moléculaire, substantialisme moniste et paganisme panthéiste. Pour une écologie technophile. Utilité méthodologique des chimères. Dépasser l'humain vers plus d'humain. Prêtre quadrupède et chien philosophe ? Le surhumain, élargissement de l'humain – et non abrogation. La fiction comme science. Nécessité d'une éthique postmoderne : un pragmatisme utilitariste. Inexistence de la bioéthique : seule existe la biopolitique.

12 – L'eugénisme

Recours à l'étymologie pour nettoyer le terme. L'évitement de la négativité. Qui veut transmettre le pire ? Préférer le meilleur pour l'enfant. Choisir la santé contre la maladie. Eugénisme eudémoniste et pulsion de vie. Thanatophilie de l'eugénisme nazi. L'hygiénisme et la prévention comme eugénisme. Augmenter les chances, supprimer les handicaps. Eugénisme de l'évitement contre eugénisme de la performance. Création d'une équité nouvelle. Réduction des injustices naturelles. Ni surhommes, ni sous-hommes : humanité pour tous. Le nazisme, heuristique de la catastrophe. Définition du transhumain. Contre le surhomme nietzschéen, le corps faustien. Portrait. Résolution goethéenne du nihilisme.

personnelle et être pour soi. Chacun est son cerveau. Résolution des apories : le schéma corporel. Construction d'une image de soi. Symbolique des organes. Greffe et modification de l'imago. Réécrire sans cesse son schéma corporel.

23 – Le cerveau

Frankenstein, le nom du scientifique, pas du monstre. Où est l'humanité d'un humain ? Dans son visage ? Version théologique. Greffe de masque facial. Le cerveau, organe de la présence à soi, aux autres, au monde. Les planches du bateau de Thésée. Les parties du corps démontable. Durer dans le temps, persister dans l'espace. Le cerveau organise le schéma corporel. Je et Moi : un encéphale.

24 – La douleur

Hédonisme et absence de trouble. L'évitement du déplaisir. Haine de la douleur. Amour chrétien de la souffrance. L'imitation des martyrs. Persistance du dolorisme. Psychanalyse et recyclage de la souffrance pénitentielle. La douleur, signe technique. Sophisme de l'association douleur-dignité. L'inconscient des soignants. Leurs pulsions sadiques et masochistes. Douleur ponctuelle, souffrance qui dure. La douleur absorbe l'être. Avoir mal, être mal. Douleurs de chair, douleur de forces. Être mal d'avoir mal ; avoir mal d'être mal. Des souffrances nominalistes.

25 – Les psychotropes

Du volontarisme stoïcien. Célébration de l'énergie. La philosophie comme thérapie. Douleurs authentiques et douleurs accessoires. Mobiliser une volonté aguerrie. Justifier les molécules par l'échec du travail de la volonté. Drogues et élargissement du corps. Anxiolythiques, antidépresseurs, somnifères et zombies. Médicaments de l'âme et castration des rébellions. Sollicitations moléculaires du cerveau et construction des fictions. Pharmacopée et pulsion de mort. Anesthésie de l'humanité. Prescrire *ad hoc*. Psychotropes libéraux et armée d'esclaves.

26 – La pharmacopée

Usage doux et dur des drogues douces et dures. Pharmacopée et pulsion de mort : destruction de soi. Assassiner ou ressusciter un corps. Dopage et suicide lent. Usage dur des drogues dures. Retourner la pulsion de mort contre soi. Pharmacopée et pulsion de vie : augmenter ses possibilités d'existence. Antalgiques, antibiotiques, analgésiques. Recouvrer un équilibre perdu. Usage doux des drogues douces. Euphorisants sociaux : alcool, tabac, vitamines. Libéralisation et dépénalisation. Une politique des toxiques doux. Viagra et pharmacie postchrétienne. Donner à la chair les moyens de l'âme.

27 – Le placebo

Complexité des machines psychiques. Placebo et séduction. Système neurovégétatif et matérialisme vitaliste. Le principe extrinsèque du médicament. Par lui, grâce à lui, avec lui, mais sans lui. La charge des potentialités. Chamanismes des temps modernes. Pouvoirs somatiques et croyances psychiques. Psychosomatique et scénographie thérapique. Contrat psychique et effets tangibles. Des forces entre les mains du thérapeute. Permanence d'Esculape. Puissance de l'autosuggestion.

Préface

TUMEUR

« On sait maintenant où le corps malade et ses besoins poussent, entraînent et attirent inconsciemment l'esprit – vers le soleil, le silence, la douceur, la patience, le remède, le cordial, sous quelque forme que ce soit. »

Nietzsche, *Le Gai Savoir*, Avant-Propos.

1

LA TUMEUR

Le printemps sature la lumière qui danse et chauffe l'atmosphère dans la chambre. Fin de matinée, incandescence joyeuse, mélange de vitalité psychique et de physiologie dépliée après l'hiver, je me sens revivre pleinement comme toujours à pareille époque. La sève, les bourgeons, les fleurs annoncées, les retrouvailles avec le bourdonnement des insectes, le vol des mouches, le vrombissement des abeilles et des bourdons, la chaleur de l'air différemment porteur, le vert cru des herbes, tout annonce le sacre de la vie dans sa force et son énergie millénaire. Pulsion de vie portée à son point de fusion...

J'entends Marie-Claude, ma compagne, entrer dans la maison. Le tintinnabulement des plaques de fer d'un mobile accroché derrière la porte m'informe de son retour du travail. Signes habituels et rituels des retrouvailles toujours douces et apaisantes. Depuis près d'un quart de siècle – plus de la moitié de ma vie – que nous habitons là, le quotidien se manifeste dans ces moments qui, sans en avoir l'air, apaisent l'âme, calment le sang, lissent les émotions et révèlent les conditions d'exercice d'une existence pacifiée parce que construite

Son pas dans le couloir, puis son apparition dans l'embrasure de la porte et son visage comme jamais : quelque chose de grave, une catastrophe, un moment comme nous en avons connu le jour, par exemple, de la disparition de sa mère – qui comptait tant pour moi. Elle m'annonce un rendez-vous chez le médecin assumé seule pour éviter de me tracasser et dont elle sort avec la découverte d'une tumeur au sein. La foudre me couperait moins en deux. Le monde s'ouvre, la vie s'arrête. Je deviens une immense douleur exhalée de mes entrailles sous forme d'une sorte de cri animal. Expulsé comme un souffle contenu dans mes viscères après des millénaires de bestialité transmise, ce râle résonne encore dans ma tête, témoin de la bête alors réveillée en moi – et tapie à nouveau depuis.

Un seul mot me demande de ne pas m'effondrer, un autre ajoute son besoin de moi en ce moment et stoppe immédiatement le vacillement entamé. L'obscénité de ma réaction m'apparaît soudain : elle seule peut s'abattre, se plaindre, gémir, perdre la tête, pas moi, surtout pas, sûrement pas. Elle a le droit de tout, j'ai les devoirs auxquels m'oblige son droit. La souffrance, la maladie, la proximité de la mort, la douleur installent de l'autre côté du miroir, position sombre de laquelle on peut légitimement envisager le monde, les autres et soi avec un regard transfiguré. Effleuré par la faux, on découvre sa substance métamorphosée, son être modifié, son identité bouleversée. Le témoin, le tiers, celui qui aime voit son destin basculer lui aussi. Jeux de forces et nouvelle donne : il s'agit de reconstruire un équilibre nouveau, avec la faiblesse de l'un, la force de l'autre, les deux instances pas toujours là où on les attend.

Combien de temps entre cette clarté printanière et ce soudain obscurcissement du monde ? Une éternité concentrée dans une poignée de secondes. Des millénaires ramassés, quintessenciés dans ces minutes devenues denses comme un diamant noir. Durées sans nom, proches des abîmes, volatilisées : dans un tel moment, la chair coïncide en densité avec des explosions, des éboulements, des catastrophes, elle devient métaphysiquement l'incarnation du pire, la matière des raz de marée et des glissements de terrain. Ce temps généalogique dans lequel s'initie un nouveau monde initie des expériences innommables.

Aller à *Baclesse*... un nom maudit dans la région. On oublie qu'il fut celui d'un grand cancérologue car pour la plupart il signifie l'affliction d'une détestable maladie pour les proches, les amis, la famille, les connaissances. En Basse-Normandie, Baclesse nomme le pavillon des cancéreux. Cathédrale de douleur et de souffrance où les corps se dirigent vers la mort à une plus grande vitesse et dans une plus grande visibilité qu'au-dehors où le plus grand nombre feint d'ignorer l'évidence de son embarquement vers le néant.

2

LA RADIOGRAPHIE

Hôpital d'Argentan, la sous-préfecture où nous habitons. J'y suis né dans une petite chambre de la maternité, non loin de la morgue où j'ai vu mon oncle puis ma marraine et ma vieille institutrice il y a quelques mois. Vagissements de l'enfant et derniers souffles de parentèle, les bruits de famille s'y comptent depuis des années : mon père amputé d'un doigt, jadis, à cause d'un accident du travail, la naissance des deux enfants de mon frère, l'hospitalisation de ma mère après un accident de voiture au petit matin, retour de travail mortel pour le chauffeur, gravissime pour elle – au point qu'en pension où j'appris la nouvelle, on me laissa croire à sa mort pendant deux ou trois heures –, et puis un infarctus pour moi, un petit matin de novembre où j'ai cru devoir mourir, mon existence à peine entamée...

Hôpital de famille... Je le connais aussi de l'extérieur pour avoir célébré l'initiative du directeur de décliner les couleurs de Fernand Léger, natif d'Argentan, dans toutes les occasions possibles : les couloirs balisés par des reproductions, des gravures et des mosaïques, les signes rouges, bleus, jaunes du repérage dans le bâtiment, le vêtement des infirmières et médecins, les couvre-lits. Léger croyait au pouvoir thérapeutique de la couleur, à la vérité d'une pratique esthétique dans le quotidien, à l'exposition de l'art hors des musées. Je trouvais juste cet hommage qui évite le piège satisfaisant pour la gauche de célébrer le communiste, pour la droite de vanter le natif, puis pour les deux d'oublier le peintre...

Soudain cette initiative me semblait vaine. Pas dans l'absolu, mais relativement à la situation : rien n'existe en dehors de l'affection du malade, tout relève du divertissement au sens pascalien, de l'amusement, de l'anecdote. Léger ? Oui... L'art pour tous ? Évidemment... La thérapie esthétique ? Oui, oui... Mais là : nous attendons le passage aux rayons X pour découvrir la seule image qui vaille, la seule icône essentielle : celle du sein de ma compagne dessiné par la lumière radioactive. Une tumeur, sa forme, son étendue, sa gravité. Dans ce cliché on lira le destin d'une femme à laquelle le mien est intimement lié. Aucune autre figuration ne m'importe dès lors.

Comme sur une scène de théâtre, les gens passent. Visages connus, saluts circonstanciels ou furtifs. Des gens que je connais, qui me connaissent, que je ne connais pas ; des malades en pyjama, les uns traînent leurs perfusions et fument une cigarette derrière la baie vitrée où ils chauffent leurs blessures et leurs mélancolies ; des médecins pressés, dossiers sous le bras ; des visiteurs entrent ou sortent, soucieux ou indifférents, tristes ou déjà ailleurs, bouquets à la main, journaux à offrir, peluches dérisoires. Pendant que la mort rôde, la vie continue...

Sur la table de la salle d'attente, les magazines fatigués, usés, déchiquetés, les mots croisés ou fléchés remplis par les stylos baveurs... Le soleil, toujours, le printemps encore plus insolent, et les cabines alignées, ouvertes sur les augures des temps modernes lecteurs du destin sur les images d'entrailles fixées par des lumières capables de pénétrer le secret des chairs et des substances. Le nom de Marie-Claude prononcé par une voix sans corps derrière une porte entrouverte, puis je vois juste son dos disparaître, la porte se ferme. Elle part à la rencontre de son histoire ; je suis *à côté...*

3

LA SPICULATION

Résultats clairs et lisibles : tumeur spiculée. Spiculée ? En forme d'étoile... Un cancer donc, une affection maligne, car les nodules ne partent pas en direction du reste de la chair en cas de tumeur bénigne. Les pointes de cette tache blanche visible sur les clichés écrivent donc le destin avec une encre franche. Le cancer se voit, se déchiffre, se repère et se remarque, pas seulement avec des chiffres, des indicateurs en pourcentages, en masses molaires ou moléculaires : on le photographie, le capte et l'enserre...

Commence le ballet verbal avec les médecins, radiologues et autres fouilleurs d'entrailles descendants des haruspices anciens. Tumeur, bénigne, maligne, cancer puis d'autres termes : mastectomie, chimiothérapie, radiothérapie. Les mots importent, certes, mais aussi et surtout la façon de les prononcer, le ton de la voix, le rythme, la cadence d'une phrase, le lieu où ils apparaissent, la respiration du médecin qui parle, la longueur de ses silences, les inflexions, les hésitations, les réitérations. Entendre et comprendre la musique de ces paroles, sans négliger ni l'une ni l'autre, relève d'une performance quand on baigne dans la tristesse de l'événement. Sourds à toute autre chose que la peine, comment déchiffrer cette prose sonore, cette ritournelle peut-être mortelle ? Les corps communiquent déjà mal en temps normal, comment saisir la vérité des êtres quand ils évoluent dans ces eaux solipsistes ?

Les radiographies argentanaises se déchiffrent chez les spécialistes, en l'occurrence à Baclesse. Sur les hauteurs de la ville, le bâtiment a été construit dans l'ombre menaçante du Centre Hospitalier Universitaire qui toise de sa vingtaine d'étages cet hôpital entièrement dévolu aux cancers. Le pire paraît plus certain dans cette bâtisse discrète, isolée, un peu à l'écart de l'ensemble du plateau médical, que dans l'immeuble massif des affections régionales généralisées. Pour la plupart des Normands, on soigne au CHU, on meurt à Baclesse.

Sur le parvis, le vent venu de la mer ébouriffe les corps et les cœurs. Les âmes blessées entrent ou sortent de cet hôpital marquées par le destin. Poussé par la pluie, la bourrasque d'hiver ou l'angoisse, brûlé par le soleil, la chaleur de l'été ou la peur, on arrive dans les parages de Baclesse en sachant franchir le sas des Enfers, du moins pénétrer dans un espace qui ressemble aux lieux de damnation racontés par Dante. Quelle faute ces damnés expient-ils ? Être né tout simplement. Sinistre comédie...

La porte s'ouvre automatiquement. Une jeune femme racornie sur son fauteuil roulant nous contraint à marquer le pas. Elle passe. A ses membres tellement grêles on l'imagine tout juste sortie d'un camp de concentration. Les articulations osseuses saillent sous le pyjama blanc. Un infirmier pousse le véhicule en direction d'un Styx annoncé. Les cheveux rasés, une ombre sombre sur le crâne délimitant la trace ancienne de l'implantation, les yeux encavés, perdus dans les orbites creusées dans une glaise blanche, cireuse, les mains squelettiques posées sur ses jambes réduites aux presque seuls fémurs, elle semble aller vers sa mort. Sur l'arrière de la tête, une immense plaque, une croûte, une brûlure au napalm, un feu nucléaire a mordu la chair dans le cou et à la base de la boîte crânienne. Cortège infernal, vision d'apocalypse...

4

L'ATTENTE

Nous allons vers le rendez-vous. Ascenseur, atmosphère confinée et close : échapper une minute à cette vérité partout suintante des cancers à tous les coins du bâtiment... Salle d'attente. Même punitions que partout en pareil lieu : les journaux salis, en lambeaux, à jeter, insipides comme leurs sujets, matière de la vacuité du monde – les honneurs, le pouvoir, le sexe, l'argent, l'avoir et le paraître. L'essentiel ? la joie d'une existence sereine, la paix d'une âme construite, la jubilation d'une santé débordante, la force et l'énergie concentrée dans une chair coïncidant avec elle-même.

A quoi bon ces divertissements qui passionnent la plupart – y compris les malades pourtant brutalement requis par l'essentiel –, quand deux ou trois mois plus tard, peut-être, on risque de pourrir dans un cercueil ? Quel intérêt les petites mesquineries du quotidien, les machinations des délinquants relationnels, les existences sacrifiées sur l'autel de fictions nulles et non avenues si la porte se referme sur soi après l'avis d'un médecin qui, à mots couverts, vient d'annoncer qu'on va sans coup férir et rapidement vers son tombeau ?

En attendant son tour, on patiente dans une salle semblable à une cour des miracles : cancers anciens, cancers annoncés, cancers récidivants, cancers tout neufs, cancers mortels, cancers soignables, cancers subits, cancers extravagants, cancers banals, cancers normaux, cancers atypiques, cancers cachés, cancers circonscrits, cancers opérés, cancers extraits, cancers définitifs, cancers traités, cancers invisibles, cancers proliférants, cancers putrides, cancers propres, cancers mutilants, cancers définitifs, cancers, cancers, cancers...

Bruits de bulles et ronflements : un aquarium sépare le monde des vivants et celui des mortels. L'œil vagabonde sur les boiseries, les fausses veines du faux bois qui recouvre les murs, il s'arrête sur les taches, les trous, les rayures laissées par les usagers, continue sur les embrasures des huisseries avec lesquelles l'esprit joue à suivre mentalement les motifs géométriques, haut, bas, droite, gauche. On recommence. Passe un lit avec un corps épuisé dedans, le volume moulé par un drap – un suaire ? Nonchalance des infirmiers, bruit mat des roues en caoutchouc sur le dallage plastifié, perfusion qui balance, le cortège disparaît. Attendre, attendre son tour...

Dans le bassin où flottent de longues algues vertes au rythme pulsé par la sonde à oxygène, les poissons ondulent eux aussi. Scalaires jaunes et noirs, petits transparents aux extrémités rouges, laiderons sans qualités, gris, s'occupent comme ils peuvent. Métaphore de l'existence, ils attendent ? Quoi ? ils l'ignorent, nous le savons : la fin, l'anéantissement, la mort. Quelques fulgurances, un trait vif, l'un d'entre eux s'excite, s'énerve, puis se calme. Diffractions étranges dans l'eau, l'épaisseur des vitres déforme les volumes, les rapports, les mouvements. Une autre fois, dans cette même salle, pour d'autres rendez-vous, je découvre une bonne demi-heure après notre arrivée la présence dudit aquarium, mais vide de ses occupants. Métaphore sursignifiante...

5

LA MALIGNITÉ

Dans le bureau où se prennent les rendez-vous, les secrétaires papotent. L'une regarde à peine les malades, continue à raconter son week-end à sa complice en suivant du doigt un grand agenda où elle inscrit les noms et les dates. Négligemment, elle interrompt sa conversation le temps d'indiquer une salle, un jour, un couloir, un nom de médecin, puis reprend le cours de son échange. Le patient joue sa vie ; l'employée justifie son salaire. Des infirmières, des aides-soignantes sourient, parlent, regardent, communiquent, elles raccrochent à la vie et empêchent de se croire déjà peut-être presque mort...

Premier contact avec le médecin qui soigne Marie-Claude, le cancer de Marie-Claude. Il s'en occupe depuis la première heure via les papiers, les radios, les chiffres, les rapports. Il la connaît déjà, du moins il sait l'essentiel. Il paraît une cinquantaine d'années, une étiquette collée sur la poche de sa blouse : J. M. Ollivier. Jean-Michel ? Jean-Marc ? Des lunettes, cheveux poivre et sel. Rien d'autre, rien de plus. Rien sur le mur, rien sur le bureau, sinon le papier nécessaire au travail, et un crayon. Aucun parasitage personnel, aucun objet de famille, aucun souvenir, pas de bibelots, nul poster exprimant une passion pour les chevaux, la campagne, la montagne ou la mer, ces clichés nauséeux qui tapissent parfois les bureaux où se formulent les destins définitifs.

Un genre d'asepsie radicale. Le personnage ressemble à cette austérité : belle voix chaude, posée, sans jeu, sans séduction ou flatterie, débit lent, calme, parfois extrêmement ralenti afin de choisir le mot approprié, le rythme un peu traînant, par prudence là encore, une compassion non feinte exprimée au plus juste dans le choix des gestes et des mots nécessaires pour répondre au problème posé. Pragmatique efficace, sérénité utile et nécessaire. Pas d'épanchement, des faits ; pas de lyrisme, des chiffres ; pas de prose inutile, des constats.

Son regard évite le regard. Il médiatise ses propos avec une série d'objets : un rapport, une feuille de résultats, un écran d'ordinateur, une fiche sur laquelle il note ce qu'on lui dit, cursivement. Il regarde ses doigts, son stylo. Parfois il jette furtivement un œil sur son patient, avec une grande douceur qui ne dure pas longtemps, le temps de ne pas perdre sa concentration, son énergie tout entière tendue vers l'efficacité médicale. Le temps probablement de ne pas se laisser envahir par une compassion à même de troubler le diagnostic et le pronostic. Normal.

Il se lève, tient dans la main les clichés effectués à Argentan, les fait claquer en les coinçant dans le négatoscope allumé, regarde en silence. Il se tait, examine encore, avance, colle son nez sur les négatifs, recule, puis dit : « Bon. C'est malin... » Sur le moment, pour éviter l'évidence et ses conséquences, je me demande intérieurement ce qui *est malin*. Puis mon corps pense plus vite que moi et me contraint par un séisme physiologique à entendre et comprendre. Je crains de me liquéfier, la tête vidée, le bruit presque entendu de mon cerveau transformé en eau, la sueur glaciale qui perle sur mon front, le ventre lui aussi plein d'une matière aqueuse. Étourdissement, nausée, liquéfaction, je pressens l'évanouissement et respire à plein poumons. Marie-Claude, là, près de moi – et ce cancer dans sa chair... Comment fait-elle ? Je me rattrape au bord de l'abîme, mon cœur bat à tout rompre. J'aspire l'air à m'en asphyxier, tâchant de ne pas attirer l'attention.

Derrière la silhouette du médecin, la fenêtre donne sur la plaine et la ville de Caen, ses limites et la campagne lointaine. Brume de chaleurs et mouvements lents des voitures qui vont et viennent au loin. La vie continue pour le reste du monde. La mort c'est ça : la vie qui continue pour les autres, mais pas pour soi, plus pour soi. La voix du médecin continue. Même rythme, même ton, même débit. J'entends : tumeur, opérer, enlever, chimiothérapie, radiothérapie, reconstruction, mais pas *cancer.* Marie-Claude demande immédiatement une ablation : le médecin invite à prendre son temps, à réfléchir avant de prendre une décision.

Il dit aussi : « On va vous guérir. » Je n'entends plus que ça ; Marie-Claude n'a pas entendu. Je suis certain de cette phrase dite. Des heures durant je la commenterai, nuit et jour, jour après jour, en derviche tourneur, pour tâcher d'apaiser Marie-Claude : il n'a pas dit : « on va essayer de vous guérir », ni : « on va voir ce qu'on peut faire », ni : « on va faire au mieux », non. Il a dit : « On va vous guérir. » Je veux construire l'espoir sur cette seule phrase ; je veux croire aussi qu'elle a été dite par cet homme posé pour ce qu'elle signifie et en regard de ce qu'il a constaté puis conclu après examen du dossier.

6

LA BIOPSIE

Pour envisager la suite, donc l'opération, une biopsie s'impose. Elle permet d'aller chercher la matière au cœur même de la tumeur avec une longue aiguille enfoncée dans le sein. Prélèvement banal, bénin, mais qui fournit toutes les informations nécessaires à la chirurgie et à la médecine. Comment enlever ? Quoi ? De quelle manière envisager un protocole ? Chimiothérapie ou non ? si oui, laquelle ? De quelle façon extrapoler les dégâts ? Au bout de cette aiguille la chair malade parle puis déclenche une chaîne d'événements en cascade. Dont quantité d'heures étendues, distendues, les nuits sans fin et sans sommeil, les idées sombres et paralysantes, l'odeur fade de la mort dans la gorge au détour du moindre signe, les rêves contaminés par le pire et les cauchemars qui enveloppent dans une sueur froide, puis le réveil, la nuit, comme si l'on se relevait dans son cercueil.

Jean-Louis Catherine, mon médecin généraliste, devient notre ami. Il vient le soir, nous parlons tard dans la nuit, il rassure, il tempère, il manifeste de la prudence, il clarifie, il explique. Il revient dix fois, mille fois sur un détail dont il analyse les conséquences pourvu qu'il aide à tenir, à vivre en attendant.

Il écarte doucement les informations à même de générer des angoisses et des inquiétudes. Nous comprenons vite la simplicité de l'enjeu : métastases ou non. Chances de survivre ou pas. De ces conversations théoriques, il en va de la vie de Marie-Claude. Les mots tournent, tournent, et enivrent jusqu'aux heures tardives où la fatigue contraint à se coucher, épuisé, puis à tâcher d'attendre le sommeil. Qui ne vient pas. Dans la nuit on peut pleurer doucement, en silence.

Pour la première fois, j'envisage le suicide comme une hypothèse sérieuse. Une fois, une seule, sur le balcon d'un hôtel de Bordeaux, la nuit, j'ai connu l'effroi de découvrir qu'un geste simple, facile, pouvait me permettre d'en finir avec la vie. La seule rencontre de l'idée, pas même du désir, m'avait plongé dans des abîmes d'expectative : imaginer seulement la potentialité de la mort volontaire sans penser y recourir une seconde m'avait inquiété sur mon état psychique... Je découvre dès lors que je n'ai jamais concrètement ressenti dans ma chair cette possibilité avant maintenant.

Je me pose la question en toute sérénité. Non pas comme quelqu'un qui cherche avec inquiétude, désespoir et avidité morbide, mais comme un individu qui trouve une voie, une sérénité, une issue pensable. J'aime le stoïcisme qui invite à quitter sans manières la pièce enfumée. Jamais je n'ai vécu de moment dans mon existence qui me permette de croire la fumée insupportable. Avec le cancer de Marie-Claude et son issue incertaine, j'envisage la mort comme une solution possible. Se réapproprier ce qui nous échappe, faire le travail qu'elle effectue habituellement, agir au lieu de subir, pourquoi pas...

L'attente débouche sur une information capitale : métastases ou non. Simple cancer du sein susceptible de soins et de guérison ; ou d'autres organes touchés.

Des souffrances, de la douleur, mais dans la perspective d'une sortie de la maladie; ou bien de la négativité en pure perte, la mort *in fine*. Je savais Marie-Claude d'accord avec moi sur ces questions : refus de l'acharnement thérapeutique, volonté de mourir dans la dignité, justification de l'euthanasie, construction de sa mort comme sa vie, avec droiture et rectitude, décision et détermination. Nos conversations datent du temps de la santé, mais je sais qu'elle verra dans la situation nouvelle une occasion de persister et non une raison de renoncer.

Attendre la mort avec elle et la laisser partir seule? Pour *quoi* ensuite? Continuer le petit jeu social de l'écriture des livres, du travail, de la lecture? Jouer encore au philosophe? Faire comme si la vie continuait avec d'autres lieux, d'autres gens, d'autres occupations pendant que son corps reposerait et se décomposerait dans le cimetière d'Argentan? Pas envie de continuer seul. Il me semblait que la construction de cette histoire à deux depuis des années inclut le pire plus que le meilleur et qu'elle oblige à penser mon propre achèvement comme coïncidant aussi avec la fin dc celle qui a permis mon identité et ce que je suis aujourd'hui.

L'idée revenait souvent le soir, la nuit, la lumière éteinte lorsque j'entendais sa respiration, puis plus, que je la pensais endormie, que j'interprétais des bruits, des silences comme autant de signes qui exprimaient le sommeil profond ou des larmes doucement répandues pour éviter de me peiner. Je tâchais de comprendre des soubresauts : cauchemars ou changements de position à cause de la douleur? réactions nerveuses pendant le sommeil ou conscientes à la faveur de l'insomnie? Je n'imaginais pas sa fin, sa disparition, son absence, ma vie sans elle.

7

LE 10 JUIN

Je prends des initiatives sans lui en parler, pour obtenir des renseignements afin d'utiliser ce qui peut l'aider en passant sous silence toute information à même de générer l'angoisse, la peur ou la tristesse. Appels téléphoniques d'amis médecins, consultations de spécialistes, avis autorisés, court-circuitage des informations inutiles à supporter si elles se paient de trop de souffrances. Je souhaite raccourcir le délai d'attente des résultats. Une semaine pendant laquelle on se demande si l'on va vivre ou mourir me semble d'une inhumanité sans nom, voire d'une cruauté sociale indicible. Attendre une analyse de biopsie, des résultats de laboratoire et croupir presque deux cents heures à se demander s'il faut envisager le cercueil ou la poursuite de la vie compte parmi les moments les plus inouïs dans la vie d'un être...

Le 10 juin, date anniversaire de la disparition de sa mère, la journée ressemble à celle de la mauvaise nouvelle, même beauté de la lumière, même clarté régénérescente, même énergie diffuse. Une voix anonyme au téléphone dans un bureau de Baclesse, débit neutre, cadence blanche : résultats négatifs, pas de cancer. Je vérifie toutes les données : nom, prénom, adresse, date de la biopsie, je demande confirmation, je fais répéter. Pas de cancer, plus de cancer. Fini, terminé, mauvais rêve, sortie du cauchemar... Envie d'un cri capable d'inverser celui de ma souffrance du premier jour, avec une même intensité, une même violence.

Je cherche à joindre Marie-Claude pour lui annoncer la nouvelle. J'appelle la librairie où nous nous sommes rencontrés quand je n'avais pas vingt ans et où elle peut être. A son club hippique, où elle passe de longues heures avec ses chevaux. Deux ou trois coups de fil – son père, la poignée d'êtres chers, la garde rapprochée. Je songe à ce jour néfaste, anniversaire de mauvais augure. Je pense en ritournelles à ces homophonies lancinantes : *mammaire – ma mère, tumeur – tu meurs, tumeur mammaire – tu meurs ma mère...* Et ne reviens pas de la nouvelle...

Reste à opérer cette tumeur devenue d'un seul coup bénigne et précipiter les événements car plus rien ne s'oppose à une hospitalisation rapide et un retour à la vie normale au plus vite. Je bénis ce moment en me demandant comment j'aurais pu continuer à vivre si les choses avaient duré dans le temps tant je constatais en moi de dépérissements : la mémoire, le sommeil, la concentration, l'énergie, le désir de lire, l'envie de travailler, l'intérêt à quoi ou qui que ce soit. Je vivais en pilotage automatique, concentré sur les seules péripéties du cancer de Marie-Claude. Ma vitalité fondait comme un petit pécule soudain ridicule. Mon désir de vivre s'entamait petit à petit. Je voyais de moins en moins de raisons à continuer l'existence.

8

L'OPÉRATION

Retour dans le bureau du Docteur Ollivier qui commente les résultats de la biopsie. Ne se départant pas de son ton neutre, il regarde un point fixe et perdu dans son bureau et dicte à sa secrétaire un texte qui commence par : « contre toute attente, biopsie négative ». Il arrête le mécanisme, réfléchit, réenclenche son Dictaphone, puis continue son commentaire. Je trouve sa réaction inappropriée, sa persistance malvenue, son absence d'excuses injustifiable et cette négation des faits comme preuve d'une arrogance de mandarin incapable de reconnaître une erreur...

L'intervention chirurgicale est décidée dans les plus brefs délais. Le Docteur manifeste une prudence redoublée en affirmant que, certes, les chiffres, les analyses, les résultats semblent dire l'absence de cancer, mais que rien ne remplace les constats *de visu* d'une tumeur envoyée aux analyses pendant l'opération. La biopsie dit une chose, le médecin une autre. Il me semble que la rigueur scientifique d'une analyse pèse peu contre l'avis personnel d'un chirurgien.

J'attends dans la chambre vidée de son lit. Les objets de Marie-Claude me semblent émouvants. Ses chaussons, ses lunettes repliées, le livre en cours, les cartes qui accompagnent les fleurs. Je songe aux histoires, aux tragédies vécues dans cette petite pièce. Traces d'écaillements sur les murs, morceaux éclatés du bois des meubles, traînées des chaussures le long des murs. Combien de morts ? de survivants ? de larmes ? de bonnes nouvelles ? d'angoisses et de nuits sans paix ? de familles éplorées ? de maris, de femmes et d'enfants ravagés, détruits ? d'espoirs brisés ?

Vérité de ces lieux semblables au cachot de Pascal où les prisonniers enchaînés et condamnés à mort découvrent à chaque ouverture de la porte que le bourreau vient pour eux – ou pour un autre... Je lis le journal, tout me semble vain. La plupart des écrivains se battent pour le prêt payant dans les bibliothèques – sécurité sociale, compte en banque et retraite obligent ! J'ai pris position pour sa gratuité dans *Libération*, un grand écrivain méconnu m'insulte dans les mêmes colonnes. Je mesure la vanité des occupations humaines – les miennes, celles des autres... – en dehors du pavillon des cancéreux...

Marie-Claude arrive sur son lit. Le visage tuméfié par l'anesthésie, fripé par la douleur, blanc comme une céruse. Fatiguée, les traits figés dans la souffrance, la bouche pâteuse, articulant mal à cause des effets en caudalies du sommeil artificiel, son petit corps mutilé, là, sous le drap blanc. Elle passe la main sur son bandage pour constater les dégâts de l'opération, sourit, ferme les yeux, repart dans les brumes, s'endort. Je suis là, plein d'une compassion sans nom, avec l'envie de prendre sur moi toute sa douleur. Je ressens ce désir tout en le sachant ridicule car impossible à aboutir. Dans ma chair j'expérimente la signification viscérale de cette vertu qui signe l'amour.

Le chirurgien arrive. Nous nous parlons dans le couloir. Même ton, même voix, même placidité. Il m'annonce que, pendant l'intervention, il a fait procéder à la biopsie de la tumeur. Qu'elle est bien cancéreuse. Qu'il s'en doutait. Qu'il a effectué un geste plus large. Qu'il devra pourtant réopérer. Qu'il faut informer Marie-Claude. Qu'il a procédé à un curage ganglionnaire. Qu'il s'agit d'attendre les résultats de cette autre biopsie. Qu'il pense que deux ou trois ganglions sont touchés. Que des métastases, donc, peuvent exister.

Puis il part vers ailleurs, la tête dans les épaules, le pas large, le regard dirigé vers le sol. Je me retrouve seul devant la porte que je pousse ; je dois raconter tout cela à Marie-Claude ; je lui dis, elle ne bronche pas ; elle me confirme ne s'être fait aucune illusion, à aucun moment. Puis elle sourit en me disant que l'un de nos amis, neuro-chirurgien, était descendu au bloc entre deux opérations pour voir comment elle se portait. Son courage, sa sérénité, sa détermination me sidèrent : son être tout entier m'émerveille et me bouleverse.

9

LE LYMPHOME

Cancer, pas cancer, cancer à nouveau. Le Docteur Ollivier nous reçoit dans un bureau différent. Même dépouillement, même austérité monacale, même portrait du médecin investi corps et âme dans son travail. Pas de triomphalisme sur la justesse de son intuition malgré les résultats d'analyse. Il explique : la tumeur ressemble à une éponge avec des alvéoles. Le cancer tapisse l'intérieur de celles-ci. Lorsque l'aiguille pénètre dans la masse tumorale, elle peut tomber plusieurs fois – trois reprises pour Marie-Claude – dans le vide, au beau milieu de la caverne. Le prélèvement n'emporte donc rien de significatif, l'analyse conclut fautivement à l'absence de malignité. Voilà...

Mais le problème semble ailleurs. Embarrassé, hésitant, il minimise le cancer du sein. Les ganglions informent d'un autre problème et autrement plus grave : outre qu'une seconde opération s'impose pour enlever intégralement la glande mammaire, le mal déjà traité passe au second plan. Les analyses révèlent un cancer du système lymphatique. Beaucoup plus grave, évidemment, et d'un pronostic plus réservé. Perspectives d'apocalypse : vider le corps de son sang, effectuer une chimiothérapie de l'hémoglobine, régler ce problème nettement plus urgent. Cancer, plus de cancer, cancer à nouveau, enfin autre cancer – et menaçant gravement cette fois-ci...

Cette information surclasse tout ce qui, jusque-là, semblait se vivre déjà sur le mode du pire. Nous pensions évoluer au cœur même de la catastrophe, dans l'œil du cyclone, à l'épicentre même de la tempête ; nous imaginions un au-delà du pire impossible à cause des limites déjà atteintes puis franchies ; nous supposions la mort déjà bien trop proche, les événements assez graves ; nous croyions ce cancer assez lourd de souffrances, d'angoisses et de craintes pour l'avenir ; nous vivions déjà cette histoire sombre comme trop de proximité avec la mort – et voilà qu'une information nouvelle ajoute du pire au pire.

Je ne sais plus rien de ma réaction, sinon un regard porté sur le profil de Marie-Claude qui tient bon, pose des questions, interroge et envisage la suite avec une placidité apparente. Je me demande comment elle fait pour supporter cela, pour ne pas crier, pleurer, pour rester digne, ne pas se rebeller, supporter alors qu'on lui apprend sa mort presque annoncée... S'être trouvé au centre de la tornade, plus près encore, m'a vidé l'âme et la mémoire. Il me reste juste une certitude : ce fut le jour le plus horrible de mon existence.

Reprendre la vie ? Continuer ? oui. Comment ? Je ne sais plus. Abattus, effondrés, retournés à la vie dite normale, j'ignore le temps qu'a duré l'existence avec cette nouvelle épée de Damoclès sur la tête. Combien de jours et de nuits ? Je ne sais plus. Dans quel état d'esprit ? Je ne sais plus. Ce que nous nous sommes dit, abrutis par les perspectives maussades ? Je ne sais plus. Qui a su ? A qui l'a-t-on dit ? Je ne sais plus non plus... Anesthésie du corps, de l'âme, de la chair, de l'esprit, abolition de la mémoire, du souvenir, éradication de toute intelligence. Rien, moins que rien, souvenir de rien...

Sauf que j'obtins un rendez-vous avec le Docteur Tanguy, le père de mon ami compositeur, hématologue dans le même hôpital Baclesse. Je lui ai raconté ce qui nous arrivait. Il m'a dit ne pouvoir travailler contre ses confrères, ni donner des informations leur revenant prioritairement. Je trouvais sa rectitude honorable, sa droiture appréciable. Et retournai à Marie-Claude avec ma seule rhétorique. Pendant le week-end, le Docteur Tanguy appela, nous disant juste de ne plus nous inquiéter, annonçant une bonne nouvelle dans les meilleurs délais. Le lendemain, un appel téléphonique confirma : les ganglions avaient été mal interprétés, le cancer de la lymphe disparaissait, mauvais souvenir une fois de plus. Retour à la case départ. A l'une des cases départ...

10

LA CHAMBRE

Donc : un cancer du sein, vraiment ; un lymphome fictif, réellement ; une mastectomie, certainement. Biopsies négatives puis positives, curages ganglionnaires positifs puis négatifs, le courage de croire et de nous projeter dans l'avenir disparaît au profit d'un pur et simple abandon à l'instant et aux invites prescrites ici et maintenant. Une opération s'impose pour enlever intégralement le sein. Hospitalisation nouvelle, avancée dans le printemps, toujours sous des lumières radieuses. Résister aux plans sur la comète, récuser les projets, s'interdire d'envisager la suite et vivre au jour le jour...

Et la chambre comme horizon indépassable de ce printemps désormais transformé en été pour les autres. Volume confiné dans lequel se jouent les destins dont ce destin particulier qui engage aussi le mien. La géographie du lieu correspond à une métaphysique : tâcher d'habiter l'instant présent, le seul moment, éviter d'imaginer la suite quand l'impasse ou l'issue équivalent en probabilités. Bannir le futur, éviter le ressassement du passé, installer son camp dans une pure présence au monde, minute après minute, heure après heure, jour après jour. Devenir la pointe aiguë du temps, s'en contenter, se diluer, se liquéfier dans le flux lent et long des journées interminables.

Les autres traversent la scène comme furtivement. Intégrés au décor, si loin de l'intrigue. Les visiteurs, du moins. Car les médecins, les infirmières, les chirurgiens vont, viennent, passent, porteurs d'informations essentielles, chargés de missives qui annoncent la vie ou la mort. Excités, indolents, préoccupés, ailleurs, leurs humeurs infusent et diffusent. Chaque signe, chaque geste, chaque imperceptible mouvement deviennent autant d'occasions de paradis ou d'enfers. Ballet métaphysique grinçant, couinant, stridulant comme dans un tableau de Jérôme Bosch.

Les visiteurs ? Oui, les visiteurs... La preuve que le monde existe encore, que la vie continue, que dehors l'humanité s'excite toujours sur ses petits problèmes, se repaît de petites histoires, se noie dans de petites préoccupations. A l'aune du pavillon des cancéreux, que prendre au sérieux qui mobilise habituellement l'énergie de l'*homo sapiens* ? En regard du résultat d'analyse qui, peut-être, confirme le néant pour bientôt, quelle anecdote compte encore ? Autres poids, autres mesures.

Quelles motivations amènent les présents ? Lesquelles justifient les absents ? Compassion, amitié, proximité, curiosité, devoir ? Image de soi, idée de soi ? Ces regards hésitants, ces voix tremblantes, ces coups d'œil à la dérobée sur le pansement, le corps mutilé, cette précipitation à parler, dire, saturer le silence avec une conversation sortie de nulle part, autant de signes qui renvoient à son propre destin : son corps, sa souffrance, sa maladie, sa mort, sa chair, sa peur, ses angoisses. Dans la chambre se révèlent la lumière et l'obscurité de chacun.

Chambres communes, destins communs. Dans le même espace, deux existences se croisent. Pas seulement deux souffrances présentes, mais deux passés qui poussent leurs énergies jusque dans l'instant partagé : les familles, les enfants, les amis de la voisine. Ses habitudes, ses désirs. La télévision hurlante quand on souhaite le silence ; les visiteurs grouillants alors qu'on aspire au calme ; la conversation lancinante à l'instant où l'on veut la solitude, la paix. Puis, la porte refermée, les visites disparues, le tête-à-tête, le face-à-face de deux femmes travaillées par leurs tumeurs, blessées, mutilées dans leur chair. Au-delà du communicable.

Dans la chambre, au milieu de cette cour des miracles, on entr'aperçoit parfois l'amour qui tait son nom, évite les mots et les effets de manche. Un mari dont le corps effondré dans le fauteuil raconte quelle part de sa chair il abandonne à l'épreuve ; ses mots gentils, tendres ; sa prévenance ; ses gestes délicats avec un mouchoir qui éponge la sueur, absorbe la salive, essuie des larmes ou passe délicatement sur le visage un parfum qui couvre soudainement toutes les odeurs d'alcool, d'éther, d'antiseptiques et de mort.

11

L'ABLATION

Le sein a donc été enlevé, totalement cette fois-ci. En forme d'étoile, les branches de la tumeur ont ramifié jusqu'où ? J'imagine l'étendue de la nécrose, une prolifération envahissante et impossible à arrêter, je fantasme des couleurs brunes, sombres, je suppose une texture rabougrie, compacte mais constellée de pustules ou de globules, je nage dans l'inconnu... Et ce morceau de chair détaché du corps de Marie-Claude, où va-t-il ? Ce fragment d'une chair vivante et aimée devenu morceau de mort...

Deuxième opération. Une autre, puis encore une suivront pour la reconstruction. En attendant, la mutilation est effective. Comment penser son corps dans pareil moment ? De quelle manière reconstituer un schéma corporel avec cette béance ? Que penser de sa propre chair qui donne l'impression de nous avoir trahi ? Je regarde ce bandage blanc, serré autour de sa poitrine aplatie. Sous la gaze je n'ose imaginer la plaie, le sang, la blessure à vif, le trou. Elle repose, fatiguée. Le silence règne dans la chambre, je suis sur le fauteuil, elle dort. Je ne sais comment elle supporte tout cela avec force, sans gémir ni récriminer, sans se rebeller, sans pleurer, sans rage ni haine pour quoi ou qui que ce soit. Pendant que j'écoute sa respiration forte à cause de l'appareillage postopératoire, je conçois ma chance de partager sa vie digne et droite.

Nombre de maris ou de compagnons quittent leurs femmes ou compagnes dès qu'ils apprennent le cancer sans avoir vécu autre chose que l'annonce de la maladie. Bien en amont, donc, de la chimiothérapie, des vomissements, des nausées, des cheveux perdus, des mutilations, ils abandonnent à la mort l'être un jour choisi, épousé pour le meilleur et pour le pire, devenu la mère de leurs enfants. Des années s'effondrent un jour sur le seul motif d'une épreuve à venir. Vraiment je ne me ferai jamais à la vilenie des hommes...

Plus que jamais, le pire permet d'exprimer l'essentiel et de mesurer la nature de la relation à l'autre. Bien mieux que le meilleur qui n'a aucun intérêt : partager la joie, les rires, le bonheur ? Facile, normal, évident. En revanche, lorsque la négativité apparaît, on découvre ce à quoi l'on tient en l'autre. S'il s'agit du sein, de l'allure physique, de l'image que notre compagne donne aux autres – notamment dans le regard des autres hommes –, s'il s'agit d'une fiction utile pour la représentation sociale et mondaine, effectivement, on peut lâcher ce qui ne sert plus à rien et jeter l'autre tel un déchet... En revanche, si l'on a choisi dans un être son caractère, son tempérament, sa rectitude, sa droiture, alors on peut économiser sa glande mammaire.

Dès lors, ce qui manque ajoute. Avec sa béance, l'être acquiert un supplément d'âme. L'ablation équivaut à une addition. On découvre ce que l'on aime en l'autre inaliénable, sauf par la mort, et encore. On apprend aussi : que les affres du temps, du vieillissement, de la maladie ne comptent pas, ou peu, de toute façon accessoirement. Que dans une relation authentique, l'être vaut en soi et non pour autrui. Que Spinoza a raison d'affirmer que l'âme enveloppe le corps, quel qu'il soit, mutilé ou entier, jeune ou vieux, dans les canons ou pas, et que l'affection véritable s'adresse à cette part enveloppante. Ceux qui quittent une femme parce qu'elle perd un sein n'aimaient donc que ce morceau de chair en elle ? Pitoyable...

12

LE TEMPS

On attend beaucoup une fois entré dans cette aventure sombre. Attendre les résultats, attendre les rendez-vous, attendre les décisions, attendre les conclusions, attendre les diagnostics, attendre les pronostics, attendre les visites, attendre les consultations, attendre les staffs, attendre aux portes du bloc, attendre le sommeil, attendre l'avenir, attendre l'éclaircie, l'embellie, attendre la sortie, attendre la guérison, attendre la rémission, attendre le moment où l'on n'attend plus rien pour se contenter de vivre. Normalement, comme les autres, comme avant.

Tuer le temps avant qu'il nous tue, autant dire expérimenter dans sa carcasse cette ruse de la raison qui suppose que, de toute façon, on s'illusionne en croyant effectuer un travail effectué en nous, à notre corps défendant. Regarder les détails de la peinture craquelée, s'installer devant la fenêtre et suivre du regard le mouvement des vivants au loin, détailler pour la millième fois l'angle du plafond, celui de la porte, reconstituer mentalement le volume de la chambre, placer les ouvertures dans ce cube de vent, assister impuissant au mouvement des aiguilles qu'on croit parfois voir fonctionner à rebours.

Longues après-midi d'été. Dehors, les gens se prélassent aux terrasses, déjeunent sous le soleil, marchent sur la plage, traînent dans les vieilles rues ombrées de Caen pour trouver un peu de fraîcheur; dedans, les malades transpirent sur leurs lits, trempent leurs draps, collent, suent, ne savent quelle position adopter pour souffrir le moins possible. A l'extérieur on rit, on vit; à l'intérieur on attend, on survit, on suspend tout à l'événement qui accélère le mouvement et conduit loin des quatre murs de cet espace déprimant.

Les livres? On se fatigue, deux ou trois heures d'affilée, puis plus envie. Les magazines? Vite feuilletés, vite parcourus, vite lus, ils servent à la gymnastique des doigts et du regard, on ne retient rien, on ne voit rien, ils ne disent rien. La musique? Difficile : la radio gêne le voisinage, le CD n'excède pas non plus une demi-journée de satisfaction. Et après? La télévision, cette machine à décerveler dont les plans courts, le montage serré, le contenu indigent et exhibitionniste collent le spectateur au siège au point de s'apercevoir tardivement qu'il a passé presque tout son temps devant le petit écran.

La voisine regarde le Tour de France. Klaxons et musiques des caravanes commerciales, commentaires lents ou emballés du journaliste, friselis sonore huilé du peloton qui passe, ondulations serpentines vues d'hélicoptère, échappées ponctuées des éructations du speaker, couleurs vives, bariolées des maillots et des équipes. Des noms reviennent, une odyssée au quotidien. Puis l'histoire derrière l'histoire : les équipiers, les échappées, leurs raisons, leurs logiques, le monde du cyclisme, les primes, les classements, les maillots à pois, verts, jaunes. Nous nous prenons au jeu.

D'autant que Lance Armstrong a connu l'envers du miroir lui aussi : un cancer des testicules, des métastases au cerveau, chimiothérapie, les anciens partenaires financiers qui tournent le dos, son tempérament, son caractère, sa façon butée, renfermée, de réaliser ce qu'il doit faire en dépit du reste : partir, gagner, feindre, se servir de son intelligence autant que de son corps, simuler, attendre, placer ses accélérations, courir et vivre le Tour comme une métaphore de l'existence.

Chaque jour, Marie-Claude et moi attendons ce rendez-vous dans la salle commune, assis sur les fauteuils en skaï abîmé, non loin des tables en formica et du micro-ondes offert par l'Association des anciens cancéreux pour chauffer l'eau des cafés lyophilisés... Un poster de bateau en mer aux couleurs pâlies sur le mur. Sans nous le dire, nous attendons le succès et la victoire d'Armstrong comme autant de signes encourageants de l'existence d'une vie après le cancer. Une vie semblable, voire transfigurée, supérieure, sublimée. Une chance.

Et puis la journée terminée, fermer la porte derrière soi, laisser l'autre dans sa chambre avec ses fantômes, seul, renouer avec l'extérieur dont on n'a pas envie, prendre l'ascenseur, traverser le parking, retrouver sa voiture, partir, regarder dans le rétroviseur les lumières de l'hôpital laissé derrière soi, rouler sur le périphérique, voir la lumière des phares se diluer dans les yeux embués, rentrer chez soi dans la maison vide, avec le silence dans toutes les pièces, le chat qui interroge du regard sur les raisons de l'absence de sa maîtresse, le téléphone qui sonne et qu'on néglige, le répondeur qu'on ne consulte pas, la faim sans le désir de manger, la cuisine qu'on ne fait pas pour soi seul, le frigidaire ouvert pour y grappiller n'importe quoi mangé furtivement, de manière régressive, parce qu'il faut bien. La vie pesante, lourde, insupportable.

Préface

Dans les limbes du cerveau, on garde les odeurs fades du repas de l'hôpital. Les endives baignent dans l'eau verdâtre de leur cuisson, la purée se recouvre d'une croûte jaunasse, les pâtes collent et forment un nœud gluant, le jambon brille d'une pellicule grasse, collante, la viande procède plus du cadavre de porc ou de bœuf sur laquelle elle a été prélevée que d'une cuisine digne de ce nom. Un jus d'orange tiède accompagne l'ensemble. Le dessert tremblote, gélifié, accrochant la lumière blanche teintée de vert des néons du soir venu, là-bas. Je suis dans ma cuisine, hébété, seul, épuisé, accablé.

13

LA SORTIE

Vient le jour de la sortie. Mélange de bonheur et de crainte, de joie et d'inquiétude. De quelle manière retrouver la vie normale ? Le regard des autres ? Comment réagira le corps ? fragile, fébrile... Revenir dans un monde quand on connaît l'au-delà du miroir ? autant d'incertitudes. Le cancer persiste, on ne sait comment : amoindri ? ragaillardi ? rusé, perfide ? car les particules cancéreuses circulent désormais dans le corps. Partout, nulle part, présent, invisible, absent, tapi, il travaille encore à son œuvre de mort. Premier temps, le sein enlevé. Restent les thérapies lourdes pour traquer ces atomes mortels. Sortir, oui, sortir...

Pliage des vêtements, ouverture des sacs, belle lumière dans la chambre. On laisse sa voisine, on se promet des nouvelles, on échange les adresses. Peu probable que ce qui rappelle la maladie une fois la liberté retrouvée devienne une priorité... Mais sur le moment, on y croit sincèrement. Des petits mots gentils et prévenants. Un coup de fil de chez soi, le soir, pour dire à l'autre qu'on pense à elle. Regards dans le vide une fois le combiné raccroché. Puis on déplie les bagages et les objets de l'hôpital, les feuilles et les dossiers médicaux témoignent : on est bien chez soi, oui, mais le cauchemar continue. La vie aussi.

Marie-Claude ne souhaite pas s'attarder à l'hôpital. Elle me plaît avec sa détermination à ne pas passer plus que le temps strictement nécessaire dans cet endroit. Ses chevaux lui manquent, ses marques, ses habitudes, ses repères. Sa liberté aussi qu'elle exerce souverainement sans empiéter jamais sur celle des autres, sans non plus consentir à voir la sienne entamée d'un iota. Elle ne demande rien ni ne se plaint. Jamais elle ne sollicite. Sauf pour sortir le plus vite possible. L'air pur, la campagne, les odeurs de son petit club hippique où ses chevaux l'accueillent avec de drôles de petits hennissements complices. Elle aspire à sa liberté de mouvement.

Le médecin résiste. L'opération nécessite des drains au contact de la plaie et une poche en plastique dans laquelle s'accumulent les liquides – sang et lymphe. Sauf cet appareillage, elle peut sortir. Notre ami médecin à Argentan assure qu'il s'occupera de tout cela au quotidien. De son côté, Coralie Langris, la généraliste de Marie-Claude, montre également une présence efficace. Signature du billet de sortie. Retour à l'extérieur. Dans la voiture, je regarde son profil, sa pâleur, ses traits tirés, elle ferme les yeux, la douleur la travaille sûrement, elle ne dira rien, ne montrera rien. La campagne défile derrière elle, les tuyaux sortent sous ses vêtements puis se perdent dans un petit sac porté en bandoulière. Son courage et sa détermination m'émeuvent.

Lors de la première opération, déjà, elle avait expérimenté cet attirail. Tout plutôt qu'une minute de trop à Baclesse. Et quelques heures après le bloc opératoire, fraîchement remise sur pied, apprenant qu'une autre intervention serait nécessaire et que le cancer annoncé comme une erreur redevenait réel, elle marchait dans les rues de la ville, le soir de la Fête de la musique, au beau milieu des foules énervées, avinées, excitées, afin de ne pas consentir à l'immobilité des malades. Je me souviendrai toujours de son petit corps si fragile perdu dans la masse, mais si fort par sa détermination, comme flottant au-dessus du flux du monde.

Solstice d'été, saison chaude et lente, nous rentrons dans les mois de vacances scolaires. Elle envisage enfin son emploi du temps avec sérénité. Évidemment elle n'a pas voulu de congés de maladie ou d'aménagements avec le collège où elle enseigne. Pas plus de jours d'absence que nécessaire. De préférence des rendez-vous choisis par elle sur les périodes de congés, autant pour éviter la désorganisation de son travail que par désir de se tenir debout, face au vent, droite, plus solide qu'un menhir. Pas d'orgueil malvenu, mais une réelle fierté secrète et silencieuse, incarnée – vertu superbe.

Elle se repose sur le lit, les volets fermés, les fenêtres également. Le chat dort avec elle, en boule, au plus près de son corps meurtri. Je travaille dans la salle à l'établissement des textes cyrénaïques. C'est l'année de l'éclipse. Je me souviens du jardin plongé dans l'obscurité, du froid subit, de l'air chargé d'une électricité singulière, d'un silence étonnant des oiseaux, du passage de la Lune devant le Soleil, de l'écran de nuit, puis du retour de la lumière. Jeux de solstice, clartés d'éclipse, je veux croire à la persistance de la vie, de la force et de l'énergie. Lance Armstrong gagne son troisième Tour de France. Regards silencieux et complices.

14

LA CHIMIOTHÉRAPIE

Retour au pavillon des cancéreux pour la première séance de chimiothérapie. Le mot effraie, il délie les langues et noue les angoisses. L'entourage se répand en sottises. Chacun dispose d'une histoire, d'une information. La plupart des lieux communs tournent autour de cette idée bien judéo-chrétienne que plus les séances induisent vomissements et nausées, malaises et cheveux perdus, plus leur efficacité est grande... Ah ! ce culte catholique de la rédemption par la douleur, de l'expiation dans la souffrance, du salut dans et par le mal !

Peu savent au départ que certains cancers sont chimiosensibles, d'autres non, et que la thérapie chimique n'apprend rien sur la gravité de la maladie mais renseigne sur la nature du cancer en jeu. Rien ne se dit d'autre lors d'une prescription de chimiothérapie que la possibilité d'envisager un traitement de la tumeur par ce cocktail lithique d'une redoutable force de frappe. Ces substances inconnues par le quidam et choisies par le cancérologue, mais d'une extrême violence, agissent en recours ultime : elles ravagent, tuent, lavent, nettoient comme un feu nucléaire, elles décapent à la manière d'un détergent radioactif, elles chargent du maximum de mort possible un excipient destiné à tuer le moins possible pour laisser vivant ce qui doit le rester.

La chimiothérapie tue ici pour sauver là, elle sacrifie ceci afin de conserver cela, elle instille et distille la mort dans le dessein de sauvegarder la vie. Le corps absorbe ces toxiques pour survivre et connaît les affres les plus épuisantes. Seuls les liquides des thanatopracteurs égyptiens... Après ces séances, longtemps après, les vaisseaux conservent la mémoire de ce traumatisme par une calcification définitive, le système régulateur thermique explose, les sueurs surgissent dans le froid et les tremblements dans la chaleur, le poison demeure, saturant des cellules pour toujours. Mais de cela seul provient l'espoir.

La voisine sourit. Rousse, une petite cinquantaine, la beauté d'hier encore là avec un charme très vaguement éteint par le traitement. Les infirmières sont gentilles, douces, prévenantes. Marie-Claude attend son tour. Arrivent les sachets de perfusion. L'un, orange vif, couleur du minium qui signale le danger extrême dans une centrale nucléaire. Et ce contenu va être diffusé dans les veines, le corps et la chair de ma compagne. Pendant que circulent ces substances explosives et que se préparent les injections, le personnel soignant propose une manucure, un psychologue, une esthéticienne, des massages, un kinésithérapeute. Je regarde par la fenêtre ; j'ai envie d'éclater en sanglots.

La dame d'à côté échange quelques mots avec Marie-Claude. Ses cheveux paraissent épargnés par la chimio. En fait, elle porte déjà une perruque... Le casque glacé changé pendant la durée de la perfusion peut contracter assez le cuir chevelu pour limiter les dégâts. Voire empêcher la catastrophe. Très improbable. Psychologiquement l'appareillage mérite d'exister ; réellement, les résultats semblent minimes. Le liquide lithique brûle les glandes capillaires comme il ravage tout sur son passage. Les toilettes du couloir sont interdites aux cancéreux radioactifs, pollués, contaminés par le médicament qui les soigne... Six séances, la première commence.

15

LA PERRUQUE

Pendant la perfusion, je m'enquiers de l'adresse du coiffeur de la dame rousse. Les infirmières regardent, punaisées sur le mur de leur bureau, les cartes de visite des salons qui, dans Caen, assurent la coupe, la fabrication du postiche et sa pose. Un *Monsieur Pierre* m'est signalé comme quelqu'un de bien. Compétent et humainement recommandable. Il devient un espoir, une planche de salut quand il faudra – s'il le faut... – envisager la perte des cheveux. Malgré le casque glacé, les soignantes invitent par précaution à contacter le perruquier : la confection d'un postiche prend du temps...

Le médecin indique le scénario probable : si les cheveux doivent tomber, ils tombent quinze jours après la première injection. Pas avant. Puis il donne également les dates de repousse – avant la dernière chimio. Plus fins, plus délicats, plus beaux, dit-on – mais quelle utilité présente cette information quand seule importe la préservation des cheveux ici et maintenant ? Et qu'on n'a pas encore perdus... La sociologie permet de rêver, elle donne les pourcentages de chutes et le chiffre des miraculés. Chacun s'installe probablement dans les rares cas de figure épargnés par la calvitie...

Marie-Claude s'enferme longuement dans la salle de bain. Je respecte ce désir, ce besoin de face-à-face avec le miroir. Elle y voit sa cicatrice, la béance de ce sein disparu ; elle y mesure aussi l'évolution des dégâts. Elle perd des cheveux, évidemment, plus qu'avant. Dans la poubelle, les poignées arrachées, les touffes mousseuses au milieu des pansements me serrent le cœur ; je retiens des sanglots. Je n'arrive pas à me concentrer sur quoi que ce soit pendant qu'elle reste devant la glace.

Le coiffeur paraît effectivement sympathique. Il aime les femmes comme quelqu'un qui aime les hommes. Avisant la texture et la couleur des cheveux de Marie-Claude, il propose un postiche. A commander. Puis il raconte. Je résume : la botte de foin pour les pauvres, le paquet de ficelle, chaud, lourd, difficile à laver et à sécher, pas bien cher ; l'intermédiaire pour les classes moyennes ; et le haut de gamme, léger, pratique, utilisable dans la piscine, cheveux naturels, etc, etc... Une fortune inaccessible aux gens modestes. Quelle humiliation supplémentaire pour ceux qui ne disposent pas des moyens de choisir...

Ensuite il joue la carte affective : le cancer, il connaît, il a approché... Des ellipses, juste assez pour le savoir campé du côté de la barrière qui permet de donner sa confiance. Pas un marchand, un complice, donc. D'ailleurs il donne son numéro de téléphone portable, privé, spécial, ligne directe pour les femmes qui constatent l'urgence de la coupe. Pas utile, dit-il, d'augmenter la souffrance dans pareil cas : il effectue le rasage immédiatement, peu importent le jour et les circonstances. Gratuitement, ajoute-t-il...

Le jour vient. Un vendredi. Trop de cheveux dans le lavabo, le peigne coincé dans la coiffure, les trous, le clairsemage, le cuir chevelu visible, blanc, clair, les vrilles maigres avec ce qui reste... Désolation. Désolation. Le cancer devient visible aux yeux des autres. Désormais, impossible de le cacher, de maîtriser l'information, de se taire et de choisir ceux à qui l'on décide de dire. Dès lors on échappe plus encore à soi, et définitivement, pour appartenir aux autres, désarmé, seul, impuissant, nu.

Le téléphone du coiffeur sonne comme un recours. Il décroche vraisemblablement sur une plage où l'on entend des cris d'enfants, le bruit des coups donnés sur un ballon lors d'une partie de volley-ball et l'arrière-fond sonore d'une activité estivale. Ni Figaro ni ses employés ne peuvent dans l'immédiat ; ni le lendemain ; ni les deux jours suivants – week-end oblige ! Le mardi, donc. Vendredi, les cheveux tombent ; samedi, les cheveux tombent ; dimanche, ils tombent ; lundi, ils tombent encore. Mardi, le coiffeur qui aime les femmes comme quelqu'un qui aime les hommes couvre le miroir à la manière des deuils anciens, taille, coupe, rase. Il installe le postiche comme s'il avait voulu se moquer – lui ou son inconscient. Il encaisse la somme, précise que la coupe est gratuite. Marie-Claude sort sur le trottoir déguisée comme une malheureuse, la perruque sur la tête, la boîte sous le bras.

Je mets mes mains dans ses cheveux fictifs, arrange des mèches, bricole un peu les volumes. Pleure. Puis nous allons acheter des bandeaux de couleur chatoyantes et d'autres que j'essaie et installe dans sa nouvelle coiffure. Pendant le retour, en voiture, son profil, toujours. Son silence, sa dignité, sa souffrance gardée pour elle et ma violence intérieure à l'endroit de ce détrousseur de cadavres juché sur le cancer des femmes, entre deux bronzages, trois garçons et une poignée de voyouteries.

16

LE PLACEBO

Marie-Claude a appris son cancer en même temps que celui de son cousin. Habitué de la maison, il fabrique nos bibliothèques et quelques meubles. Une excroissance grosse comme un œuf de pigeon à l'articulation du bras inquiète son médecin. Hospitalisé, il voit la grosseur croître à une vitesse extraordinaire. Tumeur. Cancer. Puis métastases. Marie-Claude lui prodigue des attentions, lui explique, lui raconte. Les radiographies, la biopsie, la chimiothérapie, autant de mots tournoyant dans sa tête sans toujours faire sens. Leurs cancers ont été découverts à quelques jours d'écart. Son cousin est mort dans une chambre proche de celle où elle effectue désormais ses chimiothérapies.

Au fur et à mesure des séances, le corps fatigue. Parfois, les résultats d'analyse affichent un taux de globules blanc trop bas pour envisager une séance nouvelle dans les délais. Une fois ou deux, il faut reculer d'une semaine le rendez-vous, ce qui allonge d'autant la période des soins prévus. Marie-Claude supporte les effets secondaires avec un vrai courage. Nausées, vomissements, évidemment, puis d'effroyables douleurs osseuses dans la mâchoire. Envie de vomir après avoir déjà vidé ses entrailles... Aucune plainte encore, jamais.

Les odeurs venues de la cuisine l'importunent, l'écœurent. Parfois, elle désire manger des fruits ou des légumes particuliers. C'est un réel plaisir de pouvoir lui offrir ce plaisir-là. Petit appétit d'oiseau en temps normal, elle n'avale plus grand-chose. Je mange rapidement, seul dans mon coin, pour éviter ces effluves qui lui portent au cœur. Puis reviens m'allonger près d'elle et calmer ma peine à son côté. Juillet, août, septembre, le temps file doucement vers la fin de la thérapie.

Pour supporter les effets secondaires de la chimiothérapie, le médecin prescrit des médicaments. Mais un ancien glaucome interdit la prescription et aucune molécule de substitution n'existe. Avec la complicité du pharmacien, je rapporte une boîte de gélules vertes pour ne pas rentrer les mains vides et la laisser sans secours ni recours devant ses nausées, ses douleurs et ses vomissements. Je bénis le placebo comme un cadeau dont elle ignore la nature – avant que je la lui révèle un an plus tard...

Pendant les vacances, elle veut aller à la Biennale de Venise. Malgré la chaleur étouffante en Italie, le postiche, nous faisons le voyage entre deux chimiothérapies. L'été s'enfuit, l'automne arrive. Et avec lui la rentrée scolaire. Pas question de la manquer... Elle est au rendez-vous. La perruque sur la tête, elle n'a qu'à se louer de ses élèves gentils et délicats. Dans la rue, le regard des autres. Dans un grand magasin, les quolibets de jeunes imbéciles. Blessure gardée longtemps, avouée plus tard. Début septembre, première bonne nouvelle depuis longtemps, l'hôpital confirme l'inutilité des séances de rayons primitivement envisagées...

Pas de radiothérapie, fin des chimiothérapies, pas de métastases, arrêt du cancer, traitement poursuivi sans encombre, sauf les effets indésirables, le temps passe. Les premiers cheveux reviennent à la date annoncée avec la même exactitude que pour leur chute à la période indiquée. Visites de contrôle sans problèmes. Sérénité prudente mais placide du Docteur Ollivier. Chirurgie plastique de reconstitution envisagée pour plus tard. Nous nous dirigeons vers le solstice d'hiver. Mais Noël vaut comme le retour de la clarté. Juste le lendemain de cette nuit la plus longue commence la reconquête de la lumière – les chrétiens se contentent de recycler la fête païenne du *sol invictus*, le soleil invaincu.

Je suis seul à voir Marie-Claude sans ses cheveux. La perruque lui pèse, à tous les sens du terme. Le duvet puis le cheveu véritable, ras, très ras, transforment le dessin de son visage. Mais pour autrui, supprimer le postiche suppose passer d'une coiffure mi-longue à presque rien sur le crâne. Franchir le pas ne s'effectue pas facilement. Elle décide le soir du 31 décembre 1999 d'apparaître sans sa perruque chez les amis qui nous invitent. Quelques heures plus tard, nous changeons de siècle. A minuit, je vais pleurer dehors, la tête en direction des étoiles. Elle vit ; nous survivrons.

Introduction

MÉTHODE

1

L'AUTOBIOGRAPHIE

Encore des pages à la première personne, bougonnent les fâcheux ! Quel plaisir de fournir des armes à la critique qui exècre le mélange du genre autobiographique et du travail philosophique... Pourtant, toute théorie procède d'expériences vécues par une chair écorchée et douloureuse d'être au monde, là où le quidam passe son chemin sans relever la tête. Nietzsche fournit le discours de la méthode de cette vérité dans les pages inaugurales du *Gai savoir* où il formule ses thèses sur l'idiosyncrasie des corps : on pense ce à quoi nous contraint une chair, on théorise les expériences d'une existence, on formule en idées et concepts l'odyssée d'un corps qui jouit, souffre, va et vient, regarde, écoute, rencontre – les autres, la vie, le monde.

Personne n'y échappe, ni Montaigne qui le revendique, ni Kant qui le dissimule et fabrique sa *Critique de la raison pure* tel un monument fidéiste offert à sa mère en gage de piété filiale : avec la séparation du phénoménal et du nouménal, le criticisme dispose en effet de tous les moyens pour faire exploser la métaphysique occidentale... Les postulats de la raison pure pratique – Dieu, la liberté, l'immortalité de l'âme –

recousent les deux mondes presque déchirés, et procèdent de la seule nécessité viscérale du philosophe, ils découlent de l'autobiographie, mais la tradition ne s'aventure pas dans ces eaux-là. Trop glacées pour son confort... Elle trace une infranchissable ligne de démarcation entre l'existentiel et le théorique alors que l'un conditionne absolument l'autre... Nietzsche, lui, accomplit le travail laissé en plan par Kant...

Tumeur raconte d'où vient le livre qui suit : il s'origine dans la lumière de cette journée où le cancer de ma compagne entre dans mon existence sous la forme d'un séisme ; il passe par les salles de radiographie où le corps aimé nous apparaît sous la forme d'un squelette ; il naît dans le temps arrêté des salles d'attente ou dans les durées fulgurantes des découvertes de résultats d'analyse ; il suppose les silences, les regards, le ton, la voix du médecin, des médecins, du chirurgien qui parlent cette maladie, la disent, la formulent, la racontent ; il se souvient du devenir chiffre, nombre, pourcentage de l'Autre réduit à ses substances ; il a tourné dans ma tête sur la route des trajets, dans les chambres, dans les salles d'attente du bloc opératoire, dans les couloirs de l'hôpital, une fois la porte fermée, dans l'ascenseur, sur le chemin du retour, les nuits d'avant, les nuits d'après ; il s'affermit avec la première aiguille de la première poche de la première chimiothérapie coulée dans la veine ; il se nourrit du regard et des paroles de tiers ; il s'ancre dans le spectacle des douleurs et des misères silencieuses d'anonymes compagnons et compagnes d'étage ou de chambre ; il se veut paiement d'une dette, fidélité à une mémoire et contribution à un débat rarement ouvert tant le monde de la santé vit pour l'essentiel en circuit fermé, loin des rumeurs du monde.

De ces expériences découle une épistémologie. Je souhaite l'ajouter à la série de mes propos qui contribuent à la formulation d'une théorie hédoniste. *Féeries anatomiques* formule une *ontologie matérialiste* qui part du corps, y revient et tâche de penser pour lui une acception nouvelle : son devenir faustien, autrement dit son éloignement de la nature et son artificialisation, sa déconnexion d'avec la nécessité biologique et son indexation sur un vouloir de type prométhéen activé par les biologistes, les généticiens, les médecins dans toutes leurs spécialités, les chirurgiens et ceux qui les assistent. Un corps de moins en moins objet, de plus en plus sujet...

Et la dimension hédoniste ? Passons outre la caricature de cette option philosophique renvoyée bien souvent à la facilité des jouissances animales. L'hédoniste, pour ses contempteurs, définit toujours l'individu abandonné à ses instincts, passions et pulsions, sans souci d'autrui ni de ce qui entrave son projet. Si tel était mon objectif, quel besoin aurais-je d'essayer d'en affiner la définition depuis plus d'une vingtaine de livres ! Une maxime suffit, elle tient sur le dos d'une carte postale...

L'hédonisme renvoie moins au bien et au mal qu'au bon et au mauvais expressément identifiables au plaisir et à la douleur. Mille modalités du plaisir existent qui laissent loin derrière la pure et simple satisfaction bestiale. Epicure le premier témoigne... Même remarque pour la douleur, mieux coefficientée moralement que le plaisir : rechercher la satisfaction passe moins bien que se mettre en demeure de ne pas subir de souffrances. Pourtant, la quête de l'un et le refus de l'autre fonctionnent en avers et revers de la même médaille !

Les pages qui suivent posent la douleur comme le mal absolu : mentale, psychique ou physique, les épithètes nomment des variations sur le même thème. C'est toujours un corps qui souffre, avec sa conscience, sa raison et sa chair. Les déterminismes pathologiques, la nécessité naturelle entropique, l'empire de la maladie, la tyrannie de la souffrance, la peine, la déchéance, l'affliction, le vieillissement, le travail de la mort sous toutes ses formes dans un être, voilà la négativité combattue par cette épistémologie hédoniste. L'ennemi ? Ce qui empêche un individu de persévérer dans son être avec joie, insouciance, bonheur et indifférence à l'endroit des maux.

Et le versant positif de cette bioéthique ? L'élargissement du corps, sa définition immanente, sa lecture païenne, la déchristianisation de la chair, la considération en elle des forces mirifiques et de leurs pouvoirs inexploités, la promotion d'une grande santé, le vouloir d'une vitalité sublime, l'expansion de soi comme une vertu à opposer aux mots d'ordre judéo-chrétiens qui rapetissent. L'ensemble se place sous le signe des libertés étendues : procréer ou s'y refuser, préférer la maladie naturelle ou opter pour la santé artificielle, souffrir ou non, augmenter ses forces ou pas, choisir ou subir, être ou ne plus être, se projeter dans le néant ou s'y refuser.

Dans le champ de ces nouveaux possibles, rien n'est obligatoire et tout facultatif... La possibilité d'avorter n'y contraint pas et n'oblige personne, celle de recourir au clonage ou à l'euthanasie non plus. Augmenter les possibilités ne force personne à effectuer un choix qui heurte sa morale. La construction d'un corps faustien ne relève aucunement d'une décision tierce, elle engage chacun sur le terrain de sa propre décision. Une bioéthique qui crée des chances ne coïncide pas avec une biopolitique qui les réduit quand elle ne s'installe pas nettement sur le terrain libertaire.

2

LE MATÉRIALISME

L'*ontologie matérialiste* partout présente dans ce texte se propose d'offrir le pendant à la *métaphysique idéaliste* qui infuse notre civilisation depuis vingt-cinq siècles. Elle se propose même en antidote ! Or, la bioéthique française se pense sur le registre idéaliste. L'épistémé – dirait Foucault – de cette question n'économise pas le judéo-christianisme qui lui sert de socle : la *Torah*, la *Bible* et le *Coran* qui, et pour cause, ne fournissent aucune réponse directe aux questions posées aujourd'hui par les progrès de la science, regorgent d'interdits, de lois, de règles, de tabous, de codes qui, au nom d'un Dieu qui les inspirerait directement, font régner un ordre mental, spirituel, philosophique, ontologique, métaphysique, et pour tout dire politique, dont on ne perçoit même plus le détail ni le fonctionnement tant nous sommes construits par lui. Le monothéisme agit en point aveugle de toute bioéthique postmoderne.

Les Comités d'éthique, les commissions qui réfléchissent sur ce sujet, les parlementaires actifs dans les travaux préparatoires aux textes de loi, les scientifiques associés, les experts mandatés par les gouvernements de droite et de gauche gravitent tous autour du monothéisme, leur religion de formation. Rabbins et Juifs, Prêtres et Catholiques, Pasteurs et Protestants, Imams et Musulmans, mais aussi les Francs-maçons dans leur Loge, sous l'œil borgne du Grand Ordonnateur de toute chose, pensent d'une manière unidirectionnelle et, sur les sujets bioéthiques, dispensent des avis au mieux prudents, au pire conservateurs. Entre ces acteurs, la différence est de degré, pas de nature.

Tous partagent les mêmes objectifs : sauvegarder la dignité de la personne, préserver l'humanité, ne pas attenter à l'espèce, respecter l'éthique, agir en regard du droit, ne pas oublier la morale. Et qui peut leur donner tort ? Qui veut le contraire ? Mais le travail doit s'effectuer en amont de ces déclarations de principe : où se trouve la dignité ? Qu'est-ce qu'une personne ? Quid de l'humanité ? Quelle pertinence contemporaine pour l'humanisme ancien ? Le droit et la loi, la vertu et le bien relèvent-ils d'absolus figés, platoniciens, ou de définitions susceptibles d'aménagements nouveaux ? Donc postmodernes ?

Derrière les options apparemment prudentes, sages, avisées, pondérées, réfléchies, des officiels de l'avis sur ce sujet, on trouve un arsenal conceptuel judéo-chrétien : une lecture transcendante du monde, un renvoi au sacré, des références au mystère, un souci de l'éternité immuable, la croyance à une *philosophia perennis,* donc une récusation de toute lecture historiciste, dynamique et plastique des choses, une considération idéaliste de la chair et une vision spiritualiste du schéma corporel. A l'évidence, quand ces lieux de méditation pensent, ils reproduisent le monde qui les appointe intellectuellement, mais aussi socialement.

Car nous vivons sous le registre des vainqueurs de la guerre intellectuelle à l'origine de notre civilisation. L'histoire, toute l'histoire – celle des idées, de la médecine ou de la philosophie, mais aussi des autres disciplines – se lit presque toujours avec l'œil des combattants victorieux, à savoir les idéalistes. Le platonisme, recyclé par un Christianisme qui prend le pouvoir politiquement, donc culturellement, avec la conversion de Constantin en 312, dure pendant des siècles et, paradoxalement, survit au séisme de la Révolution française sous la forme d'un genre de Restauration intellectuelle effectuée en bonne et due forme par l'idéalisme allemand.

Le vocabulaire change, l'emballage se modifie, la rhétorique évolue, mais le fonds demeure : le *Phédon* de Platon enseigne un monde que ne renient pas les *Épîtres* de Paul ou *La Cité de Dieu* d'Augustin, ni, plus étonnant, *La Religion dans les limites de la simple raison* ou la *Métaphysique des mœurs* dans lequel Kant donne une formule philosophique et laïque de l'idéal chrétien. Les trois philosophes communient dans un même idéal, malgré le préchristianisme de l'un et la connaissance de la déchristianisation de 1793 de l'autre : même dualisme des valeurs (une âme immatérielle, immortelle dans un corps matériel et périssable, ennemi et contradiction du principe divin en elle), même morale de l'idéal ascétique (hypertrophie de la raison, extinction des désirs, méfiance à l'endroit des passions, discrédit des pulsions), même célébration d'un arrière-monde en regard duquel s'organise la pensée et l'action de tout vivant...

Et les vaincus ? Que disent les vaincus ? Qui sont-ils, d'ailleurs ? Chaque grand moment de l'idéalisme – platonicien, chrétien, allemand – a son héraut, son idéal, sa doctrine, ses thèses. Contre Platon je joue Epicure et le matérialisme atomiste ; contre le christianisme : Spinoza et l'immanentisme moniste ; contre Kant, Hegel et l'idéalisme des Universités prussiennes, plus rare, mais tellement radical : l'utilitarisme hédoniste de Jeremy Bentham. La matière, l'atome, l'immanence, le monisme, l'utilitarisme et l'hédonisme, voilà sous quelles rubriques j'écris ce livre. La *Lettre à Hérodote,* l'*Ethique* et *Déontologie ou la science de la morale* permettent de désinfecter les notions et les débats...

A aucun moment je n'emprunte de concept à ces philosophes – ni atomes lisses épicuriens, ni substance étendue spinoziste, ni chrestomathie benthamienne... –, mais toujours je pense en regard de ces trouvailles majeures : l'unité et l'unicité de la matière, la vérité du matérialisme, la fausseté de l'idéalisme dualiste ; le corps mode de l'étendue et l'individu composé d'une infinité de parties extensives, la puissance de l'homme comme une partie de celle de la nature ou le bon identifiable à l'augmentation de la puissance d'agir, elle-même génératrice de joie ; plaisir et douleur en pôles magnétiques de l'éthique, nécessité de détruire les fictions, soumission de la pensée et de l'action au principe d'utilité, donc à l'obligation de générer le bonheur du plus grand nombre – voilà les horizons qui bornent mon propos.

3

L'HEURISTIQUE

Considérer la bioéthique en regard des attendus idéalistes fausse les perspectives. Le tropisme platonicien oblige à jongler avec des concepts désincarnés : le Vrai, le Juste, le Bien, condamnés à qualifier d'un nom ronflant l'ordre en place auquel il s'agit de ne pas toucher. L'idéalisme convoque le ciel pour mieux interdire la terre et la rendre la plus inhospitalière possible aux hommes. Les idées pures dissimulent – mal désormais pour qui sait regarder... – des intérêts biopolitiques recouverts par la volonté séculaire des prêtres et des rois de *maîtriser les corps en agissant sur les âmes...*

Les officiels de la question bioéthique verrouillent le débat et l'interdisent intellectuellement en le rendant impossible. La meilleure des méthodes... Toute invite à penser autrement et à dépasser l'urgence d'attendre – le mot d'ordre dans les Comités d'éthique ! – devient une tentative de restaurer une époque unanimement condamnée : le biologisme racial du IIIe Reich, le surhomme nazi, l'eugénisme national du vichyste Alexis Carrel, l'homme nouveau du stalinisme, la négation de l'individu des dictatures du XXe siècle, à quoi s'ajoutent les usages métaphoriques de la fiction, Orwell et Huxley faisant superbement l'affaire...

Le clonage ? Adolf Hitler et ses haras humains, le risque d'une société bientôt uniforme – comme si la télévision ne clonait pas plus sûrement et plus efficacement que le génie génétique ! –, le meilleur des mondes, un avenir constitué par un seul et unique individu dupliqué des milliards de fois puis réduit à l'esclavage par un tyran planétaire, Raël et les siens... La transgenèse ? Le moyen de réaliser ces monstruosités-là, la technique du surhomme nietzschéen, vieil ancêtre, bien sûr, de tout Waffen-SS... L'euthanasie ? Même chose : une pratique inaugurée massivement dans les camps de la mort et à Vichy... Les procréations médicalement assistées ? Des folies qui permettent au sperme du grand-père d'inséminer *post mortem* sa petite fille vierge après l'âge de la ménopause... L'élargissement du corps ? La chirurgie audacieuse ? La pharmacopée contrôlée pour les psychotropes mais libérée pour les stupéfiants ? Des moyens de parfaire l'impératif libéral du corps parfait, performant, transformé en pure marchandise... Les xénogreffes ? De quoi alimenter le trafic international qui légitime la mafia planétaire. *Et passim*...

Comment dès lors lutter contre ces fantasmes et préciser que le clonage n'abolit pas les déterminismes sociologiques, qu'avec lui on transmet des couleurs d'yeux, des pigmentations, des prédispositions physiologiques, certes, mais ni l'intelligence, le génie ou l'imbécillité, autant de constructions qui nécessitent l'interaction de l'individu, des autres et du monde ? Une fois informé de l'inanité de l'opération, personne ne désire une fausse duplication de soi devenue dès lors sans utilité, donc sans raison d'être. En ayant discrédité le clonage dans l'absolu, on défend difficilement le clonage thérapeutique, la seule chance d'une révolution médicale posthippocratique.

Et ces occasions de corps faustien, sont-elles toutes fautives ? L'euthanasie en pratique effective de la pitié ; les PMA comme chances d'envisager une procréation pour des couples stériles, des individus gynécologiquement détruits par des chimiothérapies, des femmes moins bien traitées par la nature sur le terrain de la fertilité que les hommes ; le corps élargi permettant de plus et mieux vivre, sans handicaps, sans douleurs, sans souffrances, avec bonheur et jouissance ; l'usage doux des drogues douces et dures en viatiques assimilables à l'alcool et au tabac ; les opérations chirurgicales de reconstruction du schéma corporel, de reconstitution de vitalité, de réparation de défaillances insupportables : du nazisme ? du stalinisme ? du totalitarisme ? du libéralisme ? Allons, soyons sérieux...

Nous vivons dans la crainte, l'hystérie et l'angoisse entretenues sur le principe d'une *heuristique de la peur*. D'après Hans Jonas – le père de cette coûteuse doctrine défendue dans *Le principe responsabilité* – il faut brandir la menace du pire à des fins préventives et utiliser force épouvantails pour freiner et ralentir la passion technophile identifiée (sur le mode heideggerien...) à une pulsion de mort, destructrice et dangereuse, car elle mène la civilisation à son propre anéantissement. Mais à opter sans cesse pour la catastrophe à nos portes, on empêche l'audace, le courage, l'action et le progrès.

Sous couvert de principe de précaution, les technophobes entretiennent au mieux des mythologies conservatrices, au pire des fables réactionnaires. L'alternative devient : ne rien faire, se draper dans l'immobilité, ne pas agir, suspendre le mouvement ou bien inviter à considérer le passé comme âge d'or à restaurer. L'alternative ? L'esprit taoïste du non-agir ou l'option rousseauiste, misanthrope et contre-culturelle. Puisque le pire peut être possible – alors qu'il n'est pas même probable, donc encore moins certain – cessons d'agir, car de sa potentialité on doit conclure à sa réalité : paralogisme et pensée magique...

A l'heuristique protestante et germanique de Jonas, j'oppose une *heuristique de l'audace*... L'heuristique désigne une méthode qui pose une hypothèse indépendamment de sa vérité ou de sa fausseté. Elle donne une direction à la recherche, infléchit son cours dans un sens et relève finalement d'un genre de postulat qui s'auto-affranchit de toute démonstration ou justification. La peur inhibe l'action, l'audace la galvanise. Nous vivons dans une époque qui – droite et gauche confondues, et Europe oblige – bureaucratise, empêche, retient les libertés et castre ses vitalités. Le risque ne s'évite pas, l'éradication absolue de tout danger est une fiction, la croyance au risque zéro débouche sur l'action nulle...

4

L'UTILITARISME

La lecture idéaliste de la bioéthique produit des dissertations théoriques, des casuistiques affûtées, des rhétoriques brillantes, mais peu de résultats concrets. De Königsberg à Karlsruhe où enseigne aujourd'hui Peter Sloterdijk, via Iéna, on philosophe dans l'abstraction pure, en vouant toujours un culte à l'Esprit Absolu. On commente les grands textes, on reprend les auteurs canoniques, on produit des concepts, on évolue comme un poisson dans l'eau dans l'histoire de la philosophie en prenant son tour... Quand Peter Sloterdijk aborde de biais le continent bioéthique dans *Règles pour le parc humain* – où il analyse avant tout la fin de l'humanisme littéraire –, il effectue l'exégèse de la *Lettre sur l'humanisme* de Heidegger, disserte sur le surhomme nietzschéen, puis commente les pages que Platon consacre à l'art de gouverner comme art pastoral dans *Le Politique*; il confie en passant (l'objet de la polémique !) sans trop de risques intellectuels à la nécessité de penser ce que la transgenèse ne manquera pas de poser comme problème dans l'avenir. Reste, justement, à la penser de fait !

Rien de bien fracassant... Du moins rien qui justifie la levée de boucliers de part et d'autre du Rhin, car ce travail se situe aux antipodes du prescriptif sur lequel l'opinion publique pourrait achopper. Aucune défense de la transgression scientifique, du désordre biologique, de la sélection génétique ou raciale, pas de célébration des chimères clonées ou des programmes euthanasiques nationaux dans ces œuvres ! Le philosophe effectue un constat, regarde son époque et conclut son enquête dans la syntaxe et les mots de la caste avec les références obligées aux penseurs qui classent le travail dans le registre *ad hoc* du philosophiquement correct.

De l'autre côté de la planète, aux antipodes intellectuels également, Peter Singer enseigne à l'Université de Melbourne (Australie) et dirige le Centre de bioéthique humaine dans la tradition utilitariste anglo-saxonne. On n'y disserte pas sur les auteurs canoniques au programme des universités, mais sur des cas concrets. L'analyse de textes sert en amont, en l'occurrence à fabriquer une intelligence analytique susceptible de s'appliquer à des faits. Lire Platon, oui, mais pas en professeur amené à commenter et citer toute son existence tel ou tel fragment de *La République*...

Des textes contre des faits, du concept en face d'analyses, des auteurs morts opposés à des cas de figure actuels, des professeurs devant des philosophes – l'idéalisme allemand contre l'utilitarisme anglo-saxon : l'alternative ne souffre pas d'ambiguïté et dresse l'une contre l'autre une *philosophie pour philosophes* et une *philosophie publique,* un discours fermé, réservé, élitaire et un discours ouvert, partageur et démocratique. Penser pour la caste ou pour le plus grand nombre : on n'échappe pas aux termes de cette antinomie.

Pas besoin, pour pratiquer une philosophie populaire, d'amoindrir ou d'appauvrir le fond, il faut seulement vouloir une forme accessible, une expression généreuse nullement autiste. L'utilitarisme récuse les fictions sémantiques utiles pour sélectionner l'auditoire et ne s'adresser qu'à ses semblables en philosophie, gens de pouvoir eux aussi la plupart du temps. Qu'on prenne en main n'importe quel texte de Jeremy Bentham, de John Stuart Mill – ou de Peter Singer, Thomas Nagel ou Stanley Cavell pour citer des vivants – on constate de fait une *philosophie incarnée*...

La France philosophique vit sur le régime d'écriture idéaliste. Elle subit la loi des vainqueurs – une manie... En guise de punition, soit elle se condamne à célébrer une tradition de philosophes obscurs, illisibles, fumeux, brillants, mais superficiels, conceptuels et très à l'aise dans le ciel intelligible, mais incompréhensibles pour la plupart – leur prose contraignant au psittacisme –, soit elle compose avec un discours général vaguement frotté d'auteurs canoniques qui se contente de monter en épingle les lieux communs de l'époque. J'évite les noms...

L'utilitarisme pose qu'on ne sacrifie pas à la profondeur en écrivant une langue simple, débarrassée de ce que Bentham nomme les fictions utiles à la reproduction du monde comme il va. Sa trace dans l'histoire des idées s'efface sous les ornières creusées par la colonne de blindés idéaliste : par exemple, Bentham produit les Idéologues français. Mais qui lit encore Cabanis, Destutt de Tracy ou Volney, ces matérialistes impénitents ? Qui connaît l'excellent *Rapport du physique et du moral de l'homme* (1802) du premier ? En revanche, personne n'ignore l'existence de *La Phénoménologie de l'esprit* (1807)...

La Révolution française donne à Jeremy Bentham la citoyenneté française en 1792 – depuis, sa patrie d'adoption n'a guère fait pour lui... L'utilitarisme –

sensualiste, matérialiste, hédoniste, athée – propose une réelle alternative au christianisme, même laïcisé et kantisé. Faut-il voir dans cette potentialité l'une des raisons de l'oubli, de la désaffection, du discrédit ou de la mauvaise réputation philosophique dont il jouit depuis deux siècles ? Karl Marx présente le philosophe anglais en parangon de la pensée bourgeoise, son oracle pédant, le génie de sa sottise – autant de violences prélevées dans *Le Capital* – et Michel Foucault le sort de l'anonymat pour le précipiter dans l'opprobre : de fait, *Surveiller et punir* le transfigure en inventeur de la société policière, en savant fou de la prison à cause de son panoptique – ce qui, de manière incompréhensible, néglige tout son travail d'humanisation des peines et de la justice, voire – *Essai sur la pédérastie* (1785) – son combat pour qu'on cesse de poursuivre, emprisonner et exécuter les homosexuels...

Je retiens donc de l'utilitarisme son esprit, sa façon, ses méthodes : un souci du concret, une réflexion casuiste, un usage des concepts non pas pour eux-mêmes, mais pour la possibilité d'une analyse et d'une réflexion, un abord immanent et matérialiste du monde, une option pour les causalités pragmatiques et non pour les jeux de langage théorétiques. Et puis : je soumets mon propos à la finalité hédoniste. La bioéthique doit viser le bonheur du plus grand nombre possible. En dehors de cet impératif catégorique, elle ne mérite pas une seconde de peine.

5

LA BIOPOLITIQUE

Hédoniste, la bioéthique doit pouvoir aussi être libertaire. Comment ? Et d'abord, que recouvre ce terme : biopolitique ? La paternité en revient à Michel Foucault. Avec ce mot, il nomme dès 1977 le devenir objet (dans la politique du XIXe siècle) de la vie des hommes sur des terrains particuliers : l'hygiène publique, la santé des peuples, la démographie des pays, la mortalité et la natalité des populations, le réglage des flux de migrations, la conservation des races. Le corps des hommes devient une préoccupation non plus sur le terrain individuel, mais sur celui de l'espèce. La biopolitique ? Une forme nouvelle de gouvernement des hommes par l'exercice d'un pouvoir sur leurs corps via les institutions médicales.

Une biopolitique libertaire invite chacun à s'emparer pour lui des acquis de la bioéthique contemporaine et ne laisse en aucun cas les travaux sur cette question aux mains des prétendus spécialistes. Puisque la vie est devenue un objet de pouvoir, qu'elle le soit d'abord et avant tout pour chaque individu. La construction de soi, la fabrication de sa subjectivité corporelle doit passer par un vouloir propre. Il s'agit de s'emparer du pouvoir actuellement confisqué par les professionnels de la santé et du discours autorisé sur ce sujet, puis de le partager : non pas penser seul, mais opposer à la pensée séparée de ces questions une réflexion commune.

Comment faire ? Ouvrir la porte des Comités d'éthique, des salles de consultation, des laboratoires, des hôpitaux, des maternités, des banques de sperme, du ministère de la Santé, des facultés de médecine, des blocs opératoires, des pharmacies, des maisons de retraite, des unités de soins palliatifs, des morgues, des pompes funèbres, des cimetières, entrer, parler, discuter et ne pas laisser aux professionnels de ces domaines le monopole de la réflexion bioéthique et de l'action biopolitique.

Avec quels objectifs ? *Penser l'avènement* qu'est toute naissance et réfléchir à la question de l'être : quand y a-t-il de l'humain plutôt que rien ? (Première partie de ce livre). *Artificialiser l'événement* et s'arracher au déterminisme naturel, sexuer le monde librement : à quel moment fabrique-t-on un corps faustien ? Et comment ? (Deuxième partie). *Déchristianiser la chair*, écrire un schéma corporel vitaliste, incarné, audacieux, abolir la métaphysique classique : comment réorganiser ontologiquement l'être postmoderne ? Et avec quels moyens ? (Troisième partie). *Rematérialiser le destin*, se demander où se trouve l'identité d'un être et résoudre le problème de la construction de soi par soi, puis de l'élargissement de sa subjectivité dans une perspective moniste et charnelle (Quatrième partie) . *Affronter la mort* en supprimant la métaphysique doloriste classique, puis créer les conditions d'un hédonisme tragique, non sans avoir répondu au préalable à la question : quand y a-t-il encore de l'être plutôt que rien ? (Cinquième partie). Soit : Être, Naître, Vivre, Exister, Mourir...

Une bioéthique libertaire s'oppose aux usages de la science en dehors de la perspective déjà signalée du plus grand bonheur possible pour le plus grand nombre. En regard de cette option, elle récuse une *version libérale* de la bioéthique qui soumet le travail, la recherche, les trouvailles, les succès à la seule marchandisation. Pas de justification, dès lors, de la brevetabilité du vivant qui permet aux pays riches, disposant des technologies performantes, d'exploiter les pays pauvres fournisseurs des produits et substances de base ; pas de collusion entre les potentialités de la transgenèse et les entrepreneurs désireux d'embaucher un profil génétique particulier, les agences d'adoption pourvoyeuses de catalogues d'enfants à acheter ou placer, les projets raciaux de tous ordres, les cabinets d'assurances qui prévoient d'établir un tarif pour leur client en fonction de son génotype, les choix du sexe en fonction des héritages... Car dans tous ces cas, il n'en va pas du plus grand bonheur possible du plus grand nombre, mais de la satisfaction d'une poignée de décideurs – le chef d'entreprise, le couple argenté, le politicien raciste, l'assureur vénal, le riche testateur –, au prix d'une discrimination des plus exposés (les fragiles, les pauvres, les minoritaires, les malades, les femmes...).

De la même manière, une biopolitique libertaire exclut la *version sectaire* de la bioéthique. Sectaire et névrotique... Ainsi des Raëliens convaincus du salut des seuls impétrants clonés. Le vaisseau spatial chargé de conduire un jour béni les élus dans un monde meilleur, d'éternité et de bonheur, n'embarquera que les clonés ! Avis à la population... La transgenèse libérale se met au service du client qui paie, elle n'exclut pas ce genre de malade mental, pourvu qu'il entre à l'hôpital avec une monnaie sonnante et trébuchante.

Et les sectes sont riches de l'argent détourné et volé à leurs victimes...

Enfin, pour mériter la qualité de libertaire, une biopolitique doit refuser également la *version judéo-chrétienne* visible dans les textes et documents officiels de l'Eglise mais aussi dans ceux de notre République dite laïque, mais tellement Fille aînée de l'Eglise malgré la loi de 1905 : à part l'avortement qu'elle légalise – en des termes d'ailleurs extrêmement prudents et contraignants... –, on chercherait en vain des points de désaccord majeur... Le sabre et le goupillon, même aujourd'hui – surtout aujourd'hui ? –, sont les emblèmes d'une même vision du monde.

Des preuves ? croisons les lectures du *Code pénal*, du *Code civil*, du *Code de la santé publique* et de la *Charte des personnels de la santé* éditée par le *Conseil Pontifical pour la pastorale des services de la santé*. Pour faire bonne mesure, ajoutons le *Catéchisme de l'Eglise catholique*. Que constate-t-on ? Une coïncidence absolue sur l'essentiel et dans nombre de détails. L'Etat français et le Vatican affirment : l'existence d'une personne potentielle dans l'embryon, en conséquence, l'un et l'autre interdisent son usage à des fins de recherche à visées thérapeutiques ; la nécessité de réglementer la contraception et de ne pas la laisser au seul bon vouloir de l'individu, car la sexualité doit obéir à plus qu'elle, en l'occurrence aux lois natalistes de la République ou aux diktats ascétiques de l'Eglise – ainsi la condamnation de la vasectomie pour raisons de convenance personnelle ; le refus de tout eugénisme, alors que l'éviction d'un chromosome responsable d'une maladie dans une procréation médicalement assistée définit déjà ledit eugénisme... ; l'interdiction de recourir aux PMA pour un couple homosexuel ; le refus systématique du clonage, même s'il permet de guérir, traiter, sauver un individu ; la condamnation du recours à des mères porteuses, y compris pour des femmes privées d'utérus par un cancer ayant nécessité l'ablation ; mêmes convergences sur le refus de dépénaliser et de légaliser les stupéfiants pendant que se tolère en toute légalité la vente massive de psychotropes avec lesquels on facilite le gouvernement des âmes par celui des corps ; idem avec la pénalisation de toute publicité pour le suicide au nom de l'interdit de tuer – quand les chefs d'Etat trouvent des alliés en la personne des aumôniers militaires qui bénissent les armes avant les conflits et les chaises électriques avant les exécutions ; dans le même esprit, et toujours en regard du cinquième commandement chrétien – *Tu ne tueras point* –, la loi et le catéchisme refusent la légalisation de l'euthanasie et organisent massivement la publicité des soins palliatifs, cette excellente occasion de restaurer en catimini les pouvoirs de la religion dans les hôpitaux français...

Féeries anatomiques contrevient à plus d'une vingtaine d'interdits formulés par les textes de loi de la République française. Je ne compte pas les entorses aux règlements chrétiens. D'abord parce que je n'ai pas pris le soin de faire l'éloge de la masturbation, de la luxure, de l'union libre, de la sexualité hors mariage, tant ces pratiques me semblent n'avoir plus besoin d'une défense – mais le temps n'est guère éloigné de leurs persécutions... –, ensuite parce que chaque ligne de mes livres procède d'une volonté farouche de déchristianiser la civilisation dans laquelle nous passons furtivement, entre deux néants. Le séjour me paraît trop bref pour qu'on le gâche par des croyances fautives et infantiles. Une confidence, pour conclure (ce jour de Pentecôte 2003 !) : j'eus un réel plaisir à me faire si souvent le contrevenant du *Code civil* et du *Catéchisme*...

I

PENSER L'AVÈNEMENT : ÊTRE

1

LA VIE

Le vitalisme a mauvaise presse dans un monde tout entier raidi derrière la tyrannie de la Raison. Son histoire et son épistémologie manquent, la bibliographie n'existe pas, aucune trace ne subsiste aucunement. On ignore à peu près tout de ce qui associe intellectuellement les médecins Hippocrate et Bichat, les philosophes Aristote et Canguilhem ; on ne sait rien de Théophile de Bordeau, auteur d'articles dans l'*Encyclopédie*, de Barthez – qui a lu les *Nouveaux éléments de la science de l'homme* (1778) l'ouvrage majeur sur cette question ? ; on peine à trouver quelques informations banales sur les figures de proue de ce courant au siècle des Lumières ; on souffre à tenir quelques propos moyennement informés sur l'Ecole de Montpellier.

Pourtant, cette sensibilité philosophique procède d'autre chose que de la caricature habituellement proposée par les tenants d'un mécanisme strict et sommaire. Le débat semble même ne pas devoir ni pouvoir être tenu pour cause d'indécence à opposer l'erreur insane et la vérité radieuse. Pour la plupart des épistémologues et des scientifiques contemporains, le vitalisme triomphe en idéologie irrationnelle qui privilégie l'invisible sur le visible. La revendication vitaliste entrave le fonctionnement du rationalisme intégriste fâché par ce qu'il n'a pas encore réduit, elle en souligne les limites. Et l'inscience socratique dispose de moins d'affidés que le scientisme positiviste parmi les gens de médecine.

Les dénigreurs du vitalisme l'associent à l'animisme des peuplades arriérées, à l'esprit primitif des hommes de l'origine, au mode de fonctionnement le plus élémentaire de l'*homo sapiens.* On le trouverait du côté des sorciers vaudous, des chamans arctiques, des alchimistes européens et autres antipodes des scientifiques purs et durs. Ses ennemis lui opposent la raison, la déduction, l'observation, l'analyse et l'attirail rationaliste habituel. D'un côté, l'erreur d'esprits fantasques, de l'autre, la vérité de savants incontestables. L'histoire semble même retenir que dans ce débat on peut sans complexes opposer l'obscure force vitale des uns à la clarté du phénomène physique des autres. Poétique brumeuse contre intelligence sagace, idéologie préhistorique contre théorie moderne...

Le positivisme français, sur les acquis duquel la science contemporaine continue de vivre et prospérer, a fixé puis figé la formule des critiques encore portées contre le vitalisme : idéologie superstitieuse, croyance au surnaturel, sacrifice aux causes occultes, produit de l'ignorance, épiphénomène procédant du charlatanisme. Le *principe vital* cher aux tenants de cette école a été stigmatisé et moqué comme la tautologique vertu dormitive de l'opium – fiction mentale, mystification intellectuelle, régression épistémologique. Or, avec cette expression, Bordeau tâchait de circonscrire en nommant ce qui, de fait, résiste à l'investigation scientifique. Comment un collaborateur de l'*Encyclopédie* aurait-il pu penser autrement et s'adonner aux plaisirs de la confusion et de l'imprécision spiritualistes ?

La considération de ce principe vital suffirait à rappeler aux bonnes âmes qu'en matière de science – Paul Feyerabend le confirmait –, on apprend parfois plus avec les intuitions (des philosophes) qu'avec les hypothétiques certitudes (des médecins) : combien d'inconscients travaillés par l'erreur évoluent dans le mythe tout en croyant évoluer dans la science ? Bachelard a beaucoup écrit sur ce sujet et appelé à une saine psychanalyse de la connaissance dont peu saisissent l'occasion... La connaissance scientifique procède pourtant par tâtonnements, par inspirations, pressentiments, elle suppose un corps de chercheur travaillé par la grande raison nietzschéenne.

Ce fameux principe vital déclencheur du sourire des rationalistes satisfaits rappelle le logos présocratique, le feu abdéritain, le pneuma stoïcien, le clinamen lucrétien, le conatus spinoziste, le vouloir-vivre schopenhauerien, la volonté de puissance nietzschéenne, l'inconscient freudien, voire l'élan vital bergsonien ou les forces, les intensités et les flux deleuziens : n'existe-t-il dans cette tradition philosophique que charlatans et magiciens, chamans et rebouteux, sorciers et cabalistes ? Peut-on écarter d'un simple revers de la main toute la tradition vitaliste, en médecine comme en philosophie ?

Le vitalisme récuse pareillement l'explication spiritualiste et le commentaire matérialiste, il refuse mêmement l'hypothèse idéaliste fumeuse et la logique mécaniste sommaire. Ni tenant d'un réductionnisme par l'idée, ni partant pour un simplisme enrégimentant l'atome, le vitaliste interroge la matérialité qui déborde la matière et ne s'y réduit pas ; il questionne ce qui va au-delà du visible sans pour autant conclure à une parenté de cette invisibilité avec la transcendance, le ciel, les arrière-mondes ou l'idée platonicienne ; il cherche à saisir et soumettre la frange, la limite, l'espace indéfini où se trame l'essentiel rétif au regard et à l'observation ; il concentre son attention sur ce qui s'échappe, s'enfuit, disparaît, sur le dynamique vivant et se méfie de l'immobilité morte réductible aux chiffres.

Devant l'impérialisme des sciences dures dissimulées derrière l'observation et la reproduction, soucieuses d'en appeler à la reproductibilité de l'expérience comme condition de possibilité d'une vérité absolue et scientifiquement fondée, le vitalisme affirme l'existence d'un je-ne-sais-quoi essentiel duquel découle le réel. Epistémologiquement, il ose la reconnaissance d'une impuissance et d'une limite – en quoi réside sa toute-puissance – de la connaissance en jeu dans le processus de recherche et de découverte. Face aux triomphes de la raison, aux incontestables progrès de la science, il pose le restant, le reliquat, l'irréduit comme instances cardinales : ce qui demeure, refuse, résiste – et définit la vie, manifeste son principe.

L'ineffable ne se confond pas avec l'éternellement impossible à dire ; l'impensable ne suppose pas un définitivement impossible à penser ; l'invisible ne coïncide pas avec l'absolument impossible à voir ; l'insaisissable ne désigne pas le perpétuellement impossible à saisir ; l'irrationnel ne qualifie pas l'indéfiniment impossible à rationaliser : dans l'espace nécessaire au comble du manque et à la réduction de l'ignorance demeure un genre d'inquiétante étrangeté, une sorte de point aveugle : le vitalisme affirme qu'en cet épicentre rétif gît une potentialité formidable pour le savoir, la connaissance et la raison. La vie du vitaliste nomme et caractérise ce qui, *pour l'instant*, apparaît comme de l'innommable.

Chaque progrès du savoir réduit la zone dans laquelle le vitaliste travaille. En même temps il augmente la densité de l'ignoré, l'opacité de l'insu. Le triomphe absolu de la raison pure, rationnelle et raisonnable, raisonnante et totalisante anéantirait définitivement les géographies imprécises dans lesquelles évolue le vitaliste. L'augmentation de la lumière logique raréfie l'obscurité dans laquelle d'aucuns fouillent pour chercher et trouver matière à connaissance certaine et irréfutable. Le vitalisme prend le parti de la force non encore captive là où le mécanisme rationaliste se contente d'une mise en formule du réel pour apaiser ses angoisses, ses inquiétudes et ses peurs de l'inconnu. Le vitaliste pratique la connaissance par les gouffres, il pratique une épistémologie tremblante, il active une méthode moins langagière et théorique que corporelle et pragmatique.

Notre époque triomphe dans la mécanique, l'instrument de mesure, le chiffre et le nombre ; elle accumule les données numériques, les résultats mathématiques croisés ; elle en appelle à la technique, à la technologie ; elle veut la performance industrielle et la rentabilité marchande ; elle s'appuie sur des savoirs durs, des connaissances vérifiables ; elle jouit d'un sociologisme bardé de statistiques et de comptages : le vitalisme se rebelle contre la toute-puissance de l'outil utile et affirme l'irréductibilité d'un principe vivant, jamais là où l'on braque le projecteur intellectuel, toujours ailleurs, déplacé, décalé, intempestif et inactuel. A l'empire de Prométhée et d'Epiméthée, le vitaliste oppose Pan et Dionysos.

Qu'est donc cette vie au centre des soucis du vitaliste ? Elle est efflorescence, fécondité, création, construction ; elle suppose le sang, la sève, le sperme ; elle préside aux germinations, aux productions ; elle transforme le grain en plante, la fleur en fruit ; elle fabrique le nécessaire pour que l'abondance, l'excès, la force et la dépense l'emportent sur la rareté, le manque, la faiblesse et l'économie ; elle appelle le soleil, la lumière, la santé, la puissance ; elle dit la vitalité, la fécondation, la reproduction ; elle dégage de l'énergie, produit de la chaleur, multiplie, fait croître ; elle impulse à la matière les vibrations qui la mettent en mouvement ; elle musique le réel en des rythmes millénaires, des cadences et des mouvements primitifs ; elle travaille pareillement le cœur du soleil et l'épicentre de la cellule ; elle mène la danse des astres dans le système solaire et détermine la mitose et la méiose cellulaire ; elle travaille la chair, associe les organes dans un corps, maintient de conserve les organismes, transforme des matières en énergie à même de réparer les dommages de l'entropie ; elle active de la même manière la circulation sanguine, le système respiratoire, l'appareil libidinal, la machine digestive et les bactéries qui consument la viande après la mort clinique ; elle persiste jusque dans la décomposition en terre ; elle résiste dans les fragments d'ADN du squelette séché et blanchi par le temps ; elle confère sa forme au virus et au cosmos ; elle assure les modifications multimillionnaires d'une seule substance diversement modifiée ; elle fabrique, veut, agit et crée ; elle donne sa formule chimique aux pierres, son destin à la plante, ses tropismes à l'animal et sa vérité aux hommes ; elle sévit partout mais ne se fait voir nulle part en particulier ; elle demeure invisible dans son essence mais manifeste dans ses effets ; elle affirme la toute-puissance dionysiaque, la grandeur panique ; elle donne sa force à l'encéphale hominien et ses lois aux mouvements des océans ; elle se tient omnipotente dans la furie des milliards de spermatozoïdes, dans la mécanique des ovulations, dans la fabrication du zygote, dans l'agencement de l'embryon, dans le devenir du fœtus, dans la croissance de l'être humain, dans son vieillissement, dans sa mort et sa putréfaction ; elle génère, ruse de la raison, l'entropie, la fatigue, l'usure, l'oxydation ; elle donne aux iris leurs couleurs, aux sourires leurs magies, aux gestes leur souplesse, aux corps leurs allures ; elle compose ; elle agence ; elle préside ; elle est, écrit Bichat dans une superbe formule – démocritéenne – désormais célèbre : « l'ensemble des forces qui résistent à la mort ».

Le vitaliste sait cela. Il ne sait que cela. La vie caractérise donc l'exigence de forme dynamique là où menace perpétuellement l'informe statique. Au lieu de la matière, la vie se trouve aussi ; et vice versa. Pas besoin d'opposer une conception, idéaliste et primitive, à une autre, matérialiste et élaborée : la vie pénètre par tous les pores la matière qu'elle informe dans une formule appelée à connaître des métamorphoses, des transformations, des changements. L'atome seul, sans l'énergie, voilà une figure impensable ; de même l'énergie sans une matière pour la supporter. Le vitaliste méconnaît les modalités de la liaison, il ne propose pas un genre fictif de glande pinéale, problématique et hypothétique, pour apaiser sa crainte de ne pas savoir, il avoue son ignorance et appelle à chercher justement là où la raison se dérobe. Il n'ignore rien du paradoxe, manifeste dans ce constat, que le visible découle de l'invisible, que la matière procède d'une force, et retour, que la raison vaut aussi par ses contours irrationnels et ses limites floues, qu'au creux le plus intime de la lumière brille une clarté noire, froide, qu'à l'épicentre du positif gît le négatif. Dialectique ironique...

Un corps faustien se construit sur cet abîme insensé, il se fabrique à partir de ces ténèbres. Abîme de puissances, gouffre dans lequel se noient les lumières, noyau infracassable d'inscience, la mécanique humaine résiste à l'explication technologique, numérique, informatique, cybernétique. La poussée sur le terrain des découvertes est considérable, sans pareille depuis les débuts de l'humanité. Plus que jamais d'actualité, le vitalisme se soucie et se préoccupe de ce qui résiste au décodage, il se rebelle contre le déchiffrage. Il se rit de constater que plus la technique affirme ses pleins pouvoirs sur le réel biologique, plus se durcit, se cristallise et s'obscurcit le restant – qui par là même devient l'essentiel...

2

LE SPERME

L'option métaphysique vitaliste renvoie à des formes historiques singulières dans lesquelles s'incarne son principe. Chaque époque porte ses fantasmes, subit des torsions poétiques, vit d'erreurs et d'obsessions, transmet des fictions, s'y accroche, contamine les méthodes, entrave la progression logique et trace dans le sable des zigzags inattendus. Une psychanalyse du chercheur gagne toujours à se doubler d'une psychanalyse de son époque. L'impossibilité de saisir l'essence du vivant – le fameux principe vital – conduit à la multiplication des discours périphériques, elle démultiplie les propositions fautives tant que les traits de génie particuliers d'un savant, les illuminations singulières d'un découvreur ou les accélérateurs épistémologiques – une trouvaille technologique – n'ont pas vu le jour.

Le corps résiste à l'investigation. Et ses parties, ses fragments, ses flux, ses humeurs, ses agencements ; ses fonctionnements demeurent mystérieux ; ses logiques dépassent l'entendement ; ses réponses affolent la raison ; ses zones d'obscurité augmentent proportionnellement à la révélation des grandes plages de lumière. Rien ne paraît plus insaisissable que la chair, d'autant qu'on en pénètre plus savamment les arcanes. Le vitalisme produit des discours datés, historiquement marqués au coin de l'épistémé d'une époque. De toute éternité, aborder la question du corps renvoie aux conditions de son enracinement dans un terreau idéologique.

Ainsi du sperme, dont une brève histoire philosophique montre à l'envi combien cette substance longtemps résistante aux appréhensions scientifiques n'a pourtant pas manqué de susciter des discours et propositions riches en intuitions à même de renseigner sur la nécessaire psychanalyse de la recherche et de l'époque dans laquelle elle s'effectue. Le vitalisme propose à sa manière un genre de méthode d'association libre, de parole en archipel, d'antiméthode efficace d'où peut surgir la fabrication d'un sens, la construction d'une proposition rationnelle et raisonnable. Le vitalisme agit toujours en antichambre de la raison triomphante.

Du sperme, donc, quand la mythologie tient le premier discours. Souvenons-nous d'Ouranos mutilé par Cronos, les génitoires sectionnées, jetées au loin dans la mer, puis de la naissance d'Aphrodite au beau milieu de cette étrange fleur d'air et de lumière. Nourrie de cette blanche effervescence, elle trouve alors son nom : l'étymologie rappelle l'écume, le blanc mousseux, l'éther mélangé à l'eau, le feu au vent, la mer ajoutée aux promesses de danger. Elle raconte la semence, ce que l'on répand, parsème et éparpille. Depuis, Aphrodite règne sur le monde et préside aux furies de la génération, aux transports amoureux, aux déterminismes libidinaux, aux fécondités explosives, aux voluptés magnifiques.

Dans la narration imagée, on trouve en filigrane la certitude d'une substance vitale, génésique, d'une matière à même de produire des effets dans le réel, de le construire, de l'animer. Puissances génésiques, forces océaniques, passions démiurgiques, expansions séminales, débordements titanesques, le sperme cache encore son mystère, et pour longtemps. Mais son esprit transparaît dans le discours tenu à son propos : avec lui, on assiste à une généalogie, une archéologie, une genèse. Mystérieuse, pleine de ses secrets, cette matière procède d'une poétique qui ne cache pas sa racine : à la croisée de l'événement, de la potentialité, de l'étrange et de l'imaginaire, elle avoue une parenté avec les substances ontologiques majeures.

Des fables mythiques aux discours présocratiques, la distance n'est pas aussi considérable qu'on le dit habituellement. Etrangement, les idéalistes platoniciens et les matérialistes démocritéens, les médecins hippocratiques et les philosophes aristotéliciens se retrouvent sur une même certitude : le sperme se réduit strictement au discours physiologique. Soit le cerveau, la moelle, soit le sang, ou bien l'ensemble du corps, mais tous communient dans une semblable conclusion : le sperme vient des entrailles et correspond à une force construite dans la chair, à l'intérieur de la carcasse.

Les théories divergent sur la constitution de cette substance, sur les mélanges d'humeurs, leurs proportions, leurs quantités composées; elles se séparent et convoquent sang, bile, flegme ou pneuma; elles en appellent à la centrifugation, la cuisson, la coction; elles subissent le frottement, la séparation, l'humidification, le mouvement – mais dans tous les cas, le principe demeure : le sperme raconte une ontologie radicalement matérialiste. Physiologie mécaniste, chimie des forces, physique des énergies, mécanique des flux, architectonique des puissances et biologie des potentialités, le sperme philosophique vaut le sperme mythologique – la substance germinative témoigne du mystère d'un corps en perpétuel mouvement.

Aristote pose les fondements d'une ontologie immanente en proposant le résultat de ses observations : semblable chez tous les hommes, y compris les noirs, le sperme affirme son abondance visqueuse chez les animaux à poil, sa blancheur et son épaisseur en cas de santé du donneur, sa fluidité et son aspect sombre une fois sorti du corps ; le philosophe-médecin précise qu'il ne gèle pas, se transforme avec le temps en eau, coagule et épaissit avec la chaleur ; que son émission est proportionnelle au volume du donneur – gare à l'éléphant ou au rhinocéros ; propre à la génération, il tombe au fond d'un récipient plein d'eau, en cas contraire, il a tendance à se dissoudre. Observations sur des animaux ou des tiers, auto-observations ? Les deux vraisemblablement... Quoi qu'il en soit, Aristote, pose de la sorte les bases d'une pratique scientifique moderne.

De l'écume mythologique d'Aphrodite à la description expérimentale d'Aristote en passant par les considérations sur la moelle génitale des présocratiques et de leurs suivants, les progrès sont évidents : de plus en plus de raison et d'observation, de moins en moins d'histoires fabuleuses et de suppositions. Moins de poésie, plus de science. A la fin de la période antique, le sperme se lit telle une substance vitale, une matière chargée d'énergie, une humeur pleine de potentialité. La vie recèle encore tout son mystère, bien évidemment, mais les médecins savent la nécessité de persister dans le sens de l'observation, de l'expérimentation et du rapport direct à la matière.

Le christianisme ouvre une période d'obscurité et inaugure une névrose dommageable pour l'histoire des sciences. Sa haine du corps attaque la chair sexuée capable de désirs et de plaisirs, certes, mais aussi la chair malade, souffrante, soumise aux maladies et à la mort. L'intelligence médicale se congèle après Galien (129-199 ap. J.-C.) et avec Tertullien (160-220 ap. J.-C.) : disparition du Médecin, apparition du Théologien. Interdiction des dissections, des carrières médicales pour les membres du clergé et confinement des hommes de science dans la répétition des savoirs traditionnels. La santé, voilà la grande ennemie...

Avec les chrétiens, la substance vitale devient une substance peccamineuse : le véhicule ontologique de vie se transforme en vecteur métaphysique de mort. Par le sperme se transmet en effet le péché originel. Finie l'époque bénie, si l'on peut dire, où avec la perte de sa semence l'heureux jubilateur se séparait seulement d'une partie de son cerveau ou de sa moelle épinière ; terminé le temps insouciant où, à Rome, les parents fêtaient la première éjaculation de leur progéniture pendant de grandes fêtes bachiques – les Liberalia ; la liqueur séminale rattache au mal, elle rappelle le négatif, elle signifie l'entropie et l'inscription de chaque destin dans l'inextricable trame sombre de Thanatos.

L'observation expérimentale d'une matière laisse place aux supputations extravagantes d'un prétexte. Seule Marie échappe au massacre car elle a conçu Jésus sans le sperme de Joseph. On me pardonnera l'intromission du discours physiologique dans le mystère catholique, apostolique et romain, mais Antoine de Milan et Pseudo-Jérôme m'ont précédé sur ce terrain : le mal transite par les testicules, le péché originel passe par l'épididyme, il suit le cordon spermatique, passe l'urètre et se trouve visible pour tout bon observateur, même mauvais théologien, par le méat d'où il prend son envol en direction d'une matrice accueillante – ou de toute autre destination moins classiquement appropriée...

L'Eglise officialise ce discours en utilisant abondamment le charabia scolastique de Thomas d'Aquin : le sperme devient la *cause instrumentale* de l'infection pécheresse, pas la *cause principe*, non, non, mais instrumentale. La différence compte. Car l'homme n'est pas *actuellement* fautif, mais *virtuellement*, non pas en *acte*, mais en *puissance*. Patrologie et scolastique infectent des siècles de pensée, certes, mais aussi de comportements et d'attitudes à l'endroit du corps : pas de progrès en médecine, pas de recherches, de trouvailles, pas de médications, d'expérimentations, pas de soins, pas de conjurations de la douleur, pas d'évitements de la souffrance. Triomphe absolu de la mort, aimée comme une maîtresse hystérique...

D'Hésiode à Thomas d'Aquin, la vie à l'œuvre dans le sperme connaît donc un abord poétique et mythologique, humoral et philosophique, entropique et théologique. Avec la modernité, elle devient une substance biologique et chimique, puis génétique et numérique. La vie fournit donc à chaque époque les moyens d'une cristallisation de ses travers, de ses fictions, de ses qualités aussi. On peut sourire à l'écume aphrodisiaque ou à l'échauffement du sang philosophique, sinon rire à la matière adamique : qui nous assure que l'avenir ne se moquera pas non plus des fantasmes cybernétiques de notre époque ? Le vitalisme renseigne sur l'épistémé d'un siècle et nomme dans le vocabulaire dominant, avec les métaphores du temps, ce qui, autrement, demeure obscur, impénétrable. Dans le sperme, la vie écume, boue, chauffe, travaille, elle absorbe la mort, la peur, les craintes, elle déborde d'espoir, de promesses, d'attentes.

Une troisième ère, postchrétienne, s'ouvre avec la technologie des optiques nouvelles. La machine permet des possibles et supplée les manques de l'œil. La métamorphose des ateliers du polisseur de verres de lunettes dévoile une autre conception du monde, une autre métaphysique. Naguère, d'aucuns ont détaillé les modalités et les conséquences philosophiques de ce passage du monde clos à l'univers infini : qui s'attellera à une tâche semblable pour dire combien le premier homme dans l'espace, puis sur la Lune, combien le savoir d'une multitude infinie de galaxies, combien les progrès dans le domaine astrophysique modifient les repères et les concepts ? Quelle nouvelle ontologie derrière ces gouffres ouverts par la connaissance et ses avancées ?

Le Grand Siècle détaille le ciron et les planètes. Le microscope et le télescope élargissent et conduisent le monde aux limites de l'infiniment grand et de l'infiniment petit. Des astres aux animalcules, le vertige guette... A cette époque, le sperme devient nettement une substance chimique. Il se laïcise, se rematérialise, recouvre l'aspect de l'époque où Aristote l'observait. Nouveauté d'importance, la technique permet désormais la découverte des spermatozoïdes – en 1677, l'année de la mort de Spinoza. Quelques années plus tard, on met en évidence l'œuf ovarien – 1683. Fin du Moyen Age, avènement des moyens de la modernité. Le christianisme recule heureusement...

La vie livre un peu de ses mystères. L'écume, les humeurs et les valeurs se synthétisent dans la biologie.

En 1860 *seulement* les scientifiques découvrent que le zygote se compose de l'union d'un spermatozoïde et d'un ovule. En amont de cette date, la diversité des approches se réduisait à des considérations sur l'insaisissable, l'indéfini, la résistance du mystère de la vie : le vitalisme réunit toutes les approches qui retenaient la nature généalogique du sperme, sa matérialité génétique. L'abord postchrétien génère une accélération sans nom : de la découverte des animalcules spermatiques à la saisie du fonctionnement de la fécondation, deux siècles s'écoulent.

Les premières années du nouveau millénaire inaugurent une révolution radicale et marquent un tournant majeur dans l'époque scientifique avec le séquençage du génome humain. Passé l'an 2000, le sperme devient une humeur finement lisible. Pour toujours, dans les pays de haute technologie, il a cessé d'être support à poésie et à magie, sinon à fantasmes théologiques pour accéder au rang de nombre, puis de chiffre. Les machines débrident le savoir : l'association de l'observation oculaire élargie par l'usage de microscopes extrêmement perfectionnés assistés par des ordinateurs aux puissances monstrueuses ouvre des perspectives enivrantes.

Substance lyrique, vitale, peccante, chimique, le sperme accède au statut d'objet numérique. Le vitalisme a permis de serrer au mieux, dans la mesure où l'époque le permettait, la matérialité de cette semence et surtout ce qui déborde cette matérialité dynamique tout en ne s'y réduisant pas. Matière au-delà de la matière, chimie par-delà la chimie, molécules et particules outrepassant ces composantes atomiques, le sperme persiste à offrir aux chercheurs des zones d'ombre, il contraint à des questions encore sans réponses, il résiste et se rebelle aux investigations technologiques poussées : la découverte de l'ADN, de l'ARN, de la double hélice, des acides, des protéines, des brins, des nucléotides, la saisie des agencements, des structures, des logiques à l'œuvre dans les codons – tout cela contribue à épaissir le mystère...

Pourquoi ? Comment ? De quelle manière ? Selon quelles principes ? En vertu de quelle loi ? Selon quel plan ? Pour quels conséquences ? Avec quelles perspectives ? Etc... La découverte ici génère des interrogations là : le vitalisme déplace le questionnement et le porte au cœur même de ce qui résiste à nouveau. Là où une forteresse s'effondre quand un savoir triomphe, le souci vitaliste s'infléchit, bouge, se décale et interroge à nouveau ce qui demeure dans l'obscurité. Le devenir numérique de la substance spermatique place le chercheur devant un alphabet de trois milliards et demi de signes avec lesquels nombre d'œuvres peuvent désormais s'écrire. Elles ne le sont pas encore réellement, mais potentiellement – histoire de temps...

Dans ce réservoir de possibles, le meilleur et le pire grouillent indistinctement. La vie persiste dans ce fouillis, elle s'épanouit dans ce fatras. Les scientifiques moins soucieux de la part d'ombre (fouillée par les vitalistes) que fiers des parts de lumière (mises en scène par les mécanistes) avancent aveugles et aveuglés, enivrés par les succès, ignorant la permanence ironique de cette loi qui transforme de toute éternité les vérités d'hier en erreurs d'aujourd'hui. En matière de savoir, l'acquis compte moins que l'insu.

Le vitalisme célèbre la résistance, il jouit de l'obscur objet du désir de connaissance. Face aux potentialités scientifiques postchrétiennes, le vertige menace car, sur le théâtre des opérations à venir se joueront : les ectogenèses, les contraceptions, les procréations assistées, les inséminations artificielles, les fécondations *in vitro*, les clonages, le transgénisme, l'intervention sur le génome, le diagnostic prénatal, le choix du sexe, la médecine prédictive, la génétique *post mortem* et autres variations sur le thème eugéniste. Vertige, heureux vertige, joyeux vertige...

3

LA POTENTIALITÉ

Soit, considérons-le pour acquis : la vie coïncide très exactement avec l'être. Et vice versa. Mais comment procéder pour définir l'humain, pour lui donner une date de naissance, tâcher de lui trouver une généalogie crédible ? Sur quelles fondations construire ce corps faustien afin qu'il puisse procéder d'une ontologie digne de ce nom, vraiment postchrétienne et radicalement immanente ? Si l'on désire – je le désire – construire une métaphysique athée, matérialiste et hédoniste, de quelle manière envisager l'archéologie de l'humain ? Quelles bornes primitives et terminales, non pas pour le vivant, mais pour l'humain ? Quels signes nets, quels signaux distincts permettent d'affirmer la sortie du néant dont nous procédons et l'entrée dans celui vers lequel nous allons et auquel nous sommes fatalement destinés ?

Entre ces deux abîmes, la vie va, l'existence se déploie. Mais quelles lumières scintillent, d'abord doucement, puis plus sûrement, qui permettent de conclure à l'humanité de l'homme ? Les réponses importent puisqu'elles permettent de séparer la vie et l'humain, la biologie et l'ontologie, la physiologie et la philosophie. De même, pourvu de ces menues certitudes, on peut envisager la réflexion sur le début et la fin de l'existence, l'avortement et l'euthanasie, l'expérimentation sur les embryons et le don d'organe prélevé sur un mort, la contraception et les soins palliatifs, on peut élaborer une métaphysique de la stérilité et une logique du suicide, une théorie de l'avènement et une physiologie de la disparition, une pensée de la maternité et une analyse de la morgue...

Entre la généalogie et l'apocalypse se manifeste un plan désormais assez bien intellectuellement maîtrisé par la science. Toutes les disciplines médicales permettent un balisage précis, rigoureux et exact des phases, des écoulements, des développements. Les périodes, les cycles, les rythmes, les années, les mois, les jours, puis les semaines : tout se lit sous le microscope, tout se révèle dans l'abord histologique. Bavarde, la cellule raconte l'essentiel de son milieu, de l'environnement dont elle procède, de l'ensemble dont elle a été extraite. L'humain se piste, traque et débusque sous la lentille. Il apparaît selon les modalités propres d'une logique capable de répétitions. Dans le roman biologique de la vie on découpe désormais des strates sans erreur et l'on repère des naissances sans difficultés : la vie perdure dans le cosmos, excessive et dépensière, l'humain date dans l'histoire, mesuré et compté. Précisons.

Les acteurs intellectuels des Comités d'éthique associés comme larrons en foire à ceux du Vatican abordent les problèmes bioéthiques de la même manière et recourent au concept de *personne potentielle* pour tenter de résoudre les problèmes posés par la réduction embryonnaire, l'interruption volontaire de grossesse, les embryons surnuméraires, la pilule abortive, voire la contraception. Pour condamner le progrès, entraver la recherche, immobiliser la dynamique, freiner les découvertes, les tenants du conservatisme éthique, voire de la morale réactionnaire, en appellent explicitement à une scolastique héritée des docteurs de l'Eglise. Dans cette rhétorique postmoderne on reconnaît à peine travesties les catégories thomistes et cléricales catholiques : la puissance et l'acte, la forme et l'essence, la potentialité et la réalité, la substance et les accidents, l'efficience et la finalité, le corps et l'âme.

Etrange idée qui consiste à penser le réel immédiat, l'instant immanent, à partir de ses potentialités, de ses virtualités. Que disent ces prêtres parfois bien dissimulés sous la blouse blanche ? « Considérons l'ici et maintenant non pas dans son essence, dans sa pure présence ponctuelle, mais en regard de son devenir ; évitons d'appréhender l'embryon comme un agencement cellulaire, une pure formule biologique, une variation sur le thème physiologique et visons plutôt le futur père de famille, le probable citoyen engagé dans la communauté, l'hypothétique épouse, ce qu'il pourrait être, sa potentialité. » Or la personne virtuelle est une fiction, une projection, une appréhension destinée à charger l'embryon d'une humanité utile pour inhiber la réflexion et interdire l'action. En travaillant sur cette hypothétique personne potentielle, on affecte pourtant moins la potentialité que la personne – puisqu'elle fait défaut...

Puissance d'humanité, potentialité humaine, possibilité d'homme, voilà qui permet d'évacuer l'immanence de la complexion cellulaire et d'instaurer une transcendance soutenue par une conception fautive du temps : l'être embryonnaire et l'être achevé procèdent moins d'une constance matérielle que d'une perpétuelle modification cellulaire. Du zygote à la tombe, seuls persistent, durables et sans cesse réitérés, les changements et les transformations. Quels invariants se repèrent en regard des variations ? Quelles semblances devant les dissemblances ? Quelles variations sur le thème de l'Autre aux antipodes d'une croyance au Même ? L'identité d'un être ne réside pas dans la projection de son devenir mais dans les modifications charnelles qui l'affectent, elle gît moins dans la fiction d'une futurition que dans la réalité d'un présent.

Le recours à la personne potentielle évacue l'être immanent pour concentrer la réflexion sur la transcendance du devenir. La matière cellulaire, la réalité biologique, l'agencement physiologique, la corporéité réelle, l'incarnation visible, la chair vive comptent pour rien chez ces tenants platoniciens de l'idée qui s'en remettent à la virtualité, à la potentialité, à la possibilité pour appréhender le monde. Moins soucieux de concret que d'abstraction, moins désireux de réalité que de fictions, ils agitent l'épouvantail de l'humain qui sera, ou serait, pour interdire un abord dépassionné et serein de la physiologie vierge qui définit l'humain – sur lequel je vais venir. Sur le terrain où évoluent le zygote, le pré-embryon, puis l'embryon, avant le fœtus donc, l'humain n'existe pas. Seules triomphent l'animalité biologique et la matérialité histologique.

La potentialité de la personne jouée contre sa réalité réactive le débat médiéval entre les essentialistes et les nominalistes, les conceptualistes et les réalistes : d'un côté, les métaphysiciens de l'essence, de l'idée, du concept, de la transcendance, de l'intelligible, du nouménal – l'esprit prêtre ; de l'autre, les philosophes de la réalité, du concret, de la matière, de l'immanence, du sensible, du phénoménal. D'une part les platoniciens et leurs variantes catholiques et kantiennes, puis aujourd'hui laïques et mâtinées d'humanisme ; de l'autre, les atomistes et leurs formulations sensualistes, matérialistes, mais aussi pragmatiques et utilitaristes.

En recourant à l'expression *personne potentielle*, les penseurs contemporains de la bioéthique avancent masqués – à peine, mais tout de même. Sous d'apparentes professions de foi désintéressées et gratuites, généreuses et bienveillantes, ils dissimulent des intérêts idéologiques majeurs. Pour justifier intellectuellement une position a priori hostile à l'avortement, au travail et aux recherches sur l'embryon, aux interventions génétiques prénatales et aux autres techniques vertigineuses, les tenants de la prudence, de l'interdit, du freinage convoquent à petite touche la rhétorique médiévale et la réactualisent dans le débat contemporain. Un parfum thomiste plane comme un âcre encens dans les salles où se réunissent les Comités d'éthique...

L'ontologie du potentiel et la métaphysique du virtuel empêchent la biologie du concret et la physiologie du réel de prendre la parole. Pour les tenants d'une biopolitique réactionnaire, le matériau histologique ne se lit pas comme tel et devient un support mystique. La chair immanente laisse place à un corps vaguement apparenté au corps glorieux des chrétiens. Ce que ne sont pas encore le zygote et l'embryon, toujours flottant dans le néant, ils le deviennent par projection : l'être-là disparaît sous le poids de l'être en devenir, le présent succombe sous la fiction du futur, l'ici et maintenant d'une poignée de cellules agencées par un code génétique laisse la place à un demain paré de toutes les vertus sociales, citoyennes, civiques et communautaires.

Or seule la personne réelle importe dans sa présence et sa coïncidence immédiate au monde. La personne virtuelle ou potentielle relève de la fable idéologiquement utile pour légitimer les *a priori* biopolitiques : il paraît bien plus facile d'interdire un avortement s'il supprime un être humain réel, puisque métaphysiquement potentiel, que de renvoyer aux faits, car ils montrent biologiquement qu'un embryon ne procède pas de l'humain, mais du vivant – comme n'importe quel autre mammifère au système nerveux non encore développé dans l'incapacité, donc, d'entretenir une relation avec le monde extérieur.

Les bioéthiciens conservateurs évitent et nient le présent matérialiste au nom de considérations théologiques sur le futur. L'œuf pensé comme citoyen virtuel, l'embryon présenté tel un humain en puissance, n'ont pas plus de sens que le vivant réduit à l'horizon indépassable et prévisible du cadavre potentiel et de la charogne en devenir. Justifier aujourd'hui l'humanité d'un œuf ou d'un embryon sous prétexte qu'il pourrait donner un jour un être adulte vaut intellectuellement et d'un point de vue du raisonnement autant que tuer ici et maintenant un vivant en vertu de la certitude qu'il est actuellement un mort en puissance...

Le néant encadre l'humanité en l'homme. Quitter cette zone et cheminer vers l'existence s'effectue bien après le moment de l'embryon, dès le fœtus dans sa vingtième semaine – je dirai plus loin pourquoi. Pareillement, la plongée dans le néant après l'existence ne coïncide pas toujours avec la mort biologique. D'un point de vue ontologique, l'embryon avant cinq mois et le corps d'un être déserté par la conscience, la raison, l'intelligence, la mémoire, la capacité à entretenir une relation à soi, aux autres et au monde, avouent une indéniable parenté : en matière d'humanité, tous deux procèdent plus du néant que de l'être, ils flottent aveuglément dans la vie, certes, mais pas encore ou plus dans l'humain.

De sorte qu'en regard de ces réflexions, on peut désormais se poser un certain nombre de questions : Pour quelles raisons, par exemple, parasiter l'être par des considérations sur le devenir ? Qu'est-ce qui justifie l'évitement du présent embryonnaire au nom du futur adulte ? Pourquoi devrait-on payer la projection dans l'avenir d'une négation de la dimension instantanée ? Au nom de quoi devrait-on évacuer l'immanence biologique et lui préférer la transcendance théologique ? De quel droit faire coïncider de manière intégriste et sans appel la vie biologique d'un organisme de mammifère et l'humanité métaphysique d'un être humain ? Sinon pour des raisons idéologiques, militantes et non avouées : la (re)christianisation de l'éthique.

Au nom de la personne potentielle, pourquoi ne pas fustiger la masturbation masculine et les menstruations féminines puisque dans les deux cas se perdent des milliards de vies *potentielles* chez l'homme et une vie menstruelle *possible* chez la femme ? Que de spermatozoïdes gâchés et d'ovules perdus ! Que de vies *en puissance* destinées au néant du plaisir solitaire, abandonnées au flux sanguin ou gâchées dans une sexualité protégée par la contraception ! Pour quelles raisons y aurait-il plus de *virtualité* dans le zygote formé, même âgé de quelques heures, que dans le sperme répandu ou le sang des règles ? La potentialité humaine forge et trempe l'arme de combat néoscolastique, elle fournit le matériau conceptuel d'une idéologie dissimulée qui triomphe dans la pensée conservatrice, voire réactionnaire.

En cherchant une généalogie à l'humanité du vivant, en dissociant la vie et l'humain, on avalise des constats tous les jours faisables : la vie d'une araignée écrasée par le doigt de Spinoza, celle d'un singe branché d'électrodes dans le laboratoire d'un éthologue, l'abattage des troupeaux d'animaux contaminés par le prion, les élevages de souris mutantes à l'aide desquelles se mettent au point des vaccins, des sérums et des traitements, voire les abattoirs des boucheries industrielles, toutes ces pratiques montrent à l'envi la capacité et la possibilité humaine de distinguer le vivant et l'humain : la vie à l'œuvre dans un organisme et son appartenance à l'humanité ne coïncident aucunement.

Dire de l'œuf et de l'embryon avant la vingtième semaine qu'ils participent plus du néant métaphysique que de l'être humain ne signifie pas renvoyer cette complexion cellulaire au rang d'objet trivial, de chose banale, de matière insignifiante. Mais la mesure se doit trouver entre l'humanité réelle parce que potentielle et l'absence d'humanité parce qu'en puissance. Le fait, pour ces formes histologiques, de procéder d'un agencement purement physiologique n'exclut pas la participation à une dimension métaphysique : ni concentré de personne, ni matérialité commune, ni essence humaine, ni réduction bestiale, mais composé cellulaire inscrit dans une perspective temporelle qui oblige à des considérations inscrites dans le temps, et non à des postulats atemporels.

Une lecture anhistorique de l'embryon, dissociée du temps et de l'espace, donc de ses incarnations multiples et de son évolution biologique, conduit à camper sur une position théologique de principe : on parle moins d'un corps réel, d'une chair dynamique que d'un support à l'âme, d'une cage pour l'esprit. La personne potentielle renvoie aux positions philosophiques dualistes qui réduisent le corps au support d'une âme immatérielle qui, elle seule, fixerait l'humanité de l'homme. En revanche, une lecture moniste de l'âme la définit comme l'une des modalités matérialistes de la chair. En termes spinozistes, on pourrait dire qu'elle enveloppe le corps et en procède de manière immanente.

L'embryon ne se pense pas théologiquement, hors le temps, dans la sphère des essences où l'on pourrait rencontrer l'idée d'homme, l'idée d'âme, l'idée du corps, l'idée de la vie. Il se lit, dans le temps, via la médecine, la biologie, l'histologie, l'embryologie, là où se constatent des stades, des cycles, des zones, là où se repèrent des phylogenèses, des spermatogenèses, des ovogenèses, des organogenèses. Pas de personne potentielle dans le ciel intelligible fréquenté par les platoniciens attardés, mais un embryon réel dans le ventre d'une femme qui le porte ; pas de virtualité ou de potentialité d'un genre divin ou de logique démiurgique transcendante, mais une réalité philosophique obéissant à l'ordre du discours médical. A ce prix seul on peut donner une date de naissance à l'apparition de l'humain en l'homme...

4

LE PRÉ-EMBRYON

Il n'existe qu'une seule vitalité diversement modifiée. Toute définition de l'humain suppose une analyse de ces modifications afin de chercher puis trouver le moment de son surgissement dans la confusion des efflorescences généralisées. Alors, et alors seulement, l'humain sort du vivant, comme une trouée de lumière dans l'obscurité, il se définit, voit ses contours se dessiner, d'abord de manière imprécise, puis plus nettement. Puisque l'Eglise et les bioéthiciens conservateurs militent pour la confusion des deux registres, une bioéthique déchristianisée gagne à donner les raisons d'une dissociation et les justifications d'une nette distinction entre les deux instances, car l'humain apparaît puis disparaît dans un théâtre où le vivant mène la danse sans discontinuer.

Tout autant que la personne potentielle trahit l'arsenal conceptuel des prudents ou des réactionnaires en matière d'éthique postmoderne, le refus du concept de pré-embryon désigne également sans ambages les tenants de cette sensibilité. Une lecture séquencée du vivant permet de nommer et de distinguer le zygote, le pré-embryon, l'embryon et le fœtus en regard de l'évolution organologique. Elle s'effectue aux antipodes de la proposition des confusionnistes pour lesquels le vivant, l'humain et les trois modalités d'évolution prénatale définissent une seule et même chose : la fameuse personne en puissance, sacrée, parce que créature de Dieu.

Aux deux extrémités de l'existence, les bioéthiciens conservateurs défendent les mêmes options : à l'origine de la vie, un refus de considérer le zygote et l'embryon, *a fortiori* le fœtus, comme une modalité histologique particulière du vivant, puis une volonté de contaminer la biologie par la théologie, un désir de parasiter la physiologie par une métaphysique néoscolastique ; en fin d'existence, une préférence pour les soins palliatifs aux morts volontaires, une célébration de l'acharnement thérapeutique contre la possibilité d'envisager sereinement l'euthanasie. Dans les deux cas, l'homme se retrouve en périphérie de lui-même pendant qu'au centre, d'où il est délogé, triomphe un principe, en l'occurrence l'inéluctabilité du dessein de la nature identifiable ou identifié à la volonté divine.

On ne s'étonnera donc pas que le Comité d'éthique français, complice ici comme ailleurs des décisions vaticanesques, refuse la distinction entre le pré-embryon et l'embryon. Dans les deux camps complices, on chérit la Providence transcendante. De même, ce chérissement s'accompagne d'un refus de la Volonté immanente et de tout exercice qui montrerait ouvertement le parti pris artificialiste. D'un côté laisser-faire et laisser-passer la Nature, de l'autre, volontarisme et politique de l'Artifice. On ne sort pas de cette alternative. Les deux mondes s'opposent autant sur la virtualité et la potentialité de la personne que sur le processus évolutif et dynamique qui permet de disserter – non pas sur une Identité essentialiste – mais sur une Différence existentielle. D'une part le Même désincarné, hors du temps et de l'histoire : une même individualité, du zygote à l'homme adulte, en passant par le pré-embryon, l'embryon, le fœtus, le nourrisson, l'enfant, l'adolescent, etc. au mépris de l'évidence dialectique ; d'autre part, l'Autre, incarné, écrit dans le temps et dans l'histoire : une individualité plastique, déterminée dans son identité par des moments repérables dans un mouvement.

Le refus d'un statut spécifique pour le pré-embryon interdit, on s'en doute, la production d'embryons en quantité lors des projets de fécondation artificielle, puisque l'hypothétique réussite d'une implantation renvoie les créations surnuméraires dans un néant et une indétermination que refusent les bioéthiciens conservateurs. Mêmes constats en matière d'expérimentation sur ces hypothétiques personnes potentielles – et non sur ces configurations vivantes encore en marge de l'humain. Idem pour le don d'embryon. A leurs yeux, chaque intervention sur un œuf avant la huitième semaine s'apparente à un homicide, un meurtre, un infanticide et autres crimes juridiquement qualifiés. Par la grâce de la théologie mise au service de la biologie, l'embryon devenu une personne relève de la juridiction de l'adulte doué de qualités spécifiques : raison raisonnable et raisonnante, conscience de soi et d'autrui, langage interactif et intelligence productive de sens.

L'expérience et la connaissance scientifiques révèlent qu'il en va autrement. Dans l'évolution prénatale on repère sans difficulté des stades, des plans, des zones, des étagements, des phases qui correspondent à des moments susceptibles d'une détermination quantitative – temps mesurable et mesuré – et qualitative – changement constatable et constaté. La constance d'un être dans la durée du déploiement de son existence n'exclut pas l'inconstance et la multiplicité de ses états. Mieux, cette constance suppose, *in fine*, la somme, l'addition et l'ajout de ces inconstances. La régénération cellulaire cyclique, la multiplication ou la disparition des connexions axiales nerveuses, les croissances osseuses, les sculptures hormonales du corps, l'entropie et l'oxydation cytologique, le déterminisme des mécanismes endocriniens contribuent à une définition dynamique de l'identité, et non à une lecture statique, figée, fixée. L'Etre *potentiel* et parménidien a d'autant moins de sens que l'Etre *réel* s'inscrit dans une logique héraclitéenne. Seuls sont tenants de Parménide les conservateurs et réactionnaires, les idéalistes qui entendent l'identité comme déjà donnée dans une essence – en l'occurrence dès le zygote...

Le pré-embryon définit celui-ci de sa conception jusqu'au quatorzième jour. Dès l'entrée du spermatozoïde dans l'ovule, dès l'abandon du flagelle, dès le percuteur entré dans l'intimité de l'ovocyte, dès que la sécrétion d'une substance interdit aux autres prétendants la possibilité de contribuer à la fabrication d'un être, le zygote est constitué. L'ensemble du matériel génétique réside dans le cœur même de cette configuration histologique spécifique. Pour autant, et sur le terrain spécifique de l'humain, cette forme de vie procède plus du néant que de l'être, elle s'apparente plus à l'indétermination ontologique qu'à la détermination spécifique. Dans les premières heures de rencontre entre les gamètes, la vitalité biologique triomphe, bien évidemment, mais nullement l'humanité métaphysique.

Heure par heure, les biologistes savent et peuvent raconter l'évolution, les changements. La méiose ne cèle plus aucun secret et se développe sans mystère aux yeux de l'observateur. Chaque moment se détaille. L'explosion dynamique n'a pas d'équivalent ailleurs : la furie vitaliste des expansions, des développements, des accroissements, des modifications s'effectue dans une prolifération étonnante. La vie fournit dans une célérité redoutable les combinaisons à l'aide desquelles se formulent les instances organiques : Dionysos incarné, Pan au pouvoir dans la chair, l'énergie déplie ses forces, elle sature l'être et lui confère sa dynamique. La fabrication du vivant se dirige vers la construction d'un humain.

Fécondation peu après l'ovulation, déplacement de l'œuf dans la trompe (morula), installation dans la lumière de l'utérus (blastocyte), puis implantation au quatorzième jour : le pré-embryon mesure alors moins de cinq millimètres. Rien d'autre qu'un agencement de cellules, beaucoup plus un matériau biologique inscrit dans le réel de l'instant qu'une personne potentielle écrite en puissance dans le temps futur. Le pré-embryon module le vivant dans des formes réelles encore vides de conscience, de réactions, de réflexes, de sensations, d'émotions et de perceptions. Pas d'interaction avec le monde extérieur, juste l'obéissance aveugle et effrénée à un codage génétique, le déroulement dans le temps et dans l'espace intérieur d'un ventre maternel d'un genre de relation parasite, au sens premier du terme. Indissociable du corps de la mère dont il tient son existence, dépourvu d'essence propre, il prolifère en paquets de cellules organisées vers une identité. Pas d'humanité, mais de la vitalité.

La bioéthique dominante refuse la distinction entre pré-embryon et embryon, puis interdit le travail sur l'objet ainsi baptisé. Bien. En revanche, si l'on tient pour *la biologie vitaliste* plus que pour *l'ontologie spiritualiste* – ma position, on l'aura compris... –, on défendra les recherches qui permettent de comprendre les mécanismes de la stérilité et d'y remédier sur le terrain pré-implantatoire ou de la procréation médicalement assistée, celles qui dissipent le brouillard nimbant les relations entre l'embryon et son milieu, celles qui dévoilent le fonctionnement des anomalies génétiques, celles qui permettent l'avancée de la médecine prédictive, celles qui posent les bases de la thérapie génique. Pareillement, je soutiens tout ce qui, de près ou de loin, contribue à la mise au point de techniques indispensables à l'activation de la médecine postmoderne : ectogenèse, clonage, sélection du sexe, transgénie.

Je justifie les recherches et travaux scientifiques sur le pré-embryon (avant le quatorzième jour) et l'embryon (de la deuxième semaine à la huitième, date à laquelle apparaît le fœtus) *pourvu que ce soit dans une dissociation radicale d'avec le marché, le commerce et l'argent.* La seule peste à craindre en matière de bioéthique provient d'une contamination de la recherche par le capitalisme libéral. L'option technophobe suppose mauvaises en soi les recherches médicales. Elle condamne le progrès dans l'absolu, refuse le changement, l'affirme parfois impossible, tient pour le conservatisme ou la réaction. Or la science en tant que telle est neutre. Amorale, au sens étymologique, elle ne porte aucune morale, n'en défend aucune, ne propose aucune valeur, n'en soutient pas plus une qu'une autre. Immorale, elle le devient lorsqu'elle obéit à des impératifs hystériques extérieurs à son ordre.

Travailler sur l'embryon dans le cadre d'un élargissement du corps postchrétien, voilà une chose à laquelle j'adhère. En revanche, viser par ce travail une mainmise sur un marché et vouloir l'augmentation de bénéfices dans une logique commerciale, voilà une position à mes yeux éminemment condamnable. Les banques d'embryons destinées au marché des greffes, ventes et transactions ; l'eugénisme de convenance afin de produire des individus obéissant aux critères physiques dominants du moment ; le délire ludique producteur de chimères, d'hybrides confondant les espèces humaines et animales ; le travail produit pour l'obtention d'une médiatisation rentable des opérateurs ; la prostitution du talent technique médical mis au service de la pulsion de mort et des névroses individuelles – voilà autant de limites (sur lesquelles je reviendrai) qui cadrent la recherche et les travaux sur le pré-embryon. Qui cadrent mais n'interdisent pas...

5

L'EMBRYON

L'embryon se distingue du pré-embryon à partir du quatorzième jour, période à laquelle il se fixe de manière organique, et pour des raisons nutritionnelles, au corps de la mère. De l'errance intra-utérine à la sédentarité, du mouvement à l'immobilité, du nomadisme à la fixité, de l'indétermination à la détermination, le trajet conduit invariablement du néant à l'être, de la vie à l'humain. De même, à partir de ce moment la division cellulaire interdit la probabilité de jumeaux : d'où la garantie d'une unité de l'être. De sorte que la subjectivité se cristallise dans une identité une, unique et singulière. L'être en cours devient une figure identifiable, repérable. Par ailleurs, le cœur commence à battre et le corps à se former. Les organes se différencient, les récepteurs cutanés apparaissent.

Rien d'humain à proprement parler puisque l'évolution de l'embryon ressemble à s'y méprendre à celle de n'importe quel autre mammifère, au point que les biologistes avouent qu'un homme et une tortue, à ce stade de leur évolution, se ressemblent étrangement et de manière inquiétante. Une vue de dos montre un genre d'appendice caudal qui prolonge une colonne vertébrale très épaisse dont la conformation dénote clairement le saurien ou l'animal préhistorique. Si l'ontogenèse récapitule bien la phylogenèse, nul doute qu'à ce moment la mémoire reptilienne s'incarne dans cette boursouflure de chair que l'humain résorbe petit à petit...

Où donc est l'humain ? Quand apparaît-il ? Qu'est-ce qui permet de le distinguer sans coup férir ? La position catholique tient pour une âme consubstantielle au corps et présente dès la première seconde du zygote ; d'autres en appellent à la relation familiale, à la décision tribale et communautaire pour déterminer l'humanité de l'embryon : attendue et désirée par un foyer, la matière accéderait à l'humanité, la biologie se transmuterait en ontologie par la grâce des intentions de la tribu à même de l'accueillir ! – on frémit de penser que pareille option se défende ici ou là ; certains optent pour la capacité à la moralité comme marqueur évident du passage du mammifère à l'homme. Parfums chrétiens, hégéliens et kantiens : de l'hostie consacrée, du singulier réalisé dans, par et pour l'universel en ses formes premières, et de l'impératif catégorique dans le cœur, à défaut de ciel étoilé au-dessus de la tête...

Les limites de ces conceptions apparaissent immédiatement : l'immatérialité de l'âme oblige à renvoyer les premiers à leurs études théologiques et à leur métaphysique essentialiste, car loin de toute évidence médicale, ils posent un présupposé onto-théologique à leurs considérations sur la biologie et défendent une position religieuse délibérément ignorante de toute évidence physiologique ; les deuxièmes interdisent d'humanité les créatures non désirées, non inscrites dans un projet familial, non attendues dans une maison ; les derniers privent d'humanité les handicapés mentaux, les personnes psychiquement fragiles, les comateux, les enfants chez qui le sens moral n'a pas encore été formé... Catholiques, holistes et kantiens accrochent leurs pensées à des considérations tierces – l'âme, la famille, la moralité – et négligent la spécificité physiologique de l'embryon, sa matérialité factuelle. Le passage du néant de la matière à l'être de l'humanité s'effectue ailleurs, autrement qu'en ces lieux extérieurs à la subjectivité. En l'occurrence avec le fœtus, dès la dixième semaine de maternité.

Quel statut, donc, en attendant la date fatidique, pour ces embryons ? Quand ils existent après une production destinée à une procréation assistée visant la conjuration d'une stérilité dans un couple, et surtout après le succès d'une implantation, que faire des embryons dits surnuméraires ? Les détruire sans aucune autre forme de procès ? Travailler sur eux de la même manière que sur les pré-embryons ? Les vendre ou les donner à des parents demandeurs ? A des homosexuels ? Les conserver dans l'azote liquide à des températures suspensives du temps ? Les installer dans un genre d'éternité technologique, en attendant une réponse satisfaisante à cette question ? Faut-il limiter la durée de la congélation ? Si oui, à combien de jours, de mois, d'années, et selon quels critères ? Qu'en faire après la mort de l'un des deux parents ? Des deux ? Après le divorce ou la séparation d'un couple ? Qui devient le propriétaire si l'un des deux persiste dans son projet, l'autre non ?

La technologie médicale permet aujourd'hui de dissocier fécondation et gestation. De la même manière que les avancées éthiques autorisent désormais la dissociation de l'amour, de la sexualité, de la procréation et de la cohabitation, on peut désormais inscrire le processus d'évolution embryonnaire dans une logique temporelle qui participe d'une maîtrise absolue du temps et de la durée. Avec ces procédés, l'éternité s'annonce et s'énonce, mais elle reste à disposition d'hommes et de femmes inscrits dans le temps, limités par leurs durées propres et contraints à l'entropie là où l'embryon congelé, lui, échappe aux ravages des années qui passent...

La linéarité de la nature disparaît sous les coups de l'artifice. Entre l'embryon et son destin peut s'écouler un temps immense pendant lequel les donneurs auront même quitté la planète, laissant leurs descendants devant cet encombrant héritage. Que faire des embryons abandonnés sur terre par un arrière-grand-père depuis longtemps retourné au néant ? L'artificialisation de la naissance réduit l'embryon à la seule matière biologique. Il devient une pure hypothèse vitale que la technique peut déplacer hors du temps en le destinant à un genre d'éternité technologique fabriquée par l'azote liquide...

En fait, ce qui vaut pour le pré-embryon vaut pour l'embryon : même statut, même situation, même destin. Le travail scientifique possible sur l'un l'est sur l'autre, les limites qui concernent l'un concernent également l'autre. L'humain n'a pas encore surgi des limbes de cette complexion histologique. Toujours un néant. De moins en moins, certes, mais toujours aussi peu de ces relations au monde, au réel, aux autres et à soi qui définiraient une participation au monde des hommes à même de pointer une généalogie de l'humain. Pas de droits de l'embryon, pas de devoirs de l'homme pendant les soixante-dix premiers jours de l'œuf...

6

LE FŒTUS

La sortie du néant s'effectue progressivement avec le fœtus, à savoir l'embryon au-delà de sa dixième semaine. La loi française décide arbitrairement – on chercherait en vain des justifications métaphysiques ou physiologiques – qu'à partir de la douzième semaine, l'interruption volontaire de grossesse concerne un être humain à part entière et qu'il s'agit d'un infanticide si le geste n'est pas motivé par des considérations médicales. Le sophisme veut qu'on transforme en avortement thérapeutique ce qui, sinon, devient un crime effectué sur une personne... Hypocrisie des sophistes et des rhéteurs qui ne dissertent pas sur l'information biologique, voire sur l'humain et l'inhumain, mais qui mettent la pensée au service d'un confort intellectuel les dispensant de considérer la nature homicide de l'IVG pratiquée, par exemple, sur un enfant – au-delà de douze semaines – handicapé, malformé ou procédant d'un viol.

Est-ce à dire qu'il n'existe pas d'humanité chez l'être que la nature n'a pas pourvu d'orifice anal, de bras et de jambes ? Qu'on n'est pas en présence d'une personne, d'un homme ou d'une femme, dans le cas d'une gestation induite par des violences sexuelles ?

L'avortement thérapeutique pose un problème majeur parce qu'il ramasse l'humain dans la norme, l'habitude, les valeurs reconnues d'une époque plus soucieuse de sa tranquillité intellectuelle que d'une subtile définition des limites et des conditions de possibilité d'une véritable éthique. Est humain ce qui passe pour tel dans un moment donné de l'histoire, en l'occurrence, pour aujourd'hui, ce qui ne contrevient pas aux lois de l'intégration tribale, de la beauté grégaire, du canon communautaire, ou de la viabilité posés par les lieux communs de l'époque.

Or, l'injection d'air dans le cœur d'un fœtus pour provoquer une embolie, le prélèvement sanguin dans le ventricule afin d'entraîner la cessation des battements cardiaques, l'injection dans le muscle de sel de potassium afin d'en finir avec la vie d'un être dont on décide du trépas pour cause d'incomplétude ou de défaillance organique suppose soit qu'on assume nettement l'infanticide et la destruction pure et simple d'une vie non conforme, soit qu'on dénie l'humanité au nom d'une série de critères qui restent à préciser : l'anormalité physiologique ? l'annonce d'une pathologie génétique potentielle ? le fait de procéder d'une sexualité incestueuse, violente ou asociale ? l'arbitraire de géniteurs insanes ?

Car l'humanité d'un être vivant se date, avec précision. Dès la dixième semaine, le fœtus connaît des mouvements électriques. Trois semaines plus tard apparaissent les neurotransmetteurs spécifiques à l'aide desquels la douleur et le plaisir – mes critères essentiels pour penser cette question – peuvent matériellement se trouver captés. Ses mouvements dans le liquide amniotique se ressentent par la mère. Le sexe devient nettement visible. Je tiens que la nature du système nerveux permet à ce moment d'envisager l'apparition de l'humain et de constater les premiers arrachements incontestables au néant primitif.

Contrairement à l'affirmation et à la croyance des bioéthiciens naturalistes et conservateurs, l'humain ne coïncide pas avec la formation du zygote, dès les premières heures, mais avec la formule neuronale définitive. En l'occurrence, à la seizième semaine, dès l'obtention du nombre de neurones nécessaire aux connexions cérébrales. Je pose la formule suivante : *un embryon devient un être humain dès que son cerveau lui permet d'entamer une ébauche d'existence interactive avec le monde.* En deçà de ces potentialités, il relève d'une indétermination qui suppose la vie, certes, mais qui exclut précisément l'humain. De la même manière, à l'autre extrémité de l'existence, l'incapacité neuronale d'entretenir un rapport au monde annonce l'entrée dans un néant qui peut coïncider avec la vie, bien sûr, mais qui suppose le congé donné à l'humanité.

L'existence de récepteurs et de capteurs sur l'ensemble des surfaces cutanées et les muqueuses permet d'enregistrer des mouvements réflexes chez le fœtus. La douleur induit une réponse musculaire, même si celle-ci s'effectue indépendamment de sa perception. La grenouille décapitée des laboratoires du collège de nos enfances enseigne la rétractation possible des muscles sous l'action de l'acide bien qu'aucune douleur n'ait été ressentie – l'appareil nerveux ne permettant pas la transmission de l'influx nécessaire à la sensation et à la perception du dommage.

Je pose que la capacité à ressentir, percevoir, décoder, comprendre comme tel un phénomène douloureux ou agréable initie l'humain dans le vivant. Certes, ce moment ne suffit pas pour le définir absolument mais il en donne la date de naissance, le moment inaugural, il en fournit l'épiphanie, la généalogie. Sans des critères plus précis, plus évolués, plus fins, cet état neuronal correspond au pur et simple appareillage nerveux d'un mammifère banal, chien ou chat, vache ou chimpanzé, capable de souffrir d'un coup ou de se réjouir d'une caresse. L'ancrage de l'humain vaut uniquement comme ancrage. On aurait tort d'arrêter en cet endroit ce qui commence seulement. L'aube humaine s'annonce là, mais il reste du chemin à parcourir pour la manifestation de véritables clartés...

Entre la vingtième et la vingt-sixième semaine on enregistre des modifications essentielles : mouvements réflexes, donc, mais aussi devenir audible du rythme cardiaque, stabilisation intra-utérine. Pour autant, la viabilité n'est pas assurée tant que les fonctions pulmonaires ne parviennent pas à maturité. L'humain avoue sa précarité, trahit sa fragilité. Indissociable du ventre maternel, incapable de vivre sans ces attaches physiologiques, le fœtus est une partie de la mère, un fragment. Même et Autre, semblable et différent, identifiable et indistinct, la chair maternelle et la chair fœtale partagent la même vie pendant que l'humain se sépare, se forme et se formule dans un être spécifique. Doucement, mais sûrement, tranquillement et certainement.

Dans le processus évolutif, la vingt-cinquième semaine ouvre une nouvelle période définie par la possibilité de communiquer avec l'extérieur. Un pas considérable sur la voie de l'hominisation. Le fœtus réagit aux odeurs, se manifeste singulièrement en présence de fragrances, de parfums; il témoigne d'une sensibilité devant les paroles, les inflexions de la voix, les timbres qui lui parviennent modulés et filtrés par le liquide amniotique ; il réagit aux chansons, aux ritournelles maternelles et à celles du père ; il participe aux émotions de sa mère ; il sort de son autisme et du néant de la pure physiologie pour entrer dans l'être et devenir un individu. Bref, dès cette époque, dans le ventre maternel, il est au monde.

La réalisation du plan naturel le conduit à s'émanciper de l'utérus : il se positionne en vue d'une sortie à l'air libre et d'une autonomie existentielle. Un irrépressible mouvement l'arrache au tissu maternel. Les voies nerveuses, définitivement en place, deviennent fonctionnelles. L'être neuronal appelle l'être tout court et le rend possible. Descendu dans l'abdomen, prêt à une naissance digne de ce nom, l'enfant – on peut désormais parler d'enfant – se manifeste, dynamique et exigeant. Du néant de la physiologie surgit l'être ; de la vie brute et animale, bestiale et primitivement commune aux mammifères et aux hommes émergent l'humanité, le visage, la singularité, la subjectivité, l'identité, l'individu. Au quatrième mois de la grossesse, cent milliards de neurones sont disponibles : le cerveau fonctionne...

En hédoniste, je tiens donc que l'agrégat cellulaire, la complexion histologique neutre, la masse vitale matérielle accèdent au statut d'être humain – avec les égards qui lui sont dus – à partir du moment où le potentiel neuronal maximal est atteint et où une interaction avec le monde extérieur peut s'envisager. En connexion avec le réel, capable de percevoir et décoder souffrances et joies, plaisirs et peines, le fœtus accède aux marches de l'humain. Restent un trajet, des progrès, une évolution, des synapses supplémentaires, de l'information emmagasinée, de la sollicitation neuronale, de l'éducation nerveuse, du codage de myéline, de la culture, en fait tout ce qui conduit d'une potentialité intellectuelle à une véritable intelligence du monde.

A sept mois, avec un nombre considérable de neurones, le cerveau fonctionne. L'éducation, la société, le milieu, l'époque produisent alors leurs effets : le dressage neuronal hominise en ajoutant de l'humanité à l'humain. L'enfant d'homme exige plus de formation après sa naissance que n'importe quel autre mammifère, on le sait ; le néocortex, le cortex, même si le cerveau reptilien persiste, engramment du savoir et de la connaissance. L'influx nerveux travaille la matière grise, trace des passages, fabrique des réseaux, dynamise des zones, il électrise la matière et la pourvoit d'une mémoire à même de fabriquer l'humanité d'un être.

A la question : quand y a-t-il de l'humain plutôt que rien ? la réponse, ma réponse est : quand l'intelligence permet un rapport avec le monde ; quand la conscience autorise une relation entre soi et soi ; quand l'intersubjectivité devient possible. L'humain se manifeste dans la relation, la liaison, le lien : avec le réel, son intimité, son Je, avec les autres. Enfermé dans sa propre forteresse, en monade autiste, incapable de savoir qui l'on est, à quoi ressemble son identité, sans possibilité d'entretenir des relations avec un tiers, l'humanité se dissout, se dilue, se délite. Un être humain cesse d'être humain dès qu'il ne sait plus à quoi ressemble le monde, à quoi il ressemble et à quoi ressemble une relation avec l'un de ses semblables. Le cerveau rend possibles ces trois opérations qui fondent l'humain en l'homme : un savoir clair de la séparation entre le monde et soi, une sapience éclairée de sa nature, de ses formes, de ses propres mécanismes, une science de l'altérité.

Un défaut cérébral interdisant l'une de ces trois possibilités – savoir que le monde est, que je suis et que l'autre est – installe en deçà de l'humain. Touché par cette malédiction, un individu retourne à ce néant dont il s'est arraché à l'âge de vingt-cinq semaines. Dans ce tragique cas de figure, la boucle se referme. L'indistinction des origines et l'obscurité d'avant l'humain reprennent l'avantage : à nouveau le néant, l'indistinction, les ténèbres. Après le progrès, le regrès ; loin derrière les limbes, la noirceur de la mort annoncée. Dans le trajet linéaire vital de chacun se découpent des fragments d'être, des morceaux d'existence, des segments d'humanité. Entre deux néants, prélevé sur la vie fulgurante et dionysienne, l'humain se montre, apollinien et daté, limité, contenu, construit, logique dans ses potentialités, sa généalogie, son ascension, son acmé, sa décadence, sa fin, sa disparition... La vie persiste, partout ; l'humain résiste là où il peut – et sa résistance n'a qu'un temps.

II

ARTIFICIALISER L'ÉVÉNEMENT : NAÎTRE

7

LA RÉSILIATION

La nature paraît programmée pour que les individus en soient les instruments floués. Dans le mouvement du cosmos, la reproduction ressemble à s'y méprendre aux fonctions chlorophylliennes des plantes ou glycogéniques du foie : on y obéit, on y est soumis, on la subit, et l'ordre des choses se reproduit dans la seule perspective du remplacement de la mort par la vie et de la compensation de l'entropie par la production d'une énergie destinée à disparaître elle aussi avant reconstitution par d'autres individus tout aussi innocents du processus dans lequel ils sont requis, utilisés, puis abîmés.

Les hommes parlent d'amour, récitent des vers, offrent des parfums, déclament avec des roucoulades dans la gorge, ils envoient des messages à l'eau de rose, invitent au restaurant, ouvrent des comptes joints, mais rien ne les distingue dans le fond de l'âne au membre turgescent courant après l'ânesse dont il a repéré les avantages. Le second économise le détour culturel et règle plus rapidement ses problèmes que le premier, mais pour l'un et l'autre la puissance génésique mène le bal. Ce vouloir nous veut et, sauf rares exceptions, nous conduit où il l'entend.

Pour éviter d'avoir à rencontrer frontalement ce problème trivial de l'incompressible pulsion génésique notre civilisation parle d'amour. Elle renvoie à Roméo et Juliette, à Tristan et Isolde, qui, sauf la mort assurant leur salut, auraient connu l'inévitable destin d'adultères tout aussi romanesques. En épousant Laure ou Béatrice, Pétrarque ou Dante, le temps passant, auraient découvert au foyer un genre d'Emma Bovary. Car le sentiment, les mots, l'amour, le théâtre verbal agissent en cache-sexe d'une panoplie de phéromones excitantes, de neurotransmetteurs complices, de gonades saturées, d'hormones ludiques et autres productions de la pathologie endocrine qui conduisent le monde et mettent sous leur coupe toutes les intersubjectivités sexuées dans une dynamique aussi impitoyable que celle qui agence les planètes dans leurs relations et mouvements.

Notre époque, comme les précédentes, résiste à lire en termes de physiologie ce qu'elle confine dans des registres métaphysiques. Au cours de l'histoire, nombre de philosophes lucides – cyniques, matérialistes, hédonistes, sensualistes, vitalistes, relayés depuis peu par des scientifiques du même esprit, neurobiologistes en l'occurrence – ont pourtant proposé des lectures convaincantes de cette évidence, mais peu y souscrivent. La blessure narcissique est trop grande d'avouer du déterminisme anatomique là où l'on persiste à penser le corps en termes de liberté ontologique.

Or on peut échapper à ce tropisme biologique. D'abord, comme chaque fois dans le cas d'une aliénation, en ayant conscience de sa nature, en connaissant ses modes de fonctionnement, ses principes et ses attendus ; ensuite, en opposant une force résolue à cette énergie qui nous conduit aveuglément. Force contre force. A savoir la raison, l'intelligence et la culture opposés à la nature qui avance ses pièces et supprime la volonté libre de celui qu'elle utilise pour parvenir à ses fins. La culture définit une antinature – la médecine en fournit une illustration.

Je tiens donc pour une possible résiliation des conséquences du déterminisme génésique. Le terme renvoie au vocabulaire juridique et suppose la possibilité de dissoudre un contrat et d'en prononcer l'annulation. De fait, ce contrat nous lie à la nature. Non écrit, non prononcé, nulle part déposé, difficilement repérable, dissimulé sous des siècles de culture et d'acculturation, il apparaît dans la chair de chacun, inscrit dans le corps, écrit avec l'encre nerveuse et sanglante, formulé à l'aide de muscles et d'images mentales récurrentes, lisible et visible pour qui écoute dans le silence des nuits d'insomnie ou d'hospitalisation le bruit de ses organes, la respiration et les rythmes de sa cage thoracique, la modulation de ses battements de cœur. La vitalité travaille l'être et le colore de manière sexuée. Ce contrat signé par ses géniteurs pour un être qui n'a rien demandé peut donc se résilier : il suffit de souscrire à une métaphysique de la stérilité et de refuser que passe par soi le grand mouvement général du cosmos qui préside aux reproductions des espèces.

De l'agencement primal d'un petit paquet de cellules dans le ventre maternel à la décomposition dans un cercueil des agencements d'un corps qui fut une identité, en passant par la cristallisation dans une forme à laquelle correspondait un nom propre, la nature fait la loi. On n'échappe pas à la totalité de ces étapes, elles ne dépendent pas de nous. Ce serait sottise de vouloir agir sur l'état de fait pour qu'il n'ait pas été ou ne soit pas. Il peut n'être plus, certes, car le suicide fournit l'arme la plus efficace à même de se retourner contre cette odyssée de la matière vivante, mais même dans le retournement de la pulsion de mort contre soi, d'une certaine manière la nature pilote encore et toujours.

Le cycle de vie et de mort, les épousailles entre le berceau et la tombe, l'indescriptible fatras qui relie les maternités aux cimetières dans une civilisation qui propose des divertissements entre les deux bornes de ces destins communs, la naissance ici quand simultanément une mort triomphe là-bas, tout ceci fabrique une musique lancinante et répétitive qui nous enveloppe à la manière de langes vite transformés en linceuls. Chacun dispose des moyens de ne pas mettre sa chair au service de plus que ce qu'elle subit déjà : ne pas engendrer et ne pas moins en être un homme et une femme dignes de ce nom, voilà une hypothèse qui met des millénaires à cheminer et avance doucement. Mais sûrement...

Les ennemis de la résiliation communient dans une même détestation de l'individu et célèbrent un idéal toujours supérieur à lui : Dieu, la Patrie, la Nation, le Peuple, le Régime et autres fariboles au nom desquelles on fustige la stérilité volontaire pour lui préférer l'animale fécondité toujours rentable pour les religions grégaires. Les prêtres, les militaires, les hommes politiques, les démagogues et tribuns du peuple, les dictateurs s'appuient sur ce tropisme naturel pour le célébrer, l'encourager au nom de la démographie qui permet des fidèles en plus grand nombre pour prier Dieu, de la chair à canon extrêmement utile pour mener à bien les guerres, du personnel, des travailleurs, des ouvriers et des esclaves nécessaires au bon fonctionnement de la machine à produire des richesses et des biens, des militants, membres de partis, auxiliaires de pouvoir dans lesquels on recrute la police, l'armée, les fonctionnaires des Impôts et autres parasites sociaux. Tous ces familialistes détestent l'individu et pensent le corps en termes d'appropriation, de liberté à circonvenir, ils considèrent la chair comme une matière peccamineuse à contraindre, puis à soumettre.

Et comment mieux y parvenir qu'en appelant à la maternité et à la paternité ? En devenant père ou mère, l'homme ou la femme renoncent à une partie de leur essence et pas la moindre puisqu'il s'agit de leur liberté. Ils deviennent des instruments du social qui, jusqu'à la puissance culminée de l'Etat, renoncent à leurs forces personnelles pour construire les édifices dans lesquels ils s'enferment : la génération procède de la servitude volontaire entretenue par les acteurs du monde social qui préfèrent des énergies occupées à reproduire l'espèce et le système plutôt qu'à jouir de leur propre puissance.

Malgré les machines grégaires, les individus ont inventé l'art de maîtriser leurs procréations, de les soumettre à leur seul bon vouloir, non à celui de leurs maîtres. La contraception manifeste une revendication de l'appartenance de son propre corps à soi-même, pas aux autres, à un autre ou à quiconque, fût-il prêtre, chef d'Etat ou général. La méthode contraceptive procède d'un vouloir individuel, elle fonde la réappropriation de soi par soi via la sexualité. Une libido libre, c'est autant d'énergie détournée de la construction collective trahissant la sublimation. Contre les dieux et les hommes qui s'en réclament, contre les seigneurs et ceux qui les servent, contre les tyrannies communautaires, elle génère un corps individuel maître de lui puis oblige la nature à reculer devant son génie, ses inventions et ses trouvailles.

L'histoire de la contraception mélange les rêves et les fantasmes, les mythes et la science, le certain et l'improbable, la poésie et la médecine. On y lit l'histoire des hommes dans sa totalité, et l'on pourrait écrire celle de l'humanité à partir des seules techniques utilisées : l'infanticide, l'exposition des enfants, dans la Grèce antique tout autant que dans la Chine contemporaine ; mais aussi, à l'autre extrémité de l'humain, pointe aiguë de la science moderne, la pilule du lendemain ; ou encore les trouvailles, les arrangements avec la nature : coït interrompu, pure et simple abstinence, jeu avec les cycles, pénétrations non vaginales, allaitement prolongé, autant de bricolages physiques pour éviter la catastrophe métaphysique ; sans compter les talismans, les amulettes qui laissent la part belle à l'urine d'eunuque ou aux crottes de crocodile, à moins qu'elles en appellent aux décoctions de rognons de mulet, à la sueur de jument, aux testicules de cheval desséchés ; sans parler des invocations, prières, rites de conjuration et autres pratiques magiques...

Toutes ces inventions témoignent d'un désir primitif de dissocier sexualité et procréation, ce que rend possible la technique médicale aujourd'hui. En laissant la libido fonctionner sur un registre gratuit et ludique, les hommes et les femmes revendiquent un droit au plaisir sans les punitions qui l'accompagnent : les maternités nombreuses, fréquentes et répétées. D'un côté le plaisir, la sexualité, les jouissances libérées de leurs conséquences contraignantes ; de l'autre, la génération, la procréation, l'enfantement, la paternité et la maternité possibles, certes, mais selon le bon vouloir de ceux qui en décident parce qu'ils sont les premiers concernés et que leur corps leur appartient. La contraception signe la première des puissances sur soi.

8

LA RÉSECTION

L'avortement – résection singulière – a toujours été condamné par les trois religions dans l'esprit desquelles notre Occident laïc vit encore. Les monothéismes méditerranéens ne supportent pas cette libre disposition de son corps et l'usage libertaire et libertin par chacun de ses énergies sexuelles. Ils fustigent ces forces perdues pour la communauté, d'autant qu'elles génèrent des jubilations individuelles toujours coupables, toujours fautives. Pas plus les civilisations marchandes, guerrières et militaires, hiérarchisées et misogynes qui s'en réclament depuis des siècles et construisent leur édifice sur ces socles religieux n'acceptent cette liberté majeure des chairs qui veulent être à elles-mêmes leurs propres fins. *Habeas corpus,* clament les individus ; pas question, leur rétorquent d'une même voix les sociétés, les Etats et les Nations...

La résiliation permet de fonder un eugénisme ontologique qui relève d'un projet personnel et d'une volonté individuelle. Le corps de chacun devient donc le lieu d'une décision qui engage aussi bien le refus de procréer que la volonté de faire un enfant à l'heure voulue, en temps choisi et décidé. L'option contraceptive a mieux intellectuellement avancé que l'abortive. La première semble faire une quasi-unanimité, des catholiques pratiquants qui s'emmêlent dans leurs calendriers Ogino aux habitués du stérilet en passant par les défenseurs d'autres moyens tout aussi efficaces, une sorte de consensus réunit la plupart. Naturelle ou relevant de l'artifice médical le plus perfectionné, elle se vit comme une évidence depuis la dissociation effective dans notre civilisation de la sexualité et de la procréation.

L'avortement hérisse encore. Parfois même on constate la puissance et la détermination d'un contre-courant réactionnaire mettant en cause la légitimité éthique – par là même la légalité juridique... – de l'interruption volontaire de grossesse. Les débats d'inspiration théologique (thomistes et personnalistes en l'occurrence) sur la personne potentielle, la casuistique déployée sur le bien-fondé ou non de distinguer le statut ontologique d'un pré-embryon et d'un embryon, la revendication idéologique d'un continuum physiologique intra-fœtal, autant d'artifices rhétoriques sollicités pour critiquer l'acte chirurgical abortif.

Ainsi du traitement verbal et public de l'affaire Perruche et de l'arrêt associé à cette histoire qu'un inconscient collectif (?), une malveillance orchestrée (?), une incapacité structurelle des médias (?), un désir collectif et primitif de curée populaire (?), un opportunisme de lobby familialiste (?), une imbécillité congénitale du grand public (?), un habile travestissement procédant de l'esprit de corps hospitalier (?) ou quelque autre raison a contribué à transformer en occasion de ne pas poser une question : celle de la laïcisation et de la déchristianisation de l'avortement, la seule qui méritait d'être posée en l'occurrence.

Car jamais il n'a été question dans cette histoire d'un droit à ne pas naître, d'une revendication d'euthanasie active contre un enfant découvert porteur d'une malformation congénitale, d'une volonté parentale de se défaire d'un être non conforme aux modèles dominants... Les parents voulaient juste qu'un médecin écartant sur échographie le risque d'anormalité d'un enfant malgré la forte probabilité de rubéole de la mère enceinte puisse être reconnu responsable devant les tribunaux, dès lors qu'à la naissance on découvre un enfant affligé de tares physiques : surdité bilatérale, rétinopathie et cardiopathie. Le couple désirait qu'on leur accorde des indemnités en guise de préjudice afin qu'il puisse répondre correctement aux obligations – l'assistance en permanence d'une tierce personne – auxquelles les contraignait l'impéritie médicale.

Alors qu'il s'agissait seulement de récuser l'impunité de la corporation hospitalière, on a détourné l'attention sur des problèmes inventés pour l'occasion. En ayant recours à la morale moralisatrice, en présentant les parents comme n'ayant pas voulu de leur enfant, souhaitant s'en débarrasser ou ne sachant qu'en faire, on écartait subtilement une question importante à poser si l'on souhaite ne pas régresser sur ce terrain, car le devenir procédurier des usagers et le coût extravagant des contrats d'assurance de médecins inhibent la prise de risque et une situation pareille produit stagnation puis régression certaines de la santé publique.

Le fond de l'affaire Perruche consiste en l'usage laïc et déchristianisé de l'avortement : car la famille voulait user de cette possibilité chirurgicale comme d'une occasion de choisir pour leur enfant à venir l'existence la plus heureuse possible parmi un certain nombre de possibilités, dont celle d'une existence handicapée. Utiliser l'avortement pour choisir d'éliminer un embryon porteur d'une tare physique ou psychique et lui préférer un embryon sain, voilà le péché capital : ne pas avoir préféré la punition, le chemin de croix, le châtiment... Désirer un enfant qui ne parte pas dans l'existence avec de moindres chances pour une vie heureuse et épanouie ne pouvait être un projet défendable !

Or, l'avortement est légitime tant qu'on intervient sur un embryon incapable de ressentir la douleur et la souffrance ni d'être, même de manière primitive, conscient de ce qu'on lui fait. La loi donne des dates et les militants antiavortements jouent avec les images de fœtus montrant leur apparence humaine – comme si l'humanité d'un homme se résumait à sa coïncidence avec une forme, vieux fantasme aristotélicothomiste ! En insistant sur la visibilité d'une tête et d'un tronc, sur le dessin de mains ou de pieds, en signalant l'oreille, le nez, la bouche, en désignant les yeux, ils extrapolent la capacité à penser, marcher, prendre, ils induisent la capacité à entendre, sentir, goûter, voir, sinon parler. De l'organe ils concluent à la fonction active ; de la potentialité ils déduisent la réalité. Or l'humain se définit ailleurs que dans la forme – sinon une sculpture en latex pourrait y prétendre, voire un baigneur en celluloïd ou un fétiche andromorphe.

Tant que l'embryon évolue dans les eaux du vivant mais pas encore dans celles de l'humain, il est légitime d'envisager une interruption volontaire de grossesse. Mais pour ce faire, intellectuellement, il faut avoir réfléchi à ce qui constitue l'humanité d'un vivant, à son origine comme à son extrémité, car l'avortement et l'euthanasie se trouvent résolus par les réponses données à ces questions : quand, où et comment y a-t-il de l'humain dans le vivant ? Avant qu'il advienne et après sa disparition, la licéité de l'intervention d'un vouloir humain ne fait aucun doute. A moins d'en appeler à une âme immatérielle, une vie avant la vie, une autre après la mort, voire une vie détachée des contingences matérielles. Mais en pareils cas, on quitte les rivages où la raison travaille...

9

LA RÉSOLUTION

Qui décide de recourir à la contraception ou à l'avortement ? Habituellement, les personnes concernées dans la mesure où elles disposent des moyens de contracter, de penser, de réfléchir et se mettre en scène dans cette situation qui engage le destin d'un embryon. En fait, le problème se pose pour les mineurs mentaux et dans le cas où, dans un couple, l'un des deux veut le contraire du désir de l'autre... Car la clarté d'un jugement suivie de la délibération correcte à partir de laquelle se structure une décision informée et saine définit le cas de figurc idéal. Mais lorsque le jugement, la délibération et la décision se trouvent perturbés par des incapacités ponctuelles ou structurelles ? Si l'individu ou les individus concernés agissent en liaison directe avec un esprit perturbé, une intelligence défaillante ou un déficit mental ? Si l'on débusque chez eux un vide éthique, une béance morale ? Et lorsque la personne impliquée ne dispose ni de sa conscience, ni de sa raison ?

La folie – pour le dire dans le terme large de Foucault – fait toujours l'objet d'un silence poli, d'un déni hypocrite permettant d'éviter les questions que nul ne pose. Du moins auxquelles personne ne veut apporter de réponse. Ainsi : quid de la femme débile mentale, mineure intellectuelle, ne disposant pas des moyens de penser son corps, d'entretenir avec le sien, mais aussi avec celui des autres, une relation de bonne intelligence ? Que faire de la sexualité d'une femme relevant d'un traitement psychiatrique quand elle manifeste un désir d'enfant ? En appeler à la liberté de concevoir et de procréer reconnue par la Déclaration des droits de l'homme et du citoyen ? En l'occurrence de la Femme et de la Citoyenne...

Ou penser à l'enfant auquel personne ne pense, le droit prenant souvent parti pour des personnes accomplies et biologiquement mieux constituées... Car le droit d'une femme atteinte d'affection mentale à enfanter peut paraître légitime en regard de l'égalité reconnue à chacun, indépendamment de ce qui distingue les uns des autres. Mais si ce qui distingue retranche un tant soit peu de la communauté des hommes ? Si ce qui constitue sa spécificité c'est très exactement ce qui sort de l'humain, s'en tient en deçà et rejoint les chimères, les songes, l'imaginaire et le délire ? Que signifie être le fils ou la fille d'une folle ayant conçu dans l'ignorance des conséquences ? Folle et non fou, car je n'imagine pas une femme saine d'esprit consentir à la paternité d'un homme fou – à moins d'être folle elle aussi...

Je pose que l'enfant est le mineur premier, celui que personne ne défend et auquel *a priori* on ne reconnaît aucun droit ; qu'il souffre en prolétaire des prolétaires, en pauvre des pauvres, oublié des oubliés ; j'avance que cette entité fragile, sans pouvoir, sans puissance, sans recours, arrive la plupart du temps en dernier et qu'on le sacrifie bien souvent au confort, à la sottise ou aux caprices des géniteurs ; je tiens que le droit des enfants passe avant les droits de l'homme, en vertu d'un genre de droit naturel qui les autorise à culminer dans l'obligation des adultes et de ses devoirs ; je crois qu'être enfant du délire et de l'innocence, de la sottise et de l'imbécillité, de l'inconscience et de l'égarement, du dérèglement et de l'idiotie, de la brutalité et de l'animalité conduit fatalement à la reproduction du délire et de l'innocence, de la sottise, etc... – car comment donner et transmettre ce qui manque : l'intelligence, la raison, la conscience ? De sorte qu'il vaut mieux empêcher cet éternel retour de la défaillance par une résolution contraceptive ou un avortement – à défaut de résiliation possible par le sujet lui-même, sous forme de résection ou de résolution.

Certes la bien-pensance contemporaine interdit cette réponse en évacuant la question. De sorte que le débat évité, on se permet de fustiger ceux qui le posent et tâchent d'avancer des solutions qui, au moins, ont le mérite de mettre en plein jour des interrogations qui, sinon, demeurent à discrétion des praticiens exerçant dans les lieux où l'on concentre les fous d'aujourd'hui – qu'évidemment les rhétoriques du moment interdisent de nommer ainsi. Mais que se passe-t-il dans les asiles, les hôpitaux psychiatriques ? – appelés désormais centres ouverts, hôpitaux de jour, lieux de vie pour se dispenser d'avoir à les penser comme des instances carcérales. Ce qu'elles sont. Que fait-on de la sexualité de ceux qui nous contraignent à repenser – ou à penser correctement – la limite entre l'humain et ce qui ne l'est pas – ou plus ?

L'hypocrisie démocratique permet la prescription de contraceptifs oraux ou la mise en place d'un stérilet sans publicité autour de ces opérations anatomiques et métaphysiques. En catimini, dans le silence et la discrétion feutrée des endroits où l'on accueille les errants désertés par la raison, on ajoute au cocktail d'anxiolytiques, d'antidépresseurs, de pharmacopées inhibitrices, un contraceptif noyé dans la masse pour régler le problème. Quand on ne pratique pas purement et simplement, hors la loi, une stérilisation pure et simple. Ce à quoi personne ne regimbe – ni la famille, ni les patients, ni le personnel médical, ni l'administration, ni la population – chacun y trouvant son compte. Cette façon discrète et secrète interdit d'envisager clairement la stérilisation. Du moins de poser le problème.

Car cette pratique irréversible fait immédiatement songer aux stérilisations forcées pratiquées par les nazis ou leurs sympathisants en Allemagne, mais aussi en France ou en Suède. De sorte qu'on ne peut penser ni même envisager une discussion sur cette question. Puisque le national-socialisme a légiféré, – pour des raisons évidemment détestables et indéfendables –, on ne saurait envisager la castration chimique durable sans encourir les foudres alors qu'on ne risque aucune condamnation si l'on pratique cette camisole chimique de manière répétée, tous les mois, comme si l'on avait affaire à des personnes conscientes d'elles-mêmes habilitées et fondées à renouveler leurs prescriptions habituelles.

La législation française interdit en effet toute stérilisation, sauf pour des motifs thérapeutiques dans lesquels la défaillance psychique et mentale ne compte pas pour raison suffisante. La logique familialiste qui domine et triomphe empêche d'envisager clairement et nettement une stérilisation médicale respectueuse de la sexualité ludique et libérée desdites personnes qui, par ailleurs, subissent très souvent des violences sexuelles trop rarement dénoncées – sujet également tabou... Dans l'ombre des institutions psychiatriques se perpétue l'empire silencieux de médecins condamnés à pratiquer dans l'illégalité. Qu'adviennent les politiques de santé publique courageuses qui n'interdisent pas juridiquement et techniquement ce qu'elles autorisent factuellement et quotidiennement sous le prétexte fallacieux que la somme d'une stérilisation fractionnée sur une vie n'équivaut pas à la totalité d'une stérilisation définitive...

Le problème de la contraception des handicapés trouve un genre de prolongement éthique dans celui de l'avortement concernant un couple dont l'un des deux résiste au désir de l'autre. Impossible résection ! En effet, si une femme est enceinte d'un homme et ne veut pas de cet enfant, au contraire du géniteur qui, lui, souhaite l'accueillir, rien ne lui interdit un avortement indépendamment de l'avis de son compagnon. De la même manière, elle peut se refuser à la contraception si elle envisage la maternité à laquelle son conjoint ne consent pas. La décision revient *in fine* à la femme. A l'évidence, la situation idéale suppose un climat serein d'entente, de partage, de discussion, d'échange permettant de ne pas en arriver aux mensonges, contraintes et doubles langages. Mais l'idéal dort dans les livres et se moque souvent du réel – qui le lui rend bien.

Reste que la décision revient à la femme et que des cas existent, nombreux, où – mensonge, dissimulation, extorsion ? –, sur la base d'une contraception annoncée, bien qu'inexistante, des hommes se retrouvent pères de famille à leur insu. Cette violence s'apparente nettement à un viol ontologique, viol d'ailleurs auquel on ne permet pas, comme dans le cas du viol physiologique d'une femme, le minimum de réparation en permettant l'interruption volontaire de grossesse qui évite de donner naissance à un enfant non voulu. Contre l'avis du géniteur, et en toute impunité, la femme peut engager l'existence de son partenaire et d'un être tiers pendant la durée de leurs existences respectives.

Au père de faire soit le deuil d'un être désiré puis perdu en cas d'avortement; soit d'assumer psychologiquement, intellectuellement, affectivement et matériellement pendant toute son existence un fils ou une fille non désirés. A l'enfant d'assumer un demi-désir d'être et une demi-désaffection, une partie qui le voulait, une autre qui le refusait, un parent l'attendant, un autre le récusant. En matière de structuration d'identité, procéder d'une pareille schizophrénie rend difficile un parcours mental sans embûches. Naître d'un demi-viol engage sur des perspectives morbides.

Certes, pareille situation suppose des femmes relevant de la délinquance relationnelle, celles pour qui l'autre n'existe pas : ni le mari, l'époux, le compagnon, le géniteur, ni l'enfant qu'elles projettent dans l'existence la tête la première en direction d'un mur de problèmes. En autistes, ces génitrices en mal de progénitures à demi orphelines écoutent leur seul instinct génésique et réduisent l'enfantement à une opération entre elles et elles; dans le cas d'avortements solitaires, elles négligent qu'une sexualité non protégée par un moyen contraceptif met en jeu autre chose qu'une anecdote existentielle...

A l'évidence, de telles situations se produisent parce que les hommes ne prennent pas en charge leur contraception car traditionnellement ils en confient le soin aux femmes. A tort. Dans notre société, le choix d'une technique pour éviter la grossesse relève, dit-on, des seules femmes. Combien élisent une méthode résolutive après en avoir parlé avec leur partenaire ? Et puis l'éventail des contraceptifs masculins pèse peu en face de l'arsenal féminin : en dehors du préservatif, dont on connaît les effets inhibiteurs et antihédonistes, aucune autre possibilité n'existe. D'où ce mouvement facile des hommes qui abandonnent aux femmes le choix d'une technique de résiliation – donc qui leur offrent la possibilité d'agir à leur entière convenance sur ce terrain...

Singulièrement, on éviterait ces drames existentiels – pour les enfants nés sans désir paternel comme pour les géniteurs devenus pères sans envie de l'être – en permettant aux hommes de disposer également d'un contraceptif digne de ce nom : pratique, sûr, efficace, évitant les inhibitions et les castrations inhérentes à la mise en place, au maintien, aux allergies et aux formats surréalistes du préservatif en latex... Une injection d'hormones, un patch ou une vasectomie librement accessible aux hommes volontaires.

Car la France interdit la vasectomie, comme si le corps, la procréation, l'usage des organes génitaux relevait moins de la volonté individuelle et personnelle que d'une autorisation sociale, communautaire et collective. Ne pas vouloir d'enfant semble plus acceptable pour la femme qui accède assez facilement à une large gamme de matériel contraceptif alors que les hommes sont contraints à renoncer à la leur, soit parce qu'ils ne disposent pas du choix entre diverses techniques, dont certaines non agressives, soit parce que la législation leur refuse la stérilisation volontaire à laquelle ils aspirent légitimement.

Les recherches piétinent sur la question du contraceptif masculin vraisemblablement pour des raisons de susceptibilités mentales ou psychiques : les hommes, en effet, identifient puissance sexuelle, ardeur libidinale et fécondité naturelle. A l'idée d'un sperme sans spermatozoïdes, d'aucuns perdent leurs moyens, se croyant tout d'un coup dépourvus de virilité. L'imago du mâle passe non pas par l'érection, la capacité à une sexualité épanouie, mais par la potentialité – même s'il n'en use pas – de faire des enfants. Lui aussi, donc, obéit à la loi naturelle qui laisse deviner très rapidement le mâle sous l'homme policé. Le néocortex n'effectue pas son travail quand le cerveau reptilien identifie puissance sexuelle et capacité à assurer la pérennité de l'espèce.

La résolution suppose des individus dotés de leur conscience. La plupart du temps, en matière de contraception et d'avortement, pour soi et pour autrui – sain de corps et d'esprit ou non – elle renvoie moins à la logique, la raison, la capacité à discuter, à ce qu'Habermas appelle *l'agir communicationnel*, qu'à des forces sombres en liaison directe avec l'inconscient individuel ou collectif d'une époque. Avoir ou ne pas avoir d'enfant, choisir seul et faire subir à l'autre l'IVG ou la grossesse, envisager la procréation des handicapés mentaux ou la contenir rationnellement en regard d'un moindre mal, pratiquer une stérilisation définitive, irréversible, pour un tiers mineur ou pour soi, voilà autant de décisions dont les racines plongent dans le terreau sombre des pulsions, des passions, des instincts, des forces terribles qui hantent l'inconscient et conduisent tout un chacun vers les ténèbres ou la lumière.

10

LA TRANSGENÈSE

Du pessaire à base de dattes, d'oignons, du fruit de l'acanthe broyés dans du miel à la pilule du lendemain, la médecine a considérablement évolué, et l'on moquerait aujourd'hui une pratique basée sur l'usage de suppositoires à la menthe poivrée et au miel. Et pourtant... Bientôt nous rirons de la médecine que nous croyions en pointe au moment où nous nous en félicitions. Même chose avec celle dont je vais faire l'éloge elle-même appelée à être dépassée. Soigner l'hystérie avec des fumigations d'ordures ou de roses sous prétexte que l'utérus aime les bonnes odeurs, déteste les mauvaises, se rapproche des premières, fuit les secondes et que, grâce au jeu des attractions et des répulsions olfactives, on peut le remettre en (bonne) place, voilà une technique dépassée par une autre – celle du divan – qui se trouvera elle-même dépassée un jour. La médecine transgénique tourne une page d'histoire considérable – celle qui conserva puis dépassa Hippocrate avec Pasteur –, en ces années symboliques inaugurales du troisième millénaire.

En évitant l'hyperbole, il me semble que les possibilités transgéniques permettent d'envisager la sortie du Moyen Age médical dans lequel nous nous trouvions avant le séquençage du génome humain. Non pas qu'il y ait là une fin, un aboutissement, mais le début d'un déchiffrage qui augure une ère de découvertes – un genre de 1492 de la biologie. A l'heure seulement où se précise l'alphabet, certains récriminent sous prétexte qu'en l'utilisant on n'ait pas encore produit de chef-d'œuvre égalable à *La Divine Comédie*... Patience ! On ne peut obtenir dans les périodes généalogiques l'excellence que les civilisations fournissent dans leur acmé. Au moment de la naissance de l'aviation on aurait eu mauvaise grâce à attendre de pied en cap le génie supersonique. Pour l'instant, contentons-nous d'assister aux premières heures de cette aurore qui, à l'évidence, éclaire de ses premiers feux une époque radicalement nouvelle...

Cette révolution biologique induit des chambardements ontologiques et métaphysiques, philosophiques également. Ainsi des certitudes caduques à repenser aux clartés de la lumière nouvelle : la vie, la mort, la maladie, la santé, le normal, le pathologique, le temps, la chair, le corps, le déterminisme, la nécessité, la liberté, la procréation, la filiation, la paternité, la maternité, autant de questions qui contribuent à la redéfinition de l'identité. Car nous ne serons plus les mêmes, nous ne sommes déjà plus les mêmes... Naître, vivre, souffrir, vieillir, mourir ne s'éprouvent plus selon l'ordre naturel pluriséculaire mais selon l'ordre culturel à venir. L'Occident passe à la vitesse supérieure...

Comme dans toutes les périodes de changement, voire de bouleversements majeurs, les angoisses guident le monde et imbibent les commentaires. Elles saturent les avis, les jugements et renvoient plus à l'épidermique qu'au rationnel. Les peurs dues au transgénisme ressemblent à s'y méprendre à celles qui accompagnent la naissance de l'électricité ou du chemin de fer, voire de l'énergie nucléaire – qui, rappelons-le, n'a jamais causé aucun mort : Hiroshima et Nagasaki, puis Tchernobyl procèdent du délire militaire américain, puis de l'impéritie industrielle et bureaucratique soviétique, en aucun cas du nucléaire civil en tant que tel. Le délire généré par les potentialités transgéniques rappelle les grandes peurs consubstantielles aux changements de civilisation. En aucun cas ces réactions névrotiques à notre âge d'angoisse ne remettent en cause intrinsèquement la puissance de la technique et le génie prométhéen du moment.

La médecine transgénique – laissons de côté l'agriculture pour laquelle je défendrais les mêmes thèses... – n'est en soi, en tant que telle, par elle-même, coupable ni responsable de rien. Elle appelle un ensemble de techniques et suppose le travail à partir d'un principe : la possibilité de modifier humainement le codage des gènes afin d'induire la transmission d'un message destiné à produire des effets dans un complexe cellulaire, une fonction biologique ou un organisme. Ni bonne ni mauvaise, elle obéit au régime de la technique en temps normal : ses fins, et rien d'autre, décident du jugement moral possible, condamnation ou éloge. Le pragmatisme seul peut remplacer efficacement l'idéalisme transcendantal qui détermine la pensée dans les mentalités communes.

Intervenir sur le génome humain pour envisager la prévention d'une maladie ou son traitement ne peut déclencher l'opprobre ! Certes les obscurantistes partent du principe – sophiste à souhait ! – qu'on peut ne pas constater effectivement les dégâts aujourd'hui, mais qu'au nom de demain qui sûrement révélera le pire, on doit s'interdire tout progrès sur l'instant. Que l'invisibilité vaut preuve de nocivité. Que l'immatériel pèse plus que le constatable. Que la peur gouverne mieux que la raison. De manière irrationnelle, ils nient la mesure, le comptage, la preuve, le fait, le chiffre, le nombre comme occasions de valider ou non une thèse. Le principe de précaution pose le pire comme certain et contraint à réfléchir en regard d'un postulat gratuit présenté comme une vérité démontrée.

Les causalités avancées hystériquement, on impute à la transgenèse des fautes, des erreurs et des péchés qui ne sont pas les siens : l'usage libéral et marchand – fautif celui-ci – de ces techniques est confondu avec leur usage humaniste et hédoniste. L'augmentation des cancers, l'apparition de nouvelles pathologies – le sida, l'encéphalite spongiforme –, les troubles du système immunitaire – allergies en augmentation croissante, inefficacité des antibiotiques, résistance à des virus mutants –, tout ceci passe pour la conséquence du trafic transgénique quand il en va souvent d'un affinement des techniques de diagnostic médical qui nomment, classent et repèrent ce qui naguère relevait de maladies et décès imputés au seul mouvement de la nature. A quoi il faut ajouter une augmentation considérable de l'espérance de vie dans les pays industrialisés, ce qui suppose une existence plus longue, certes, mais également l'augmentation consécutive des maladies et pathologies en rapport avec le quotidien des conditions de vie postmodernes – dont les pollutions...

La révolution transgénique permet d'envisager des nouvelles façons de soigner : elles éviteront, grâce aux médecines prédictives, le déclenchement des maladies et des affections, elles n'attendront pas les dégâts, la brutalité, la violence de tumeurs invasives, la progression de nécroses à l'épicentre de la chair, elles ne guetteront pas les signes de la progression du mal pour attaquer, combattre et tâcher de détruire le mal. Pas besoin de la preuve d'un infarctus, avec ses conséquences parfois dramatiques, ou de l'évidence d'une tumeur maligne entraînant une ablation ou un risque mortel pour conclure aux prédispositions à la maladie cardio-vasculaire ou aux risques pour le patient de déclencher des pathologies cancéreuses ! Quelle utilité, sinon doloriste et finalement catholique, d'attendre la souffrance et le mal qu'on peut éviter ? L'évitement de la douleur – principe hédoniste de base – vaut mieux que son traitement. Ce à quoi invite la nouvelle médecine.

Le dépistage vise un travail avant la négativité. Outre les moindres coûts financiers en termes de santé publique, le coût existentiel est également minimal pour le patient puisqu'on lui évite la maladie, la souffrance, la violence réactive du corps, la mobilisation de la chair contre la brutalité d'une affection dangereuse, on empêche la prise de risque, aussi bien pour l'organisme que pour la totalité de son être. En intervenant sur son génome, on identifie l'agent négateur, on bloque le processus entropique et l'on ne restaure pas la santé – ce qui suppose des risques d'échec ou d'amoindrissement du patient – mais on la conserve.

De manière épistémologique, on quitte le champ agonistique sur lequel se trouve habituellement le médecin, et plus souvent le chirurgien, pour s'installer sur le terrain pacifique du guerrier engagé dans une logique de dissuasion : rendre l'agression impossible, éviter l'affrontement, faire le nécessaire pour obvier un combat brutal et mortifère, utiliser des techniques pointues et des méthodes efficaces non pour traumatiser, amputer, découper, enlever, attenter à l'intégrité d'un corps, mais pour nier la négativité, sectionner à la base ce qui pourrait progresser comme une mauvaise herbe invasive. La médecine prédictive inverse les catégories classiques : elle vise moins la réparation que la conservation de la santé, cet équilibre précaire préférable à maintenir en l'état plutôt qu'à reconstruire.

Déjà les techniques de transgenèse permettent de soigner autrement. Ainsi des productions de substances médicamenteuses comme l'insuline, les hormones de croissance, les molécules antihémophiles, les vaccins et autres pharmacopées destinées à combattre les tumeurs, les infections, les affections virales ou les thromboses. Maîtriser l'avènement de l'enfant passe par la possible intervention sur son capital génétique pour conjurer les négativités pathologiques (ce qui définit la santé), ou les dépasser (ce qui signifie le recouvrement de cette absence de trouble déterminant ladite santé). Dès le ventre maternel, dans l'évitement du pire, ou dès la naissance, dans le traitement définitif de l'affection, le génie génétique ouvre des perspectives considérables.

A l'évidence, l'usage thérapeutique de la transgenèse se double d'une menace : l'usage commercial débridé de ces technologies nouvelles. Le pire ne viendra pas de leur perfectionnement mais de leur inscription dans une stricte logique marchande. La disparition de la planète est moins à craindre que sa transformation en valeur fiduciaire. Et avec elle, la spéculation, l'exploitation des géographies qui fournissent les molécules utiles au perfectionnement des thérapies : la forêt amazonienne, la jungle africaine, le bush australien par exemple.

La transgenèse ne pose pas de problème en soi mais relativement à ses usages politiques : dans les pays anglo-saxons qui souscrivent au libéralisme, le recours au génie génétique suppose moins le critère de l'urgence médicale que la possibilité financière d'y accéder. Dans un avenir proche, les malades riches de l'hémisphère Nord disposeront des médecines nouvelles quand les pauvres de l'hémisphère Sud disparaîtront faute de soins élémentaires. Ici on mourra de malnutrition à des âges extrêmement bas – à quoi le transgénisme agronomique pourrait apporter une réponse définitive –, là on agonisera centenaire en ayant accumulé des pathologies invraisemblables, toutes conjurées dans la mesure du possible pendant des années dispendieuses pour le particulier, la collectivité – ou les compagnies d'assurances...

D'où l'obligation moins de condamner le transgénisme en tant que tel que dans son usage libéral en instaurant le contraire d'un protectionnisme et de barrières douanières – quoi qu'on dise : les méthodes habituelles du libéralisme... – à savoir un gouvernement planétaire des questions de santé capable de permettre une répartition équitable des bénéfices et des coûts entre tous les pays de la planète : ceux qui fournissent les molécules par leurs forêts, leur faune et leur flore, ceux qui extraient ces substances et les configurent pour un usage thérapeutique. Les fournisseurs de nature et les producteurs de culture se trouveraient ainsi associés dans un mouvement semblable à même de faire face aux logiques marchandes qui contrarient considérablement les chances d'égalité, d'équité et de justice des femmes et des hommes devant la santé.

11

LE MONISME

L'enfant à naître cesse de relever du seul registre humain. Avec lui les hommes recouvrent leur place dans une interactivité immanente avec le restant des composantes de la planète. La classification habituelle hiérarchise les genres, les espèces et répartit la totalité des objets du monde dans des catégories créées pour célébrer le sommet comme pointe absolue de l'univers : Dieu. La logique transcendante, qui oblige à une échelle des êtres et des règnes pour cause de cohérence, laisse place à une vision horizontale des choses. Plus de Dieu, de preuves de son existence par l'excellence de la création ordonnée autour de principes idéologiquement intéressés ou de recours à la causalité intentionnelle – la perfection formelle de l'œil conçu pour voir les merveilles de la création prouvant l'existence de son créateur ! –, mais un monde sans dieux, uniquement peuplé d'humains capables désormais de triomphes divins – et de génie diabolique...

La transgenèse installe l'enfant à naître dans un cosmos où la différence entre le minéral, le végétal, l'animal et l'humain cesse d'être évidente. Car les découvertes les plus récentes sur l'ADN démontrent l'existence d'un code universel – les acides nucléiques – dans l'ensemble du règne vivant. Au regard de la biologie moléculaire, le ciron et le philosophe qui le contemple pour déduire de son comportement des lois philosophiques générales accusent plus de semblances que de dissemblances. L'arrogance des hommes sur les bêtes, le blanc-seing chrétien qui transforme les animaux en choses dépourvues d'âme, d'intelligence, l'exploitation, l'élevage et l'abattage systématique à des fins industrielles et alimentaires en dehors de toutes considérations éthiques, voilà avec quoi il faudra rompre un jour...

La planète devient une. Sa matière suppose bien évidemment des variations, mais le thème demeure. Déjà la table de Mendeleïev ébauchait une réponse en fournissant l'alphabet d'un langage utile pour saisir les relations entre tous les éléments. Le décodage numérique des brins d'ADN avance dans cette direction et conclut à la parenté de la drosophile du vinaigre des laboratoires et du chercheur appointé par le CNRS qui lui compte quotidiennement les gènes. Il prouve ainsi que les batraciens semblent mieux pourvus quantitativement en gènes que feu Jean Rostand qui les pista pendant plus d'un demi-siècle dans sa propriété de Ville-d'Avray... Blessure narcissique à même de provoquer des ravages !

Où l'on retrouve des points communs entre les vibrations ciliaires de la paramécie et le mouvement animal ou humain chronographié par Marey ! Idem pour les intuitions ou les vérités vitalistes trop vite enterrées sous prétexte qu'elles résistent à la raison intégriste des positivistes de stricte obédience. Car la transgenèse marie la carpe et le lapin, elle fabrique *in vitro* des copulations tératologiques entre le ver luisant et le mammifère jadis exclusivement promis au civet, elle accouple une souris blanche et un organe humain, une oreille par exemple, ou le complexe tissulaire d'un prépubère afin de fabriquer pour lui, en différé, un sperme dont une chimiothérapie l'a trop tôt privé. Mieux : des plans de tabac produisent déjà de l'hémoglobine humaine, et l'on fauche désormais à cette heure un champ de ces plantes à nicotine qui pleurent le sang humain et rougissent les lames de faux. Parfois l'antigel d'un omble arctique intégré dans le patrimoine d'une tomate ou d'une poire sert à fabriquer fruits et légumes insensibles au gel. Rien de tout cela ne procède de la fiction : toutes ces chimères existent.

Elles livrent autant de leçons philosophiques de matérialisme vitaliste, d'atomisme moléculaire et de substantialisme moniste, voire de paganisme panthéiste si l'on identifie la force qui travaille la nature, toute la nature, à un genre de divinité architectonique. Ce qu'elle est. Pareilles vérités obligent également à reconsidérer l'écologie et à la sortir des intérêts de politique politicienne dans lesquels elle se fane actuellement. Car l'écologie technophile, voire la technophilie écologiste, doit pouvoir exister à côté d'une écologie technophobe, la seule qui conditionne actuellement le grand public.

Que peut-on espérer sur le terrain des avènements humains ? Faut-il envisager le pire ? Doit-on craindre les chimères comme la peste ou les envisager sereinement avec curiosité intellectuelle, telles des expérimentations, des exercices de style à même d'indiquer les directions d'une recherche ? Le centaure, l'hippogriffe, la sirène, le Minotaure, le satyre, le griffon comme idéaux de la raison posthumaniste ? pourquoi pas puisqu'ils permettent d'envisager le dépassement de l'humain vers plus d'humanité, vers une nouvelle acception de l'humanité.

A l'évidence, on sourit de l'expérimentation d'un artiste contemporain – Eduardo Kac – qui propose à l'exposition dans un musée le mixte réussi d'un lapin et d'une méduse – un artefact : la forme du premier étant conservée après implantation du matériel génétique responsable de la luminescence du mollusque. Car bien qu'évoluant dans le registre extravagant, extraordinaire, ce lapin reste dans son ordre : l'animalité. Mais qu'en est-il du chrétien auquel on greffe cette oreille fabriquée, conçue, modelée par le génie génétique modifié d'un rongeur de laboratoire ? Et de ce jeune homme, ancien cancéreux devenu adulte qui doit le recouvrement de ses capacités génésiques à une autre souris qui a conservé puis développé dans ses tissus le matériel biologique avec lequel il fabrique désormais son sperme ? Ou de ce porc à l'intégrale compatibilité tissulaire avec Catherine Deneuve ? Quid de ce singe porteur du gène humain nécessaire à l'acquisition du langage : finira-t-il par parler, et se fera-t-il baptiser comme le proposait La Mettrie – bien incapable d'imaginer en son temps l'existence de ces chimères fabuleuses ?

Des animaux qui parlent, des humains imbéciles ? Des bêtes intelligentes et des androïdes contraints aux borborygmes ? Un prêtre quadrupède et un chien philosophe ? Le fantasme court qui induit de la possibilité d'une interaction génétique entre les espèces une disparition pleine et entière de la spécificité de chacune. Que la typologie, le classement et la taxinomie en prennent un coup, certes ; mais que pour autant on risque une babélisation de la planète, voilà qui reste fort improbable. Car les compatibilités moléculaires, les interactions génétiques, les micro-événements chimériques ne suffisent pas à faire basculer l'humain et sa définition dans la confusion généralisée.

La hiérarchie et la transcendance laissent place à des plans d'immanence ; la théologie, l'ontologie et la métaphysique s'effacent devant la biologie, l'anatomie, la génétique et la médecine. Voire la chirurgie. Dieu disparaît totalement, définitivement, et avec lui tout ce qui le rappelle ; l'homme dispose dès lors des moyens d'être lui-même, voire plus et mieux que lui-même : il peut développer ses potentialités intellectuelles et physiques, matérielles et immatérielles. Si le surhumain que définit le dépassement de l'humain a un sens, il se trouve là tout entier : comme élargissement et non comme abrogation de l'humain.

Pour l'instant, devant les potentialités fabuleuses de ces technologies nouvelles, le commentaire relève plutôt de la terreur effarée que de l'enthousiasme, même modéré : perte des points de repère habituels et millénaires, confusion des registres naturels hérités des temps les plus anciens, mélange des genres classiquement séparés, triomphe d'un nihilisme éthique tous azimuts, humanisation de l'animal doublée d'une bestialisation de l'humain, déchristianisation radicale des valeurs, avènement de principes indépendants de toute transcendance, effacement rapide de l'ancien monde, création d'une science qui intègre de plus en plus les paramètres de l'ancienne fiction, autant d'occasions de craintes, de peurs, d'angoisses, donc de refus de la modernité.

Là encore il faut raison garder : les craintes ne viennent pas des techniques mais de ceux qui les utilisent. Les chimères posent moins le problème de leur existence intrinsèque que de leur usage extrinsèque : pour quoi faire ? à quelles fins ? du commerce ? des projets de politique-fiction à même de réjouir les apprentis dictateurs auprès desquels les tyrans du XXe siècle passeraient pour des enfants de chœur ? de l'argent, des consortiums financiers, des bénéfices ? des laboratoires en cheville avec des banques, des gouvernements occultes planétaires ? Les fantasmes ne manquent pas, ni les sophismes, voire les paralogismes qui arguent du mauvais usage d'une excellente découverte pour discréditer l'invention elle-même.

Le transgénisme oblige à la création d'une éthique postmoderne à même de prendre à bras-le-corps ces questions et de formuler des principes. Elle contraint à fabriquer une morale postchrétienne. Contre les éthiques transcendantes chrétiennes, thomistes ou kantiennes, un pragmatisme utilitariste seul peut permettre moins de condamner les pratiques techniques novatrices en tant que telles que de fournir des causes politiques dignes de ce nom aux scientifiques qui disposent de ces instruments extrêmement performants. Car la bioéthique n'existe pas, seule existe la biopolitique.

12

L'EUGÉNISME

A l'évidence le recours au mot condamne son utilisateur à la mécompréhension. Le simple fait de vouloir sortir ce terme de l'obscurité douteuse dans laquelle le système hitlérien l'a confiné depuis plus d'un demi-siècle vaut suspicion des interlocuteurs : pour quelles raisons ? quels intérêts ? Et l'on reparle de retour du nazisme, sournois, tendancieux, de vilaines idées travesties sous un emballage nouveau chez quiconque propose de réfléchir sur cette question – voir l'affaire Sloterdijk lors de la publication des *Règles pour le parc humain* et de *La Domestication de l'Etre*, d'inoffensives dissertations néo-heideggeriennes sur la question du dépassement de l'humanisme... Car si le mot choque, alors pour quelles raisons les pratiques eugéniques habituellement et couramment utilisées dans le système de santé européen ne gênent-elles point ? Qu'est-ce qui justifie le hérissement intellectuel à la vue du mot pendant que triomphe une indifférence absolue en face des comportements eugéniques quotidiennement constatables dans les hôpitaux postmodernes ? Le mot ne dit rien d'autre que le souci chez les géniteurs de produire un individu le mieux conformé possible, le moins affecté par la maladie, le trouble, les tares susceptibles d'une transmission par des parents à risque.

Quels pères ou mères préféreraient un enfant trisomique quand la possibilité leur est offerte d'éviter cette catastrophe grâce au génie génétique ? Qui souhaiterait transmettre son hémophilie ou son diabète sachant qu'une intervention sur le génome d'un amas de cellules permet à un homme d'échapper toute sa vie à ces maladies impérieuses dans chaque moment du quotidien ? Lequel voudrait offrir en cadeau de bienvenue à son fils ou à sa fille une mucoviscidose, une malformation cardiaque, un spina-bifida ou un nanisme sachant que les investigations thérapeutiques et les soins géniques suppriment ces hypothèses néfastes ? Qui ?

Préférer *pour l'enfant* qu'on désire le meilleur au pire, la santé à la maladie, le bien-être au mal-être, lui éviter une malformation et souhaiter sa bonne conformation, voilà l'eugénisme – ce que dit simplement l'étymologie. De sorte qu'on aurait mauvaise grâce à réduire l'eugénisme à sa seule formule nazie – que rien ne sauve, rien, absolument rien. Car la formule eudémoniste est indexée sur la pulsion de vie quand l'autre se définit par une thanatophilie névrotique. L'eugénisme postmoderne construit un être disposant pleinement de ses moyens ; l'eugénisme national-socialiste détruit tout ce qui nuit à la fiction de la supériorité aryenne. Rien de commun. Un hédonisme solaire d'une part, une boucherie nocturne de l'autre.

Le principe même de la médecine hygiéniste de l'époque industrielle qui souhaitait faire bénéficier le plus grand nombre de familles des découvertes de l'asepsie et de l'antisepsie procède de l'eugénisme. La lutte contre la syphilis et la tuberculose jadis, les récentes campagnes de publicités médiatiques pour l'usage des préservatifs afin de se préserver de la contamination du sida, eugénisme encore. L'invitation à éviter les toxiques – drogues, tabac, alcool, antidépresseurs, anxiolytiques – chez une femme enceinte illustre également ce souci. L'usage prédictif puis thérapeutique de la médecine génique vise à rendre la maladie impossible, à éviter la négativité pathologique, à travailler pour écarter les douleurs, les souffrances et à donner à l'être qui arrive au monde les chances maximales pour une vie sans handicap.

L'eugénisme de l'évitement n'est pas un eugénisme de la performance : le premier veut moins ajouter une qualité, augmenter une potentialité, créer des chances supplémentaires de beauté, d'intelligence, d'adaptabilité aux idéaux consuméristes que retrancher ce qui entrave, limite et contraint. Pas question de mettre au service de géniteurs qui viseraient la convenance personnelle – les yeux bleus, la taille mannequin, le sexe masculin, la grandeur idéale – une technique aussi élaborée, complexe et subtile destinée à empêcher le handicap – rétinoblastome, crétinisme, nanisme, gigantisme, hermaphrodisme, acromégalie, etc...

Pour sûr, la transgenèse active un eugénisme nouvelle manière. Elle met en évidence une pratique qu'il faut bien qualifier par son nom sous peine d'incapacité à penser l'événement. Car choisir, trier, sélectionner, écarter, retenir un gène, isoler un brin d'ADN définissent autant d'opérations qui contribuent à fabriquer un être dès lors épargné par le mauvais sort. Cette médecine instaure une équité nouvelle, elle réduit les injustices naturelles grâce à des artifices culturels, elle compense les abîmes – et non les différences imperceptibles installées par la nature entre les individus – qui distinguent le chanceux du maudit. Elle crée moins des inégalités entre surhommes et sous-hommes qu'elle rend possible l'humanité pour tous.

La question de l'eugénisme se pose désormais de manière post-nazie : l'usage de la mort, de la destruction, de la suppression des individus non conformes au projet de cité idéale pensé par tous les utopistes, de Platon à Hitler en passant par More, Cabet et quelques autres, n'est plus concevable dans ces termes – et heureusement. La monstruosité nationale-socialiste agit puissamment à la manière d'une mémoire de ce qu'il faut radicalement éviter. Hans Jonas parlerait de *la fonction heuristique de la catastrophe* – il aurait raison. Parce que Auschwitz a eu lieu, et dans son enceinte la sélection raciale, puis l'usage d'une médecine de la mort; pour la raison qu'ont sévi une fois les logiques spécieuses de la race supérieure, du peuple élu et de la transformation d'une population innocente en victime émissaire; en vertu du fait que la pulsion de mort a triomphé sans partage sur une terre, dans tout un pays, puis au-delà; parce que la barbarie s'est trouvée nommée, visualisée, visible, l'eugénisme racial n'est plus possible.

De sorte que l'eugénisme pose d'autres problèmes, certes, mais pas ceux d'un temps définitivement révolu. Lesquels ? Ceux par exemple d'une définition du transhumain qui s'annonce et s'énonce dans les limbes des technosciences contemporaines. En effet, après avoir défini l'ancienne forme de l'humain et vécu sur ce schéma, comment découper finement et précisément la silhouette de la nouvelle ? Et selon quels critères, quels principes ? Doit-on parler d'un surhumanisme ? Ou forger des néologismes et pour ce faire en appeler à la bionique, la cybernétique ou le numérique ?

Le détour par Nietzsche n'est pas nécessaire : le surhumain nietzschéen procède exclusivement de la métaphysique. Avec ce concept, il nomme ce qui permet le passage entre la bête et plus que l'homme. Le recours à ce terme connoté et sali par la vulgate s'effectue dans le strict espace éthique d'un dépassement du judéo-christianisme, le philosophe n'envisage pas la prise en charge de ce passage par la science. Aucun biologisme chez lui, mais une option radicalement ontologique : via Zarathoustra il en va de l'être nouveau, fabriqué par une conception inédite des valeurs, forgé au feu de la transvaluation et capable de regarder le réel fixement, en tragique. Rien à voir avec la révolution transgénique évidemment impossible à envisager ou prévoir au XIXe siècle : le surhomme invente de nouvelles valeurs, pas un nouveau corps.

L'homme créé par ces potentialités nouvelles procède plutôt du registre faustien : le corps faustien est d'abord un corps incarné, le contraire du corps sans organes cher à Artaud et Deleuze ; il est une chair et, en tant que telle, une individualité réduite à un univers miniature en face de l'infinité du cosmos ; sa puissance procède d'un vouloir poétique prométhéen qui suppose le perfectionnement, le progrès, la conquête de la subjectivité envisagée comme un nouveau continent ; il évolue dans un espace déserté par les dieux, nettoyé de toute fiction transcendante et libre pour l'exercice d'un volontarisme humain ; il célèbre le dynamisme, la vitesse, la force, la durée magnifique enchâssée dans des temps vastes ; à l'évidence plus goethéen que nietzschéen, il est passionné, chercheur d'infini, excité par la tension, l'effort et la projection de soi dans un espace où l'accélération génère la jubilation ; il élit la matière vivante, la vitalité, la force et l'énergie comme supports de prédilection à sa démiurgie ; il se construit, se fabrique, se veut en confiance avec son temps, pas fâché contre lui, complice de ses errances comme de ses fulgurances ; il célèbre l'action et opte pour le choix d'Achille : plutôt une existence brève mais dense à une vie longue mais vide de toute substance ; il demande à la science le dépassement effectif des lieux communs de l'époque ; il envisage la mort non comme un poids qui rend le quotidien impossible mais telle une menace qui l'oblige à densifier sa vie, y compris dans le quotidien ; il est athée, païen et sacrifie à la plus radicale des immanences ; il veut élargir la nature, l'augmenter en ayant recours à la culture la plus affûtée, à l'artifice le plus élaboré ; il ne pense pas le donné et les instincts à la manière d'ennemis à détruire mais comme des chances à domestiquer ; il demande à son corps ce qu'il peut lui donner et aime plus que tout les situations où il obtient de lui un peu plus que la sollicitation via l'exercice-limite de soi ; il s'oppose point par point au corps glorieux de la patrologie grecque et latine ; il est une figure essentiellement postmoderne, impossible avant l'heure nihiliste d'aujourd'hui, car il répond à ce nihilisme, il le résout, du moins propose une occasion de le résoudre ; il pense son corps à la manière d'un support à même d'accueillir tout ce qui peut le dépasser ; il attend de la culture qu'elle conserve et dépasse la nature – mais pas de dépassement sans conservation, ni l'inverse ; il a confiance dans son destin et s'y abandonne avec la sérénité païenne des philosophes de l'Antiquité ; il sait que la mort sanctifie son projet et que l'heure venue il pourra prendre une dernière fois son existence en main pour affirmer paradoxalement son ultime vitalité en portant la main sur soi afin de maîtriser le plus longtemps possible cette force à laquelle il donnera volontairement congé. Faustien, c'est-à-dire postchrétien.

13

LE CLONAGE

L'homme faustien, on l'aura compris, c'est l'homme de l'artifice et du dépassement de la nature. Non pas de l'antinature, mais de son élargissement, de sa conservation et de son au-delà. Ce que peut la nature, la culture le déborde, l'augmente, le raffine. L'artifice lui sert de tremplin pour bander des forces déjà existantes mais nouvellement et puissamment stimulées. Dans le registre de ce que l'homme peut faire à l'homme, aux antipodes des variations sur le thème de la pulsion de mort et de la génération des catastrophes, la transgenèse autorise une franche célébration de la pulsion de vie : exacerber la vitalité, l'entretenir, la conserver, la décupler, combattre tout ce qui l'entrave, déclarer la guerre à l'entropie, la fatigue, l'épuisement, la douleur et la souffrance.

En présence de ces dissociations, l'homme du commun perd souvent pied : séparer sexualité, fécondation et gestation donne le tournis à la plupart des spectateurs de ce jeu nouveau. Le seul découplage de la sexualité et de la procréation grâce à la pilule a soulevé jadis un tollé dont on ne se souvient plus, et c'est heureux. De ce premier travail de dissociation surgit une nouvelle définition de l'amour. L'idée qu'on puisse agir pareillement aujourd'hui en séparant la conception d'un embryon et l'acte sexuel choque plus d'un quidam prompt à y voir un signe radical de décadence ou de nihilisme. De cette autre dissociation naît pourtant une nouvelle définition de la filiation.

Les fantasmes prennent une incroyable consistance dans ces périodes violemment dynamiques. La légalisation de la contraception offrait à quelques-uns, mâles évidemment, la possibilité de chanter l'antienne du devenir pornocrate de toutes les femmes – là où les pouvoirs publics permettaient tout bonnement au fameux deuxième sexe un niveau d'égalité libertaire avec ledit premier. L'apparition des techniques de transgenèse donne par ailleurs libre cours aux délires d'ectogenèse : pour les plus délirants, la sexualité naturelle disparaîtrait de la planète avec la fabrication des enfants dans les seuls laboratoires. Finie la couette, avènement des éprouvettes ! De la fécondation *in vitro* à la gestation dans les boîtes de Pétri en passant par les stades de la croissance visibles dans le tube à essais ou la couveuse perfectionnée, certains phosphorent sur la possibilité de créer entièrement la vie d'un être uniquement à partir de fragments, de morceaux, de lambeaux : une cellule, un fragment d'acide nucléique, un spermatozoïde et un ovule. Mitoses et méioses de paillasses...

Or l'ectogenèse relève de la pure fiction. Elle procède très précisément du *Meilleur des mondes* d'Aldous Huxley qui a fabriqué l'inconscient et le jugement de la plupart des hommes et des femmes du XXe siècle qui passent à côté d'une éducation scientifique élémentaire – où la prendraient-ils d'ailleurs ? Car le tropisme millénariste fait toujours naître des images mentales, des représentations, des fictions transformées en réalités, des réalités vécues comme des fictions aussi, autant d'obstacles épistémologiques encombrant l'imaginaire et rendant difficile une réflexion sereine sur cette question.

Le clonage synthétise, ramasse et cristallise toutes les peurs contemporaines générées par l'apparition des techniques nouvelles. Le sujet suscite moins des envies de savoir, des inquiétudes intellectuelles légitimes, des questionnements qui appellent l'éclaircissement, des démarches d'élucidations personnelles que des opinions, des avis péremptoires, des jugements de valeur, des symptômes d'angoisse, des hystéries personnelles et collectives. Disparition de la raison et avènement des pensées magiques et des lieux communs ; abolition de l'intelligence, de l'esprit critique et surgissement des morales moralisatrices ; extinction des feux logiques et brouillards idéologiques persistants : l'état des lieux confine au pire !

Les techniques du clonage et leur médiatisation, puis leur réception par le grand public brièvement informé aux sources du tout-venant médiatique mais qui se croit pourtant autorisé à juger, à donner son avis, libèrent des délires dans lesquels tout se mélange : le clonage d'une brebis, l'insémination d'une femme après la mort du géniteur, la fabrication de chimères, les mères porteuses, la fécondation postménopause, la location d'utérus, la congélation d'embryons et autres révolutions scientifiques assimilées au délire de notre société postmoderne, rien n'arrête la doxa populaire. Sur chacun de ces sujets, les délires vont bon train et la plupart du temps trahissent l'inconscient des porteurs de jugement. Car l'enjeu de ces affaires renvoie tout aussi bien au triangle œdipien de chacun, à son rapport personnel avec l'amour, la sexualité, la mort, à sa façon d'entretenir des relations solaires ou nocturnes avec l'autre sexe – ou avec le sien –, à l'imago de son propre corps, à l'état dans lequel tel ou tel se trouve avec sa chair, sa peau, ses viscères – son identité, sa vie. La peur du clonage révèle le nihilisme de la chair de son contempteur.

Car qu'y a-t-il à craindre ? Qu'est-il légitime d'espérer ? Que risque-t-on de voir ? Et de ne jamais voir ? Le clonage passe pour la duplication parfaite du caractère, du tempérament, de l'être intime de chacun ; il suppose également, aux yeux des peureux, la reproduction pure et simple d'un physique, d'une allure, d'une pigmentation, d'une couleur d'yeux ou de cheveux ; il laisse croire à ceux-là la possibilité d'une copie conforme sur le principe de Sosie, le Double quintessencié dans la comédie de Plaute ; il pose l'hypothèse d'une translation point par point du Même dans l'Autre, niant la Différence qui existe jusques et y compris au sein de la Répétition – sur cette question, abandonner le journal et lire Deleuze !

Cette série de croyances excite et répugne : les uns au narcissisme suffisamment puissant pour qu'ils envisagent avec une réelle jubilation l'apparition d'un autre eux-même utile pour rejouer le baiser de Narcisse ; les autres, trop travaillés par la haine de soi, supportent difficilement l'idée de composer avec la copie conforme de ce qui leur donne déjà tant de mal au quotidien. Or les deux se trompent : il n'existe aucune probabilité que ce qui est une fois dans une forme arrêtée le soit une seconde dans des formes identiques. L'héritage d'un patrimoine génétique semblable ne suffit pas à créer une identité conforme. Le tout génétique est une fiction qui nie l'interaction, le milieu, les influences, le monde, les autres qui nous structurent et nous construisent essentiellement.

Car l'intérieur génétique n'existe pas sans interaction avec l'extérieur mondain. Que seraient des chromosomes dépourvus de relation avec le réel sinon un musée momifié, une bibliothèque de livres écrits sous pulsion glossolalique ? D'ailleurs le capital génétique se trouve modifié par les influences, les comportements, les habitudes, les pratiques sexuelles, alimentaires, les pharmacies ingérées, il évolue en fonction des absences ou des présences virales, il subit la loi d'un pliage existentiel et ne flotte pas tels les dieux antiques, hors du monde, insensible à ce qui advient sur le principe environnemental.

Les gènes ne doivent pas servir de supports à une nouvelle religion qui les transforme en messagers du divin dans l'infiniment petit, vecteurs d'un dessein impénétrable par lequel tout serait écrit, réduisant la liberté à rien. La génétique ouvre des potentialités extraordinaires, mais pas au-delà de l'existentiel envisageable : un être procède de son capital génétique, certes, le nier conduit à des erreurs d'appréciation intellectuellement mortelles, mais il dépend aussi de son enfance, de ses parents, de son époque, de son éducation, de son milieu, du don des tiers, mais aussi des manques, des blessures et des joies, d'une histoire qui implique hommes et femmes, pères, mères, frères, sœurs, des amis, des amants, des maîtresses, etc... Refuser cette évidence procède du même ridicule que de croire au tout génétique.

Les temps ne sont plus où la droite optait pour le gène et la gauche pour le milieu, chacun justifiant idéologiquement ses sottises aux yeux des siens. Voir la sinistre affaire Lyssenko ! D'un côté, les gènes de l'alcoolisme, de la violence, de la brutalité, du crime, de l'illettrisme, de la fécondité – étonnamment d'ailleurs ils se repèrent dans les classes laborieuses, ce qui autorise l'équivalence avec les classes dangereuses puis justifie une indifférence à l'endroit des pauvres, des accidentés de la société, des victimes du système capitaliste ; de l'autre, les écoles, les casernes, les éducateurs, les maîtres de vérité, les auxiliaires du milieu avec lesquels ils ne manqueraient pas de fabriquer des génies, des héros et des saints – il suffisait de leur donner le pouvoir... Ces temps sont révolus ; tant mieux.

Car ces fictions reposent sur la méconnaissance des principes élémentaires de la génétique. Même modestement informé des lois de Mendel et connaisseur *a minima* des histoires de petits pois lisses ou striés qui réjouissent les lycéens, on connaît les logiques du récessif et du dominant – même en ignorant le détail des transmissions directes ou indirectes d'un caractère... Ce savoir de base suffit pour éviter de proférer des sottises. Le capital culturel scientifique d'Adolf Hitler, sur ce sujet comme sur d'autres, n'excédait pas celui d'un enfant de classe primaire. L'accouplement de deux blonds aux yeux bleus peut tout aussi bien produire un petit brun aux cheveux crépus qu'un aryen de magazine puisqu'il n'existe aucune race pure, que celle-ci relève du fantasme – ce que n'a cessé de dire Gobineau, injustement exploité sur ces questions – et que dans un arbre généalogique personnel, en cherchant bien, on finit par retrouver peu ou prou tous les peuples...

De Platon aux programmes eugéniques du national-socialisme, la méconnaissance de la génétique sert de prétexte aux pires exactions. Aujourd'hui, accorder au gène les mêmes pleins pouvoirs que ces amateurs laisse pantois ! Car la génétique peut des choses considérables, formidables, certes, mais sûrement pas réaliser des couper-coller, des copiages, des duplications fidèles, puis une uniformisation généralisée de l'humanité. La peur d'obtenir un être identique à sa souche après clonage ne s'appuie sur rien : deux êtres disposent d'un capital génétique semblable. Et après ?

Car dans l'hypothèse d'un être cloné dans sa totalité – le fantasme populaire confond d'ailleurs clonage thérapeutique de cellules et clonage intégral d'une individualité –, qu'obtient-on ? Un être génétique semblable à celui qui sert au prélèvement de l'ADN, mais accusant l'âge du donneur au moment où l'opération a lieu. Posons quarante-quatre ans – l'hypothèse m'intéresse... : le clone dans le berceau est Même par le capital génétique mais Autre en regard de la forme donnée à l'être par le temps. Quarante-quatre ans plus tard, au moment d'une nouvelle comparaison, la souche souffle ses quatre-vingt-huit bougies... Difficile de mesurer, comparer et constater une semblance : les dissemblances prendront le dessus.

Certes le visage, le corps, l'allure, la silhouette, la couleur des yeux, des cheveux et de la peau seront les mêmes, la propension à la maigreur ou à l'obésité aussi, la taille également, mais au-delà ? Les neuf mois de grossesse, la naissance, les premières années, les parents – eux aussi lestés de presque un demi-siècle en plus ! –, l'éducation, l'époque auront fabriqué un autre être. La Répétition génétique débouche inéluctablement sur la Différence existentielle. Car l'interaction avec le monde, les autres, la vie, l'époque réalise plus sûrement le devenir de l'être que la prédisposition à une maladie, la tendance à l'hypercholestérolémie ou l'existence d'yeux vairons...

Avec quarante-quatre ans d'écart, le frère s'avère un faux frère, le vrai jumeau un hétérozygote et la réplique théoriquement parfaite un double réellement imparfaite. La nature enseigne d'ailleurs ce genre de leçons avec les jumeaux homozygotes qui, pourtant, évoluent dans un temps et des durées semblables : les éducations séparées démontrent qu'au final une même génétique débouche sur des destins dissemblables. Quelques parentés forcent l'étonnement – des goûts et dégoûts – mais le noyau dur de l'être découle malgré tout de l'intersubjectivité et de l'interaction. L'éthologie et la psychanalyse le confirment : les autres nous construisent – et parfois nous détruisent – plus que les gènes auteurs de ce qu'ils peuvent, mais pas plus...

La crainte du clonage procède donc d'une méconnaissance de ses réelles conséquences. La peur d'un totalitarisme s'emparant d'une nation tout entière travaillant en secret dans des laboratoires souterrains à la reproduction d'une armée d'imbéciles, de soldats décérébrés – doit-on craindre le pléonasme ? –, d'esclaves taillables et corvéables à merci relève de la fiction. Le délire platonicien de la société hiérarchisée en castes – le pouvoir, la force, la production – a cessé d'inspirer les dictateurs qui disposent d'autres moyens pour réaliser des clonages bien plus efficaces : la société marchande, sa propagande médiatique, ses instillations perpétuelles de modèles rendus désirables clonent bien plus sûrement que n'importe quel laboratoire clandestin.

Et puis la technique du clonage envisage un autre objectif que la totalité d'un être. Plus quotidiennement, et moins dans le registre du fantasmatique, cette pratique concerne plus souvent des cellules que le chercheur destine à des fins thérapeutiques. Autant le clonage d'un individu dans sa totalité ne pose pas les problèmes qu'on croit, mais d'autres – notamment sur le bien-fondé ontologique des raisons d'une pareille décision –, autant le clonage thérapeutique ne peut soulever d'indignation : solliciter le matériel génétique d'une cellule souche afin qu'elle reproduise un composant moléculaire, un tissu, un organe à même d'être réinjecté, réimplanté ou reconfiguré dans le corps d'un homme ne devrait pas générer de réprobations. Sauf au Vatican...

14

L'ARTIFICE

La transgenèse crée un temps nouveau : l'homme faustien vit dans des durées artificielles, nouvelles et absolument inédites. La flèche classique du temps, la constance de la durée, son évolution lisse laissent place à une ligne en pointillé, à des durées séparées par des syncopes momentanées, puis à un temps strié par les griffes du vouloir humain. L'image mobile de l'éternité immobile en prend un coup, notamment parce que ladite mobilité subit l'empire de décisions techniques et technologiques : la cryogénisation du sperme, des ovules ou des embryons installe de fait les objcts biologiques dans une géographie intellectuelle jusqu'alors inexistante : dans le temps et hors du temps, inscrit dans la durée comptabilisée des hommes, certes, mais échappant à ses affres, ses effets et ses conséquences. Mortel et immortel, dans l'entre-deux...

Les matières congelées ponctuellement affranchies du temps s'éternisent dans un espace ontologique neuf : quid, en effet, de cette manière d'être dans l'azote liquide ? Qu'est-ce qu'une substance artificiellement soumise à des accélérations temporelles et des ralentissements, des oublis existentiels puis des sollicitations ? Que penser de cette vie où alternent les durées géologiques aveugles et les temps humains comptés ? Qu'en est-il de l'être suspendu en dehors du temps puis incarné dans les oscillations, vibrations et rythmes de la planète ? L'objet déroute, il met à mal les formes *a priori* de la sensibilité kantienne : le temps se pulvérise et l'être se minéralise : il ignore désormais le temps naturel pour évoluer dans celui de l'artifice.

Par ailleurs ce problème ontologique – quel statut pour ce nouvel objet ? – devient vite politique au sens large, voire éthique : car si la vie arrêtée expérimente paradoxalement sa suspension temporelle dans un temps social au profit d'un temps inédit, les acteurs de cet objet existent bel et bien dans le temps classique. Le donneur de sperme, la propriétaire de l'ovule, le couple à l'origine de l'embryon subissent les affres du vieillissement habituel pendant que leur créature attend son heure, comptabilise en aveugle les immobilités et prend du retard, du moins accuse un décalage de plus en plus manifeste avec ses souches. La matière cryogénisée procède de l'éternité quand ses géniteurs évoluent dans la durée banale : hors du temps dans le temps...

Quand l'écart se creuse, les problèmes métaphysiques prennent également de l'ampleur : un jeune couple peut congeler un embryon, il a l'âge de sa conception ; un demi-siècle plus tard, il a le même âge et il n'a pas d'âge, alors que les parents ont blanchi sous le harnais ; deux siècles plus tard, une fois les anciens jeunes devenus de vieux squelettes, l'embryon attend toujours son heure, et sa distance avec le moment de sa création se mesure en stupéfactions inconnues : à qui appartient-il ? Qu'est-il substantiellement ? Que peut-on en faire ? Sujet de droit, objet de litige ?

L'hystérie des uns et des autres, individus aussi bien que couples, permet d'envisager les hypothèses les plus farfelues : une insémination avec le sperme d'un mort; avec la semence d'un grand-père ou arrière-grand-père, frère, fils ou autre membre de la parentèle; un inceste génétique; sans compter les folies pensables du genre fécondation d'une vierge qui accoucherait tout en ayant préservé sa virginité, bien qu'engrossée par les spermatozoïdes de son père; implantation d'un embryon dans le ventre d'une belle-fille sommée de donner une descendance à sa belle-famille avec le patrimoine nucléique d'un fils mort, et autres formules qui donnent le tournis...

Le principe qui permet de raison garder réside dans l'enfant et le droit de l'enfant à naître d'un père et d'une mère qui ne soient pas délinquants relationnels, mineurs affectifs, clients potentiels d'asiles psychiatriques ou égotistes pathologiques exigeant de la science la réalisation de leurs fantasmes névrotiques : car aucune bonne raison ne justifie la pratique d'incestes génétiques. Que les morts ne soient pas sollicités pour donner la vie au-delà de leur cercueil; que les pères n'engrossent pas les filles; que les mères ne portent pas les progénitures de leurs fils; que les grands-parents n'assurent pas directement la descendance de leurs petits-enfants; et qu'en matière de procréations médicalement assistées soient respectées les logiques culturelles ancestrales de l'exogamie sans lesquelles disparaît l'ordre social et symbolique nécessaires à la constitution de l'identité. Sinon, la jungle menace...

Le temps libre et ouvert de l'embryon cryogénisé ne saurait excéder le temps contraint de mesures sociales définissant la possibilité d'une liaison réelle et non virtuelle avec les géniteurs. Au-delà de l'existence physique du donneur, les paillettes de sperme doivent disparaître; au-delà de la donneuse d'ovules, les gamètes doivent être détruites ; au-delà de l'existence affective et biologique d'un couple, les embryons doivent cesser d'exister : ces matériaux biologiques trouvent leur légitimité comme prolongements de chacun des producteurs mais de leur vivant : lorsque l'un des deux meurt, l'extension potentielle n'a plus aucune raison d'exister. La destruction s'impose.

L'artificialisation du temps se double d'une artificialisation de l'espace : la grossesse peut désormais s'envisager ailleurs que dans le corps de la mère, en l'occurrence dans l'utérus d'une porteuse. La dissociation du temps de la conception et du temps de l'avènement dispose de son pendant avec la dissociation du lieu de provenance des matériaux biologiques et du lieu de gestation de l'enfant. Quand les deux potentialités sont combinées, le zygote originaire d'un temps antédiluvien peut être implanté dans un ventre par-delà les décennies – voire les siècles – dans une chair porteuse possiblement différente de la chair affective de la mère.

La dissociation de la grossesse et de la maternité crée de nouveaux cas de figure : porter la progéniture d'une autre ; attendre un enfant sans être gravide ; être mère tout en étant vierge, en n'ayant jamais accouché ou en n'ayant jamais été enceinte ; voire porter neuf mois une chair que ne précède aucune sexualité ; donner naissance à un être dont le père est mort des années en amont ; etc... Ces hypothèses, toutes réalistes, ne procèdent d'aucune fiction ! A l'évidence, quand la situation traduit les mêmes dérèglements psychiques et affectifs que dans les autres cas de procréation médicalement assistée, lorsqu'elle suppose également une transaction financière, elle est absolument condamnable. Car il faut éviter le brouillage endogamique et empêcher le parasitage marchand.

La conjuration du temps peut également s'envisager d'une autre manière : ainsi quand une femme ménopausée accède à la maternité. La nature permet la paternité des hommes jusqu'à une date très avancée de leur existence. Rien n'interdit physiologiquement à des octogénaires ou nonagénaires de devenir pères de famille ; en revanche, les femmes sont assignées à leur destin naturel car, leur capital d'ovulations épuisé, elles ne peuvent plus envisager ce qui reste possible aux mâles. De plus, et pour ajouter à l'inégalité non plus entre les hommes et les femmes, mais entre les femmes elles-mêmes, la cessation des cycles féminins relève du plus pur arbitraire : telle ne peut plus concevoir quand une autre dispose d'un temps de fécondité d'une dizaine d'années supplémentaires.

Par ailleurs, la monogamie et l'obéissance aux lois de la nature convenaient à une époque d'espérance de vie beaucoup plus courte : une existence de fidélité avec la même personne semblait alors matériellement envisageable. L'augmentation des durées de vie, la libéralisation des mœurs, la facilité des divorces, la simplification des décompositions et recompositions familiales, la possibilité de vies multiples dans le cadre d'une seule existence libèrent des possibilités nouvelles pour celles et ceux qui décident de paternités ou maternités tardives.

L'artificialisation des naissances permet la procréation médicalement assistée pour les femmes ménopausées et supprime ainsi une injustice naturelle flagrante. Comment s'opposer à cette possibilité technique ? Sinon en réactivant les vieux schémas sexistes qui légitiment la longue puissance du mâle et la brièveté des fécondités femelles au nom de la nature qui fait bien les choses et jamais sans bonnes raisons ! Voire en convoquant les voies du Seigneur qui, comme chacun sait, sont impénétrables...

Autre schéma sexiste : le vieux père plus présentable, plus socialement acceptable que la vieille mère. La toute-puissance masculine incarnée dans la procréation par-delà toute limite de péremption et la fragilité féminine visible dans le temps compté... L'enfant vivant plus douloureusement sans mère que sans père ; la disparition plus légitime de l'homme que de la femme ; et autres fariboles construites sur la fiction de la femme naturelle, soumise aux cycles, aux rythmes, aux lois mystérieuses et magiques du cosmos, douée pour la sensibilité, l'émotion, l'intuition, ce qui laisse le champ libre aux hommes pour la maîtrise, le rapport direct avec la culture, l'usage de la raison, de la puissance, du pouvoir sur les choses, les gens et le monde !

La femme au foyer pendant que l'homme chasse ; la sédentaire à laquelle reviennent de fait les tâches domestiques toujours à recommencer et le nomade, structurellement constitué pour aller et venir... L'égalité ontologique et métaphysique se trouve instaurée par les PMA à destination des femmes ménopausées, malgré leur âge, pourvu que – là encore... – le désir d'enfant procède d'une situation amoureuse et non d'une tentative de résolution de problèmes névrotiques anciens. Car la possibilité existentielle et affective de concevoir des enfants pose un réel problème de légitimité – au contraire de la capacité physiologique...

Pour cette même raison, l'artificialisation des naissances doit pouvoir permettre aux homosexuels d'accéder à l'enfant si tel est leur désir. On peut aspirer à autre chose dans la vie que se marier ou procréer – homosexuels ou ménopausées... –, mais rien ne peut légitimement interdire aux personnes qui aspirent à ces idéaux sociaux de pouvoir réaliser leur souhait. La biologie, la physiologie et le déterminisme hétérosexuel ne comptent pour rien dans ce projet que fonde la capacité à donner de l'affection, de la tendresse et toute nourriture affective utile pour l'existence, l'épanouissement et la joyeuse construction de soi d'un individu. Dans une forme de coexistence à réinventer l'enfant vit, croît, progresse grâce aux signes d'amour, indépendamment de leurs provenances sexuées. Il meurt seulement d'en manquer, pas d'en recevoir d'individus du même sexe.

Car se gargariser théoriquement des Droits de l'homme et du citoyen ne suffit pas si l'on ne réalise pas concrètement l'idéal auquel on sacrifie : indépendamment des couleurs, des races, des sexes, des opinions, des religions et de tous autres signes distinctifs, notre époque prétend défendre l'égalité devant le droit et la loi. Comment pourrait-on dès lors prendre en considération les pratiques sexuelles entre adultes consentants pour activer une discrimination et ne pas accorder aux homosexuels les droits des hétérosexuels ? Notamment en ce qui concerne l'accès aux techniques transgéniques. Sur quels critères refuser à des couples de sexe identique ce que l'on autorise à leurs homologues de sexe opposé ? Sinon sur un paralogisme qui débouche sur une injustice et une iniquité de fait.

Mêmes droits, mêmes devoirs. Donc droit d'adopter, certes, mais aussi d'envisager selon la formule de leur choix, un recours à la procréation médicalement assistée pour obtenir un enfant procédant de leur désir et de leur chair. Le modèle familial hétérosexuel dominant et l'ombre portée par le triangle œdipien fournissent un modèle auquel on peut en préférer un autre : une configuration inédite, un couple homosexuel, un agencement en tiers ou quarte, deux couples, un couple augmenté d'un tiers ou n'importe quelle autre figure, pourvu qu'elle soit affectivement susceptible de fournir les conditions d'un épanouissement identitaire.

Bien souvent aidée par la psychanalyse transformée en justification de la cellule tribale nucléaire classique, la police familialiste met en avant le vieux schéma sexiste du mâle détenteur de la Loi, générateur de l'Ordre, dépositaire de l'Autorité, porteur des Interdits nécessaires à la production d'un surmoi correctement structuré. De même elle renvoie la femelle du côté de l'Affectif, du Sentiment, de la Douceur, de la Tendresse et autres colifichets traditionnellement associés aux femmes. Une censure bien faite, un inconscient limpide et voilà la recette d'un équilibre psychique réussi ! – il suffit de regarder autour de soi ! Un homme, une femme, un enfant et voilà la belle histoire à reproduire pour perpétrer l'ordre social...

Rien n'est moins juste, vrai et pertinent que d'imaginer cette formule comme la seule à même de garantir la qualité psychique d'un être... Freud lui-même, à une mère qui s'inquiétait des moyens à mettre en œuvre pour réussir une éducation, répondit en substance que quoi qu'elle fasse, de toute façon ce serait mauvais... Soyons donc freudien, du moins en concluant à l'inexistence d'une bonne formule cristallisée et socialement définitive. Car aucun agencement type ne permet d'obtenir les meilleurs résultats, sinon celui dans lequel circulent l'amour, la prévenance, la délicatesse, le souci, la douceur et l'intelligence affective.

15

LA FILIATION

La révolution médicale en cours s'appuie sur une série de fragmentations de ce qui depuis des millénaires fonctionnait sous une même rubrique : le mâle, la femelle, l'acte sexuel, la procréation, l'hétérosexualité, la famille. Ces dissociations signent notre modernité technologique : entre sexualité et procréation, vivant et humain, fécondation et gestation, temps du géniteur et temps du généré, entre grossesse et maternité, spermatogenèse et paternité, etc... Les points de repère anciens n'existent plus. Le vide laissé par l'épistémé perdue appelle des valeurs alternatives pour comprendre le présent et saisir intellectuellement les enjeux. La technoscience ne produit pas le nihilisme, l'inverse non plus, mais de fait, historiquement les deux coïncident – ce qui définit les périodes transitoires dans les civilisations.

De sorte que l'identité n'a jamais été aussi fragile, précaire et difficile à circonscrire. Celle de l'individu, certes, mais aussi celle de notre société. Bien que toujours d'actualité, les questions de la *Critique de la raison pure* méritent une nouvelle appréhension et appellent des réponses nouvelles : que puis-je savoir ? Que dois-je faire ? Que m'est-il permis d'espérer ? A quoi la

Logique ajoute : qu'est-ce que l'homme ? Autant d'urgences à reconstituer une nouvelle métaphysique – athée et immanente –, une nouvelle morale – utilitariste et hédoniste –, une nouvelle philosophie de l'histoire – pragmatique et libertaire – capables de prendre en charge les vieilles questions du salut anciennement traitées par la religion. L'ensemble dessine les contours d'une nouvelle anthropologie – technophile et vitaliste – à même d'affiner la définition de l'homme faustien.

Toute identité renvoie prioritairement à la question de la filiation : de qui et de quoi procède-t-on ? Quels géniteurs ? L'arraisonnement de soi ne peut s'envisager que dans un terreau connu, identifiable, visible. Pas d'arbre généalogique sans racines existentielles. Les enfants abandonnés, pupilles et autres destins gouvernés par feu l'Assistance publique savent leur vie écrite sur un gouffre tant que la question de leur parentèle demeure une réponse. Jadis l'orphelinat dans lequel entrait un individu déchiré valait le franchissement des portes de l'enfer ; aujourd'hui, il en va d'un orphelinat virtuel pour les êtres issus d'un sperme inconnu, d'un ovule anonyme, d'un ventre mercenaire, d'une opération médicale artificialisée. L'innommé passe souvent pour de l'innommable.

Qui est mon père ? celui qui donne les gamètes, ou l'affection ? Et ma mère ? celle dont je tiens la couleur d'yeux, la propension au cholestérol, ou celle qui m'a tenu sur ses genoux et appris à lire ? Où est ma famille ? du côté des fournisseurs de matériel biologique et de patrimoine génétique, ou bien là où sont donnés les baisers, les caresses, partagés les fous rires et échangés les mots essentiels ? Ai-je des droits sur mon géniteur s'il est seulement un numéro dans une banque de sperme ? Puis-je savoir quel type d'opération médicale a présidé à mon avènement sur la planète ? Si j'ai été conçu après la mort de mon père, faut-il que je le sache ? Si mon père était impuissant ? Et ma mère atteinte de vaginisme ? S'il existe sur la terre, alors que je le découvre des années plus tard, une femme qui m'a porté pendant neuf mois, qui est-elle pour moi ? une mère, une autre mère, une autre que la mère, une demi-mère ? Idem pour celui qui, après masturbation dans une chambre d'hôpital, a laissé dans un tube à essais un sperme dans lequel on a puisé ce avec quoi je suis devenu ce que je suis...

Tant mieux pour la résolution du problème quand coïncident les deux dons : la chair et l'amour, le sang et la tendresse, la biologie et l'affection. Mais quand la vie a conduit à techniciser la filiation ? Comment faire pour que la réponse culturelle à un problème naturel – impuissance, infécondité, pathologie héréditaire, physiologies incompatibles, malformations organiques, etc... – n'entraîne pas plus de problèmes éthiques et psychologiques qu'en cas de fécondation classique ? Pour quelles raisons les parents ayant connu des difficultés à faire ce que la nature permet si facilement chez d'autres devraient transmettre leur malédiction existentielle à leur descendance ? Y aurait-il une fatalité à hériter des malchances ? une obligation, à la manière du péché originel, à léguer, comme on contamine ou propage, une négativité qui affecte douloureusement ? Car le recours à la technoscience procède de souffrances et non de convenances d'agrément.

Pour quelles raisons concevrait-on un enfant dans l'atmosphère aseptisée des salles de clinique, entre spéculum et haricots d'acier, seringues et perfusions, poches de sang et gants de caoutchouc, avec la présence de professionnels en blouse blanche, ce qu'on pourrait accomplir avec la joie que l'on sait dans l'intimité d'une alcôve chez soi ? Qui peut croire que les procréations médicalement assistées sont des parties de plaisir ? Qu'on peut s'y soumettre – administrativement, psychologiquement et physiquement – pour de pures et simples raisons de confort et de caprice ? Sinon les imbéciles qui condamnent *a priori* et veulent rester sourds à la souffrance qui conduit ces hommes et ces femmes dans les salles d'attente de ces médecins-magiciens.

Le pire advient parfois lorsque se mélangent des règlements de comptes, des haines et des revanches affectives dans les familles. Le projet parental coïncide théoriquement avec un désir d'enfant qui lui-même suppose une ambiance, un entourage, un climat accueillant, bienveillant et positif. Évidemment, le temps passant, les histoires d'amour cessent de générer les anesthésies grâce auxquelles elles voient le jour, existent et durent. Des années plus tard, on aborde parfois autrement l'ancien projet parental qui avait nécessité un passage par les hôpitaux. Entropie des histoires d'amour, retour du refoulé et autres mécaniques humaines peu reluisantes...

Alors l'enfant veut retrouver son géniteur depuis des années père de famille de son côté (il doit l'être pour pouvoir donner son sperme). Il inflige alors son existence à des demi-frères ou sœurs, puis à une belle-mère ! La mère ou le père affectifs avouent la tare qui frappait l'autre, détesté depuis et livré en pâture à l'adolescent qui n'en peut mais. La jeune fille découvre ainsi ses neuf mois passés dans le ventre d'une femme autre que celle qu'elle croyait être sa mère. L'enfant apprend que son père ou sa mère génétiques disposent d'un héritage mobilier et immobilier bien supérieur à celui de sa famille d'accueil. Etc... A l'évidence, ces problèmes sont de pures et simples extensions du jeu classique et pluriséculaire des adultères, des tromperies conjugales, des amours ancillaires, des accidents contraceptifs, des sexualités mercenaires, des grossesses vécues comme des occasions de promotion sociale, des mariages utiles pour assurer des transferts de paternité – parfois à l'insu de l'heureux époux... ; rien donc de bien neuf sous le soleil dès lors qu'il s'agit du pire. Les formes changent, l'esprit demeure...

Qu'on ne fasse donc pas porter le chapeau de la délinquance relationnelle à la technoscience, à ses effets, aux monstruosités qu'elle générerait : la monstruosité réside dans la tête et le corps des hommes et des femmes qui, égocentrés, égoïstes, immoraux, amoraux, incapables d'intégrer l'autre – fût-il leur enfant – dans une intersubjectivité éthique prennent le tiers en otage puis créent dans cette situation des traumatismes définitifs. Les divans de psychanalyste, les consultations de gynécologie, de sexologie, de psychiatrie, d'orthophonie, de pédiatric, et de tant de médecins généralistes, mais aussi les cellules de condamnés pour mœurs, sinon pour crimes regorgent de personnes détruites par l'impéritie humaine de parents – nullement par la faute de la science postmoderne.

Structurer une identité a sans cesse posé problème. Ce travail de construction de soi souffre des tares de toujours mais aussi de celles de l'époque. Éternel retour du pire, il faudra compter jusqu'à la fin des temps sur le travail de tissage des forces détestables : la bêtise, la méchanceté, la perversité, la brutalité, la sottise, la haine conduiront toujours une partie du monde ; éternel retour du meilleur : des forces persistent aussi contre le négatif et elles autorisent un combat duquel le meilleur peut sortir vainqueur du pire. Le salut passe par l'efficace complémentarité des thérapies de l'âme et des médecines du corps.

Ces puissances actives supposent la psychanalyse et l'éthologie, deux disciplines sublimes – malgré le dévoiement parfois imputable à tels psychanalystes et éthologues ! Attentifs aux microsignes, aux gestes infinitésimaux, aux longueurs et aux qualités de silence, aux inflexions de voix, aux mots échangés, aux regards et à leurs significations, aux sens des manques de regards aussi, aux caresses, à leur fréquence ou à leur défaut, ils se soucient des *nourritures affectives* qui contribuent à la fabrication d'un être. Car la génétique agit peu en regard des constructions redevables à l'intersubjectivité. L'identité est moins affaire de patrimoine cellulaire que d'inscription dans l'inconscient – nommons ainsi ce qui jusqu'à aujourd'hui résiste à la raison... –, de millions d'informations données par le milieu. Dont les parents, c'est-à-dire ceux qui aiment.

Or que dit la psychanalyse – et avec elle l'éthologie ? Qu'on tue sans s'en apercevoir. Que nombre d'enfants sont assassinés, détruits, brisés, cassés tous les jours, puis transfigurés en cadavres vivants. Que leur vie durant ils traînent avec eux leurs carcasses douloureuses. Qu'ils paient, certes, mais passent aussi l'essentiel de leur temps à faire payer. Qu'on les contraint à abriter en eux une pulsion de mort, une haine de soi monstrueuse, monumentale. Qu'on les torture, jour après jour. Qu'on les défait au lieu de les faire. Qu'on les maltraite, les néglige, les oublie, les méprise. Que les enfants sont toujours les plus démunis parmi les démunis. Et que ces tueurs, à leur corps défendant la plupart du temps, ignorants et niais, ce sont les parents.

Ceux qui n'ont pas opté pour une métaphysique de la stérilité ; ceux qui croient en leur capacité à réussir ce que personne n'est jamais parvenu à mener à bien – les mêmes qui s'illusionnent sur leur pouvoir à sublimer un couple dans une forme qui collectionne des siècles d'impasses, d'échecs et de catastrophes ; ceux qui se lancent à corps perdu dans la fabrication d'un être quand le leur n'existe même pas ; ceux qui veulent donner ce qu'ils n'ont pas et n'acquerront jamais ; ceux qui considèrent la conception comme une évidence, une formalité initiatique du monde adulte ; ceux qui demandent à leurs enfants de réussir la vie qu'ils ont ratée ; ceux qui transforment la chair de leur chair en viande de bouc émissaire ; ceux qui tuent le sourire aux lèvres : ceux-là devraient savoir ce qu'il en coûte du moindre geste, du moindre mot, du moindre silence à l'endroit d'un être à qui bien trop souvent on inflige la peine de vie comme d'autres la peine de mort.

Que faire – tout de même ? Dépasser le kantisme... Plus précisément, mettre en place non pas une éthique de l'idée pure mais une morale de l'efficacité pratique : moins de purisme idéaliste, plus de pragmatisme hédoniste. En finir avec l'intégrisme conceptuel pour réaliser l'avènement d'un utilitarisme eudémoniste. Pour ce faire, on évitera d'envisager l'éthique de manière négative et paulinienne – ne pas faire à autrui ce que l'on ne voudrait pas qu'il nous fasse –, mais on l'appréhendera positivement : faire à autrui ce qu'on voudrait qu'il nous fasse. Donc – je me répète... : prévenance, douceur, délicatesse, tendresse, affection et tout ce qui permet l'évitement des douleurs puis la réalisation des plaisirs. Le principe hédoniste de base, son impératif catégorique...

De sorte qu'on évitera tout ce qui peut engendrer une douleur : comment dans ce cas croire au pouvoir innocent de vérités blessantes, douloureuses ou mortelles ? Kant oblige à la véracité sous prétexte que le mensonge disqualifie la source du droit, quelles que soient les conséquences, dussent-elles induire des souffrances : mon enfant me demande si j'en suis le père, ça n'est pas le cas parce que je souffre de stérilité, je lui dis, ainsi la source du vrai ne s'en trouve pas polluée, merci, mais mon fils se trouve dès lors ontologiquement blessé pour le restant de son existence. Avec le vrai, j'ai tué, j'ai créé une inquiétude impossible à effacer puis engagé une série de comportements, de pensées, de réactions qui déboucheront sur de la délinquance affective, relationnelle, intersubjective. D'où le mot célèbre de Péguy vantant les mains pures de la morale kantienne – qui n'a pas de mains...

Dépasser le kantisme peut se faire à l'aide d'Alain qui, plus justement, plus humainement, définit le mensonge comme le fait de cacher une vérité à qui on la doit. Kant affirme qu'on la doit absolument, sans condition, en toutes circonstances, Alain non. Sur les questions induites par les technosciences, s'il en va de la santé mentale d'un être, le mensonge qui épargne est préférable à la vérité qui détruit. D'où une culture de la discrétion, du secret : ne pas dire vaut mieux que proférer le faux ; taire semble souhaitable dans tous les cas de figure. Ce qui contribue à la construction d'une identité solide, durable, radieuse, solaire doit être préféré, y compris la vérité cachée, à ce qui détruit, empêche la construction de soi. L'alcôve des parents, leur intimité, leurs problèmes, leurs histoires, leurs sexualités n'appartiennent pas à leurs enfants. La transgenèse, la procréation médicalement assistée, l'artificialisation des naissances ne sont pas en cause, mais la capacité des êtres – parents et enfants – à se parler, à vivre ensemble, à fabriquer de la vie et non de la mort.

Une identité se construit toujours mieux avec un mensonge bien assumé qu'avec une vérité mal vécue. La généalogie de chacun doit rester dans la pénombre pourvu que triomphent les énergies avec lesquelles on construit du bonheur. Vérité et mensonge, quand on ne les examine pas en philosophe qui disserte sur des concepts mais en penseur soucieux du monde réel, doivent s'envisager en relation avec les intentions qui président à leurs utilisations. Si l'on ment pour trahir, tromper, blesser, faire souffrir, si le mensonge devient un auxiliaire de la pulsion de mort, du mépris, il est détestable ; s'il préserve quelqu'un d'une information qui précipiterait sa vie dans la souffrance, s'il épargne la peine dont on ne se remet pas et avec laquelle on fabrique des pathologies mentales, alors chérissons-le comme l'un des rares moyens de ne pas transformer le monde en champs de batailles ontologiques, métaphysiques et existentiels.

La bienveillance et la tendresse structurent mieux une identité que les vérités douloureuses. Les vérités biologiques passent après les vérités affectives, les seules qui comptent dans un univers où tout part à vau-l'eau. L'enfant n'a rien demandé, ni l'existence, ni les parents dont il procède ; il a donc des droits, en l'occurrence tous ceux qui lui assurent une capacité à son développement matériel, physique, psychique et affectif digne de ce nom. Démuni, condamné à être, jeté dans la vie comme un être pour la mort, il peut légitimement être préservé du mal par des devoirs obligeant les adultes qui l'ont voulu. Chacun est seulement la chair qu'il est, mais en elle, traversée par la vie, zébrée par l'énergie, secouée par des forces existe une puissance qu'un rien peut placer sous le signe de la pulsion de mort. Loin de toute responsabilité de la science sur ces questions, il en va purement et simplement de l'humanité des hommes et des femmes qui tâchent de faire au mieux avec leur propre existence – ce qui ne les dispense pas d'en faire autant, sinon plus, pour celle de l'être qu'ils ont choisi d'extraire du néant sachant qu'il y retournerait de toute façon...

III

DÉCHRISTIANISER LA CHAIR : VIVRE

16

LA CHAIR

Le corps occidental contemporain procède du christianisme et pèse encore aujourd'hui de toutes les déterminations infligées par cette religion régressive et névrotique. La médecine, la chirurgie, la pharmacie travaillent sur un corps fictif, corps de papier, corps imaginaire, corps conçu en regard des chimères mentales d'une culture infusée par la pulsion de mort, la haine de la matière et le refus de l'immanence. Platon pénètre les couches populaires avec Paul de Tarse, cet hystérique contrefait, sous la forme d'une mythologie célébrant un crucifié dont on vénère les plaies, goûte les blessures, aime le sang, chérit la mort. A partir d''un cadavre couronné d'épines, au flanc percé, asphyxié sur une croix et couvert d'ecchymoses, on extrapole une chair qui devient la norme : il s'agit dès lors de désirer cet état et de vouloir au quotidien souffrir la Passion.

Platon ? Oui Platon, car le lignage qui conduit de l'Orient au Christ passe par Pythagore et Platon, ce parangon de l'idéal ascétique et de la schizophrénie montée en épingle. Le dualisme actif dans cette ligne de force dominante en Europe oppose en effet le corps et l'âme : un principe immatériel, incorruptible, sans naissance et sans mort, inaccessible au temps, parcelle, étincelle divine arrachée au ciel ; et un principe matériel, concerné par la génération et la corruption, abîmé par les années qui passent, signe de l'arraisonnement au sol, à la terre et aux plus viles pesanteurs. En opposant ces deux instances qui coexistent dans un même corps, on installe une coupure, une contradiction aux terribles conséquences.

L'humain campe désormais en face du divin telle une perpétuelle récrimination. L'idéal existe à l'époque bénie où, âge d'or, l'âme évolue dans un monde éthéré, intelligible, en compagnie des divinités, semblable aux forces célestes, éternelles, immortelles. La décadence survient avec l'incarnation, la chute dans la chair. Une faute, un péché, une erreur originent cette catastrophe. Depuis, vivre avec ce souvenir de la perfection dans une carcasse qui l'emprisonne au quotidien et la perce de mille dards – passions, pulsions, instincts, libido, etc... – équivaut à un réel chemin de croix.

Le dualisme platonicien évolue dans les sphères philosophiques. Il imprègne les discours théoriques. L'Académie et les autres écoles qui affinent cette conception enseignent cette folie qui passe à la vitesse supérieure avec le christianisme. Non pas tant celui des origines, polymorphe, contradictoire – Jésus a-t-il même véritablement existé ? –, tâtonnant, mais celui qui se cristallise dans l'Eglise, accouplée en de sinistres noces avec l'Empire romain épuisé et recouvrant ainsi une nouvelle santé avec la conversion de Constantin en 312. A partir de cette date, le *Phédon* produit des effets dans la plèbe... Nous provenons de cette vision du monde toujours active dans les psychés, même athées.

Quand ? Où ? Dans notre conception de la chair ; lorsque nous envisageons le problème de l'immatériel dans le corps ; quand nous questionnons la possibilité d'une personne potentielle dans le fœtus ; sur la question de la contraception, de l'avortement ; en présence des hypothèses du posthumain via la transgenèse ; dès que nous abordons la douleur en nous interrogeant sur son sens, son utilité ; au moment même où nous pensons les derniers temps d'une existence ; en regard du suicide ; en face de la mort ; en présence du cadavre – et de tant d'autres moments qui ressortissent à la bioéthique contemporaine.

Dans les rangs platonico-chrétiens – disons-le ainsi – on aime la mort. L'idéal de Platon ? Séparer l'âme et le corps. Un passage du *Phédon* (64 b) – sur tant de points préchrétien – précise qu'un philosophe authentique manifeste une réelle avidité de mourir. Ne dirait-on pas cinq siècles en amont un programme destiné à justifier la doctrine du Crucifié ? Comment concevoir une civilisation construite sur cette vénération morbide du néant ? Sinon en affirmant sa nature intrinsèquement nihiliste... Nous vivons depuis la conversion de Constantin sous le régime d'une culture haineuse de la vie.

Les Pères de l'Église – qu'on a tort de ne pas lire – fabriquent cette idéologie dans le détail. On ignore la plupart du temps les œuvres de Tertullien, Grégoire de Nazianze, Clément d'Alexandrie, Evagre le Pontique, on sait peut-être qu'Origène se sectionna les génitoires pour vivre les Évangiles de manière cohérente, sans succès probablement, mais on imagine mal que ces textes produisent des effets dans notre quotidien en matière de conception du corps. Pourtant, ce moment philosophique crée le socle sur lequel nous pensons, qu'on le veuille ou non. La genèse de l'*épistémé* occidentale se trouve dans ces déserts, sur ces routes où une poignée de névrosés diffuse sa haine du corps dans chacun des rouages de la mécanique occidentale.

Parmi les concepts utiles à la progression de cette maladie mentale devenue civilisation on trouve le *corps glorieux*. La possible ignorance de ce que recouvre cette expression ne doit pas masquer que cette fiction a empoisonné et empoisonne encore notre idée du corps et de la chair. Du quidam empêtré dans sa sexualité au chirurgien, le bistouri en main, en passant par la femme adultère travaillée par sa culpabilité ou la famille éplorée s'interrogeant sur la possibilité de démembrer sa progéniture en état de mort clinique dans le but de fournir des organes pour une greffe, l'ombre du corps glorieux menace.

Pas besoin d'avoir lu *La Cité de Dieu* d'Augustin où le mode d'emploi de cette fiction se déplie sur une quantité de chapitres ; pas utile de connaître les arcanes de la théologie catholique ou d'avoir suivi des études au Séminaire ; pas nécessaire d'avoir usé ses culottes sur les bancs de l'église aux leçons de catéchisme ou dans les bâtisses d'une institution catholique ; discrète, invisible, impossible à repérer nettement, l'idée infuse dans le dressage social et disciplinaire du corps : ce qu'on attend et exige de lui, ce qu'on lui demande procède de ce schéma à la manière d'un archétype écrit dans la chair comme par la machine kafkaïenne de *La Colonie pénitentiaire*.

Le corps glorieux est un anticorps. On nous demande de vivre notre chair concrète en regard de cette fiction qui nomme le corps après la résurrection. Des bouillonnements corporels, des illuminations charnelles, des excitations matérielles, faisons litière pour vouloir l'impassibilité, l'immatérialité, l'incorruptibilité du corps glorieux, cette *chair spirituelle* éteinte définitivement par un oxymore patrologique... Tout ce qui définit un corps réel se trouve inversé, mot à mot, pour constituer cette extravagance mentale devenue catastrophe effective pendant des siècles.

L'ange fournit le modèle, désirons donc l'angélisme, la sainteté, seules issues possibles pour l'usage de soi et la jouissance de son corps ! En dehors de cette aspiration céleste, point de salut. D'où : un corps sans poids, sans masse, incorruptible, jamais défait par la faim ou la soif, donc mangeant sans nécessité ; un corps jamais malade, ignorant la souffrance, la douleur, la maladie, la vieillesse, et autres variations sur le thème de l'entropie, donc débarrassé des médicaments ; un corps avec ses ongles et ses cheveux – important ! car ces matières passent chez Platon pour le comble du charnel ; un corps parfait, désormais plus jamais gros ou maigre, mais juste dans la mesure, comme il faut ; un corps qui conserve la trace des blessures et des membres amputés, mais restauré dans son intégrité ; un corps de correcte proportion quant à l'âge et la taille, ni trop jeune ni trop vieux, ni trop grand ni trop petit ; un corps sexué, certes, mâle ou femelle, mais sans libido, du moins sans libido au service de la concupiscence ou du désir humain, parce que désormais dirigée vers Dieu, plus besoin dès lors d'hymen ou d'enfantement ; un corps dont la beauté conduit à celle de la divinité, loin de l'ancien piège qui l'indexait sur la convoitise et le vice ; un corps charnel selon l'esprit ; autant dire, donc, un anticorps.

Avec ce tour de passe-passe, les chrétiens effacent la chair de la planète, ils la passent par pertes et profits. A l'évidence, on n'économise pas le corps. En attendant la mort, il nous reste la mortification... Soit faire comme si on n'avait pas de corps, l'ignorer, soit le maltraiter, lui destiner des turpitudes sur le principe masochiste. Pour qu'immanent il se rapproche du glorieux, les exercices du cilice effectif ou mental jouent un rôle cardinal. Être un ange oblige à diaboliser la chair dans laquelle nous croupissons. Les ailes ne poussent dans le dos, vraiment, qu'après la mort, si et seulement si l'on a transformé sa vie en calvaire pour la chair.

Et les cadavres brûlés ? Mangés par les bêtes fauves ? Réduits en poussière dans les déserts ? Lavés par le sable, le vent et la brûlure du soleil ? Et ceux qui auront été digérés, déféqués – décidément Augustin pense à tout... ? Moins ils sont dans la vie plus ils existent au-delà d'elle : évidemment, ceux-là ressusciteront, selon les principes indiqués ci-dessus : immatériels, de la consistance des nuages, réels comme des fictions, présents tels des fantômes... Car les textes ne souffrent aucune ambiguïté, la doctrine enseigne la résurrection de la chair – une ineptie qui déclenche le rire sur l'Acropole quand Paul de Tarse tâche de vendre son arrière-monde à des Grecs médusés par tant de sottise...

Ce corps immatériel, Augustin en fait l'enveloppe, mais aussi et surtout la matière, la réalité et la vérité de l'*homme parfait.* De cette extrapolation naît une image mentale, un archétype, un principe directeur, un schéma corporel intégré dans les consciences à force de dressage social – encore effectif de nos jours. L'Empire chrétien impose sa névrose – haine du corps, détestation de la chair, mépris de la vie, déconsidération de la sexualité, déni de matérialité du monde, etc... – en recourant à la force. Destruction de bibliothèques de médecine et de philosophie matérialiste ou empirique – les abdéritains, les épicuriens, Celse le médecin, d'autres désormais rayés de la carte intellectuelle planétaire –, persécutions d'écoles philosophiques hétérodoxes – Hypathie dépecée, brûlée et traînée dans les rues d'Alexandrie –, l'amour du prochain a des limites...

Dès cette époque fleurissent en Egypte et en Syrie des comportements sidérants où les chrétiens rivalisent d'ingéniosité dans les mauvais traitements infligés à leurs corps : Antoine s'installe dans un sépulcre et s'y mure pendant vingt ans, puis vit de pain et d'eau ; Pacôme vit debout pour lutter contre le sommeil, mélange de la cendre à sa nourriture afin de lui donner mauvais goût ; Aphou passe cinquante-quatre ans dans le désert à manger l'herbe rare qu'il y trouve ; Macaire demeure six mois, nu, dans un marais infesté de moustiques, dans le but d'expier un geste qui l'avait fait écraser l'un d'entre eux ; une autre fois, le même découvre un cadavre dans un tombeau, et s'en fait un oreiller ; Chénouti grimpe sur une brique, prie, sue et pleure, puis attend que le bloc de glaise fonde, dilué par ces liquides répandus, avant de trouver plus loin une nouvelle occasion de se haïr ; Marie l'Égyptienne survit dix-sept ans avec deux pains et demi ; Maron élit domicile fixe dans un tronc d'arbre aux parois garnies d'épines pour ne pouvoir bouger ni le corps ni la tête, contraint par un système de pierres qui l'entrave dans ce cercueil vertical ; Siméon, couvert de pourriture, ses plaies grouillantes de vers, stationne en haut d'une colonne de vingt-cinq mètres de haut, exposé aux intempéries pendant plus d'un demi-siècle ; etc., etc...

Comment imaginer que cette civilisation, effective depuis plus d'une quinzaine de siècles, puisse entretenir avec le corps une relation saine, débarrassée des scories de cette névrose paulinienne élargie aux dimensions d'un Empire, puis d'une grande partie de la planète ? Peut-on imaginer d'un côté cette passion pour l'automutilation, cette vénération du masochisme, cette religion thanatophilique et de l'autre un réel désir de soigner, guérir, conjurer le mal, la souffrance, la douleur, la négativité ? Quels héros pourraient agir pour la santé, la vie, la force physique, l'amour de soi dans un monde mental contrôlé et dirigé par des amateurs de maladie, de mort, de débilité corporelle, de haine de soi ? Dans cet univers de malades, le médecin, le chirurgien, le praticien passent pour des empêcheurs de jouir, de dangereux personnages.

17

LE CORPS

Tant que dure la chair chrétienne, le corps paraît impossible. Pourtant, la sortie contemporaine de l'impasse dans laquelle notre civilisation se trouve depuis presque deux millénaires oblige à considérer cette notion et à lui donner une acception nouvelle. La fin des grands discours, des récits mythologiques – dont la *Bible* – permet de jeter par-dessus bord Adam et Eve, puis toutes les figures attachées à cette fiction responsable de dégâts considérables. Pourvu qu'on fasse un sort semblable à la *Torah* et au *Coran*, une définition postmoderne du corps devient possible.

La déchristianisation de la chair oblige à la rematérialisation des corps. Cessons de le penser sur le mode dualiste, schizophrène. A l'évidence on peut parler de matière et d'esprit, de corps et d'âme même, si l'on prend soin de revendiquer une position sinon spinoziste, du moins matérialiste et moniste, en vertu de quoi ce couple de termes signifie seulement deux moments d'une même réalité, deux modifications d'une semblable substance. Le corps est matériel, l'âme aussi, l'esprit également, à la manière dont se distinguent sous la peau un cœur et un poumon, une tête et un tronc. Le corps séparé, coupé en deux, malade de cette scission a fait son temps et doit laisser place à une même et unique entité, complexe, subtile, certes, mais une.

Au corps glorieux chrétien, décharné, j'oppose le *corps nominaliste* athée et incarné. Que signifie nominaliste ici ? Qui suppose une matière, un temps, un lieu ; qui vaut de manière autonome et unique ; qui n'a pas besoin d'une réalité essentielle dont il découlerait pour être ; qui existe de manière individuelle, individuée ; qui suppose pour être la seule et unique immanence ; qui récuse l'immatérialité comme généalogie, et revendique au contraire l'atome, la particule, la molécule comme horizons indépassables ; qui subit la loi du monde de la même manière que les astres, les plantes, les planètes.

Certes le corps est même et autre. En tant que même, il ne définit pas un universel, une idée de la raison ou un archétype. Même, effectivement, chaque corps l'est dans sa ressemblance avec celui des autres : la leçon d'anatomie le démontre, indépendamment des individualités singulières et subjectives, il existe une objectivité des organes, des systèmes, des fonctions. Le cœur se trouve au même endroit, le poumon fonctionne de la même manière, la circulation sanguine obéit à un processus identique pour tous. Sans renvoyer aux races, aux couleurs, aux âges, aux religions, dans le même sexe persistent un agencement et des composantes identiques.

Le traité d'anatomie vaut pour l'homme des premiers temps de l'humanité et pour l'homme naturel jusqu'à la fin des temps. De Chauvet aux hypothétiques stations spatiales habitées des temps à venir, la nature construit et construira le corps d'une manière prévisible et déterminée. Du continent africain aux mégapoles occidentales, il en va de même.

L'histoire et la géographie, sans souci de leurs épousailles, enregistrent un corps semblable, mais cette semblance a besoin, pour être, d'une incarnation particulière. La seule qui compte et vaille. Même, parce que Autre, justement...

En tant qu'Autre, il fonde la possibilité sémantique d'user du terme nominaliste. Le mien se distingue de celui du voisin. Matériellement, il évolue dans un même temps, certes, mais dans un espace différent. Bien qu'il puisse fournir des pièces de rechange pour réparer le mien ou des substances pour pallier mes manques, son propre corps manifeste une semblance par la compatibilité, une dissemblance par son être propre. Je peux donc être un autre, il suffit pour ce faire d'une scénographie des compatibilités et d'une théâtralisation chirurgicale ou médicale des composants. Un autre peut également devenir moi. Autant d'hypothèses pour un corps élargi à même de dépasser le corps rétréci et rabougri des chrétiens.

D'où l'existence d'un *corps absolu* et d'un *corps relatif*: le premier relève de l'universel, du général, de la définition anatomique, le second du particulier, du singulier et de la clinique. L'un dépasse et déborde le temps et l'espace, sans pour autant procéder d'une transcendance, d'un arrière-monde ou d'un quelconque intelligible; l'autre suppose un ici et maintenant, évolue dans la plus radicale des immanences. Le corps nominaliste suppose donc un *corps archétypal*, certes, mais incarné dans un *corps propre*. D'où l'*identité des indiscernables* chère à Leibniz.

Par ailleurs, « Je » ressemble à « Autrui » comme deux gouttes d'eau, certes, mais ces deux instances, justement parce qu'elles se ressemblent, sont deux et pas une. Deux vrais jumeaux par exemple, ou deux individus clonés dans une même temporalité, restent indéfectiblement deux singularités irréductibles. Identiques par leur capital génétique, mais relevant de deux mondes, car l'un et l'autre occupent dans un temps semblable un espace différent. Là où est l'un, l'autre manque. Le volume nécessaire à l'être du premier ne peut servir au second qui en sature un autre.

Du problème naît la solution : parce qu'on s'interroge sur la possibilité pour les deux entités d'être semblables, on doit conclure que, puisqu'elles sont deux, elles sont dissemblables. L'un ressemblerait vraiment à l'autre si l'un était l'autre, de sorte qu'il n'y aurait plus ni un, ni autre, mais une seule réalité. Le problème disparaîtrait alors... Le *principe d'individuation* – cette fois-ci cher à Locke – trouve ici son illustration. L'impossible ubiquité prouve le *principe de l'exclusion sortale.* En dissertant dans un jardin en galante compagnie sur deux feuilles mêmes mais autres, le philosophe ignore qu'il fournit matière à réflexions bioéthiques à trois siècles de distance...

Loin du corps glorieux, ce corps nominaliste, individualisé, sortal, distinct, ce corps propre, relatif, discernable, constitue et définit le corps réel. Avec lui on peut sortir de la théologie et entrer véritablement dans la science. Enfin. Pour y accéder sans trébucher sur les métaphores qui éloignent de sa vérité, on se préservera des façons relatives aux époques de le dire. Du moins on n'ignorera pas qu'en le formulant, on subit cette loi qui contraint à user d'images dominantes dans un moment donné de l'histoire. Appréhender une entité pareille, monumentale et résistante, oblige à des précautions épistémologiques.

Ainsi du corps machine, métaphore cartésienne contemporaine d'une époque où l'on revendique sans complexe la maîtrise et domination de la nature. L'auteur du *Discours de la méthode* travaille dans son poêle à fabriquer une poupée qui représente sa fille morte en bas âge. Puis il installe cette mécanique sous un globe devant lequel il médite, avant de conclure son ouvrage majeur par un presque déni de philosophie puisqu'il invite à se tourner vers les sciences de la nature, pourvu qu'elles soient utiles à la médecine, une activité plus défendable que la pure et simple méditation. Vaucanson fabrique ses automates, ses faux joueurs d'échecs ou ses canards, puis La Mettrie porte la métaphore à son point d'incandescence.

Ensuite, le corps cybernétique prend le relais en contemporain des premiers ordinateurs qui laissent croire que le langage binaire permettra enfin la formulation mathématique du monde. L'intelligence artificielle inquiète. Les possibilités du savoir, de la mémoire, des combinatoires logiques multiples conduisent vers une lecture du corps où les rouages, les poulies, les vérins, les moteurs laissent place aux disques durs, logiciels et autres numérisations généralisées. Nous en sommes là. La métaphore a son utilité mais ne doit pas suppléer la réflexion, ni lui servir de support.

Le corps nominaliste – désormais numérique... – suppose un *corps nomade* et un *corps identitaire.* Le nomade subsiste après la mort de la souche sous forme d'organes, de substances ou de parties détachées susceptibles de connaître une autre vie dans un autre corps. Le corps nomade rend possible le devenir Autre d'un Je, voire le devenir Je d'un Autre. Cœur, poumons, reins, spermatozoïdes, ovules, sang, moelle, cornées, cellules, membres, quittent un corps propre, en investissent un autre, et persévèrent dans leur être sans dommage. Nommons identitaire celui qui accepte ces nouveaux arrivants et trouve dans cette occasion une nouvelle formule, mais dont personne ne peut se défaire sans cesser d'être lui. D'un côté le jeu des greffes, de l'autre la question du cerveau. La médecine et la chirurgie postmoderne travaillent aux combinatoires nouvelles. De leurs résultats dépend la définition du posthumain.

18

LES FORCES

Limiter les considérations sur le corps aux territoires tolérés par le christianisme empêche de voir ce qu'il peut véritablement. L'interdit lancé sur la chair, le tabou imposé sur elle, a considérablement rétréci le corps à paraître un mécanisme sommaire alors qu'il recèle des potentialités que nombre de civilisations non chrétiennes, hors l'Occident, intègrent à leurs visions du monde. Quand elles ne doivent d'ailleurs pas les soubassements de leur culture à ces mêmes puissances, comme toutes les cultures restées proches des rythmes naturels, épargnées par la dénaturation urbaine. L'ethnologie offre des voies d'accès négligées à une définition postchrétienne du corps.

En effet, la transe chamanique arctique, la possession dans les rites vaudous, les pratiques brésiliennes du condomblé, la santéria cubaine, montrent à l'évidence un corps problématique pour la raison occidentale. De même l'hypnose ou la catalepsie : à quelles zones corporelles renvoient-elles ? Quelles leçons donnent-elles de manière visible et non contestable à l'homme européen formaté par une culture qui se reproduit et n'admet pas ce qui l'interroge, l'inquiète et la sollicite autrement ? Et la télépathie, l'intuition, le magnétisme ? Pour un William James ou un Henri Bergson soucieux d'en faire des objets philosophiques dignes de ce nom, combien de quolibets ? Quid des glossolalies ? Des épilepsies ? Du somnambulisme ? Des extases de saintes et de mystiques ?

Pour un Freud préoccupé de rêves, d'actes manqués, de lapsus, d'inconscient, de psychisme, de libido, de métapsychologie, d'instincts, de pulsions, de totémisme, d'angoisse, de régressions, combien de charlatans, de littérature ésotérique, de faux prophètes, de mages, de gourous détournant l'irrationnel au profit de leurs causes hystériques ? Quel silence, par ailleurs, du côté des communautés médicales ou philosophiques sur le travail du Viennois : scission d'avec la psychanalyse et gardiennage du temple philosophique pour les uns, renvoi pour les autres de la discipline aux poubelles du délire d'un homme inventant la psychanalyse pour justifier ses propres symptômes. Pourtant, les descendants de Socrate et ceux d'Esculape gagneraient à frotter leurs pensées au père du Complexe d'Œdipe !

Quelques philosophes disposent dans leur boîte à outils conceptuelle de notions utiles pour circonscrire ou tâcher d'appréhender vaguement ces forces à l'œuvre partout dans le vivant. Pneuma, clinamen, conatus, impétus, feu sans flamme, vouloir-vivre, volonté de puissance, élan vital, libido, inconscient, désir, autant de termes pour tenter de capturer et circonscrire verbalement cette énergie permanente, incorruptible, sans date de naissance ni de décès, invisible dans sa matérialité ou son essence, seulement perceptible par ses effets. La foudre héraclitéenne qui gouverne le monde quintessencie cette puissance ingouvernable.

J'appelle *dionysien* ce qui dans le corps échappe à l'arraisonnement occidental. Autant de forces, d'énergies, d'ivresses, de flux producteurs de conséquences laissées en jachère par les discours et les sagesses occidentales. La malveillance idéaliste réduit souvent le matérialisme à une conception mécaniste sommaire. Des sommes, des quantités, des chiffres et nombres totalisés, des agencements strictement référencés ne suffisent pas à rendre compte de la totalité de la réalité ! Or cette électricité qui parcourt et travaille la chair ne se réduit pas à ses composants chimiques ou moléculaires. Un matérialisme dionysien prend en considération ce qui déborde la matière tout en procédant d'elle.

Que nous enseigne la transe, par exemple ? que les possibilités du corps outrepassent les limites habituellement imparties à la chair. Notre civilisation définit un cadre à l'intérieur duquel elle consent à des pratiques effectives. La loi, le droit, les valeurs, les vertus, le licite, l'illicite, le bien, le mal, le normal, le pathologique quadrillent cet espace au nom du droit, de l'éthique, de la morale ou de la religion, puis autorisent ou verbalisent. L'Eglise n'aime pas, à sa marge, les mystiques qui connaissent des expériences assimilables – ainsi l'extase ou les stigmates. Au nom de Jésus, l'orgasme païen de Thérèse d'Avila pose problème au Vatican, car il exhibe un corps gênant, outrancier, hystérique, problématique par sa revendication à déborder les limites imparties à la chair. Transes primitives et transes modernes tout autant que transes postmodernes – les rave parties par exemple – témoignent d'un théâtre plus large pour le corps nominaliste que la scène étroite sur laquelle les appareils de civilisation l'assignent.

Marcher sur des braises sans se brûler, se transpercer les joues, la langue, la peau du cou sans une goutte de sang, tordre des épées impossibles à courber en temps normal, manipuler des serpents venimeux en évitant la morsure, guérir des maladies en imposant les mains, parler une langue jamais apprise, plier son corps selon des postures antianatomiques, réduire son rythme cardiaque et s'enfouir plusieurs jours sous terre, avaler des lames de rasoir ou des bris de verre, autant de faits repérables chez les yogis indiens, les ophites égyptiens, les sorciers haïtiens, les derviches syriens qui mettent à mal les dermatologues, hématologues, cardiologues, pneumologues et autres tenants du logos occidental...

Pour éviter d'avouer leur impuissance à rendre compte du dionysisme avec les catégories habituelles de la pensée judéo-chrétienne, d'aucuns invoquent le registre psychopathologique. De sorte qu'on évite de questionner ces pratiques premières – au sens où l'on parle d'art premier –, donc d'obtenir les réponses aux interrogations potentielles. Hystérie, catharsis, totémisme, magie, autant de variations sur le thème du primitif, certes. Mais encore ? Que dit-on ainsi ? Qu'on élude plus qu'on s'attarde, qu'on nomme sous couvert de diagnostic afin de se dispenser d'entrer à l'intérieur de ces mondes alternatifs pour en comprendre les arcanes et en découvrir les richesses.

A l'origine de toutes ces extravagances corporelles on trouve une préparation de la chair, une technique du corps, une connaissance de soi et de ses possibilités. La transe chamanique par exemple se met en scène. Elle se déclenche après la stricte observance d'un rituel : d'abord le chaman dispose souvent d'un corps particulier, distinct de celui des autres, épileptique, contrefait, hyperesthésique, désigné par les dieux ; ensuite, il se prive de nourriture et de boisson, ingère ou fume des substances excitantes, hallucinogènes – champignons, mousses, lichens, alcools –, il contient sa libido en pratiquant une ascèse sexuelle en amont, il évite le sommeil, pratique des longues veilles; puis il entre dans un espace réservé, sollicite ses cinq sens par des fumigations, des jeux de lumière, des sons, souvent des percussions répétitives, lancinantes, sommaires, incantatoires, il danse longuement sur la cadence du rythme musical, chante des paroles rituelles avec le groupe, parfois il ventile à l'extrême, et suroxygène son corps en psalmodiant d'une manière appropriée : alors la transe arrive.

Que cet état soit, aucun doute là-dessus; qu'il permette d'entrer en contact avec le monde des morts et des dieux, de communiquer avec les disparus ou les forces de la nature, de nager sous l'eau de la banquise afin d'y copuler avec Freda la déesse des fonds marins; que les mystiques extatiques s'unissent à Dieu dans des noces de lumière incandescentes; que les prêtres vaudous – les huongans – entrent en contact avec Ezili-Freda, Ogou, Legba, les loas, voilà une autre affaire : la transe existe, ensuite elle met en contact avec une mythologie et des fictions fomentées par une civilisation, une culture. La même mécanique en Haïti transforme Thérèse d'Avila en affidée de Baron-Samedi, loa de la mort, pendant que l'Inuit pratiquant dans la cathédrale de Paris devient un dévot de la Vierge Marie. Ici seule la voie d'accès importe, pas la clairière magique dans laquelle elle débouche...

Par-delà toute considération parapsychologique ou métapsychologique, je tiens le système neurovégétatif comme l'occasion de ces formes diverses et multiples d'un même dionysisme. Le point commun à tous ces corps nominalistes impliqués dans ce jeu inquiétant avec ces énergies fabuleuses ? Cet appareillage nerveux primitif présent dans toutes les chairs depuis les temps les plus reculés jusqu'à aujourd'hui. Indépendamment de toute conscience, sans le contrôle de la raison, émancipé du néocortex et des zones cérébrales activées par les fonctions intellectuelles, ce maillage de nerfs et de ganglions crée sur la totalité du corps un empire sur lequel, étrangement, médecine et médecins se penchent rarement. On cherche en vain, par exemple, une spécialité médicale consacrée à cet appareil quand le rectum, l'estomac, la peau, le cœur, le cerveau et tant d'autres parties du corps disposent de leur médecine spécifique...

Ce système nerveux autonome ramifie partout : l'œil et l'intestin, une série de ganglions et les surrénales, les organes génitaux et les muscles arrecteurs des poils, mais aussi le cœur et les glandes sudoripares, le sac lacrymal et la trachée, la vessie et la glande pinéale, la parotide et les ganglions cervicaux. Aucun endroit du corps n'échappe à ce rhizome primitif effervescent à partir du tronc cérébral. Du parasympathique crânien à la région sacrée, il diffuse dans l'ensemble de la chair.

Quelles fonctions vitales commande-t-il ? Le rythme cardiaque, la fréquence respiratoire, la motilité du système digestif. En interface, il effectue la liaison permanente entre l'environnement et l'intérieur du corps. Par lui se réalisent l'homéostasie et l'adéquation du mécanisme interne avec les stimuli extérieurs. La température interne trouve son point d'équilibre grâce aux modulations des battements du muscle cardiaque et de la cadence des inspirations-expirations. Cette énergie qui circule dans la chair, pulsée, calculée, dosée selon des principes ignorés, permet à chacun de persévérer dans son être.

Or, dans la transe, le système neurovégétatif réceptionne les informations produites par les diverses opérations de jeûne, de veille, de privation, de sollicitation sensorielle : les coups frappés par les percussions, les vibrations produites par les peaux tendues agissent sur ce système qui renvoie les informations au reste du corps. Il peut dès lors répondre en créant les conditions de la modification psychophysiologique. A ce moment, le sujet se libère de la volonté agissante contrôlée par la conscience, il s'affranchit du système d'inhibition mis en place par le dressage social : dès lors le dionysisme fonctionne à plein...

Le trajet qui conduit Freud à la découverte de l'inconscient psychique a pour origine un travail dans ces eaux du système neurovégétatif, on l'oublie souvent. Au début de ses études, en effet, il s'intéresse à l'histologie de la cellule nerveuse, dissèque des lamproies et s'inquiète de leur moelle épinière, ouvre des anguilles et découvre leurs testicules, investit autant que les moyens technologiques le permettent le système nerveux des larves de poissons et des écrevisses. C'est d'ailleurs en travaillant sur ce genre de bestiole qu'il pressent l'existence du neurone dès 1884.

A partir de ces découvertes, Freud envisage en 1895 la possibilité d'une *psychologie scientifique* et écrit sur cette question. A cette époque, nul doute que la localisation physiologique prend le pas chez lui sur une topique psychique. Par ailleurs, il essaie de quantifier ces énergies – Wilhelm Reich attirera les sarcasmes en envisageant la possibilité d'emmagasiner l'orgone, cette fameuse énergie ainsi nommée par lui... – pendant les stages cliniques qu'il effectue et consacre aux recherches neurologiques. En laboratoire, il dissèque nombre de bulbes rachidiens de chats, chiens, embryons et enfants... Il expérimente sur les réactions électriques dans le système nerveux.

Au nom de sa gloire de découvreur et inventeur de la psychanalyse, on passe souvent sous silence ses trouvailles scientifiques : la localisation de la racine du nerf acoustique, la connexion du pédoncule inférieur et du cervelet, une nouvelle méthode d'étude du trajet des fibres nerveuses, l'homologie entre certains nerfs crâniens sensoriels à racine triple et les ganglions de la racine postérieure de la moelle. Dans les dernières vingt années du XIXe siècle, il pense réellement pouvoir mettre en évidence la persistance de structures archaïques dans le développement du système nerveux...

Avec la publication de *La Science des rêves* – symboliquement datée par ses soins de 1900 –, Freud emprunte une autre voie. La détermination de zones nerveuses spécifiques des forces dionysiennes compte désormais moins que la topique classique placée sous le signe psychique. Entre deux dissections, il rencontre Charcot à la Salpêtrière, abandonne l'électrothérapie au profit de la suggestion hypnotique et donne à son deuxième enfant les prénoms du Maître parisien. A partir de son travail sur l'hystérie, il tourne le dos à la neurologie et s'installe au 19, Berggasse. La psychanalyse dispose donc de sa date et de son lieu de naissance. Les forces désormais empruntent la seule voie d'accès psychique. Elle me semble étroite et gagnerait à un élargissement...

19

LA CHIRURGIE

Pour Philippe Icard.

La chair chrétienne équivaut à la charogne. Comment l'Eglise peut-elle dès lors tolérer ou justifier qu'un homme ouvre le corps d'un autre, y pratique un geste permettant au malade de recouvrer la santé, la force et la forme, le referme et continue son travail sur une autre carcasse avec laquelle il bataille une fois de plus contre le destin et montre en acte la puissance démiurgique de l'humain ? Prométhée, voilà l'ennemi ! Du fils de Titan, le chirurgien a l'habileté, l'adresse, le pouvoir, l'art de prévoir – l'onomastique du dieu... –, il partage avec lui la capacité généalogique à créer des corps tout autant que le talent pour dépecer et séparer la chair, les entrailles, les os et la graisse, tout en se riant de Zeus...

En construisant son édifice sur la haine du corps et le mépris de la chair, l'Eglise s'interdit les activités qui réparent et reconstruisent. Sale, détestable, haïssable, méprisable, surgissant au monde entre l'urine et les fèces – dixit Augustin ! –, peccamineux et marqué dans la profondeur de son intimité matérielle par le péché originel, le corps malade réjouit les tenants du christianisme... Tout homme qui entreprend de restaurer la santé d'un être travaille contre les intérêts ontologiques du Vatican. Le bistouri enlève la négativité, amoindrit le mal, entame la souffrance : quel instrument diabolique pour qui chérit la négativité, le mal et la souffrance !

Le chirurgien incarne l'Antéchrist : il ne sauve pas dans, par et pour la mort, mais dans, par et pour la vie. Son horizon n'est pas la souffrance et la douleur entendues comme autant d'occasions de mériter son paradis, mais considérées en ennemies à éradiquer. La construction du salut passe à ses yeux par la restitution de la chair dans son principe initial. Son intervention dans le corps de l'homme conjure et congédie le destin, ce qu'aucun prêtre ne tolère – autant arracher des mains de Dieu le sceptre qui symbolise sa toute-puissance...

Le quotidien du chirurgien ? Très exactement ce que Platon et le Chrétien détestent : la matière. Mieux : pas la matière la plus noble, rien qui ressemble au marbre des sculpteurs, à l'or des orfèvres, au diamant des joailliers, non. Pas plus la peinture, les couleurs ou les pigments d'un grand Maître, ni le bronze du fondeur de statues. Mais les excréments humains, les bols digestifs, les urines et le sang, les viscères fumants, les intestins qui grouillent et empuantissent, les lymphes, les graisses jaunes et grumeleuses, les muqueuses baveuses, les humeurs aqueuses et collantes, les hématomes, les coagulations brunes, les chairs putrides, les tumeurs qui empestent, les sérosités... Autant de preuves de l'inexistence de l'intelligible, à exciper avec les fameux poils, cheveux et autres rognures d'ongle du *Timée*...

Sous la peau incisée, il entre en contact avec les virus, les bactéries, la flore et ce qui, plus tard, digère le cadavre de l'intérieur. Lui seul voit ce à quoi personne d'autre n'accède. Il met à jour l'intérieur d'un corps placé sous la lumière crue du Scialytique, et fouille, coupe, taille, dissèque, enlève, retranche, referme, suture, coud. La viande nécrosée, le poumon putréfié, le muscle corrompu, la matière grise tumorale, l'organe métastasé quittent l'intérieur et le silence sous la peau pour rejoindre la poubelle et l'incinérateur. Son art consiste à retrancher de la matière la part déjà consentie à la mort. Plus matérialiste que le chirurgien ? Impossible...

D'où le *casus belli* entre sa corporation et celle des prêtres. Pour l'un et pour l'autre, l'économie du mal procède de deux mondes : le scientifique convoque des causalités matérielles, empiriques, expérimentales, le théologien en appelle à des mythologies. Le premier rend au monde ce qui provient du monde ; le second lui trouve un sens en sollicitant des univers de fiction. Le laboratoire analyse des prélèvements dans lesquels il cherche chiffres et nombres à même de qualifier la maladie ; le confessionnal rappelle *ad nauseam* la culpabilité de l'homme depuis son premier jour. Raison et intelligence contre foi et déni de vérité... Le combat dure encore.

Avec les édits de l'Église dès le concile de Tours (1163), la chirurgie subit l'anathème, et ce pour de longs siècles. L'interdiction de disséquer les cadavres induit une stagnation, puis une régression de la recherche scientifique. On abandonne l'activité aux barbiers qui ouvrent les corps entre deux barbes et une tonsure. La pratique, rigoureusement interdite aux clercs, tombe entre les mains d'illettrés de première catégorie... La médecine va aux meilleurs des laïcs, d'ailleurs elle parle latin ; la chirurgie revient aux pires, elle se débrouille avec la langue vulgaire et vernaculaire. L'Eglise, via l'Université qu'elle contrôle avec le talent qu'on lui connaît, enseigne la médecine hippocratique vaguement modifiée par le corpus galiénique. Son pouvoir diminue au fur et à mesure qu'augmente l'intelligence laïque renaissante, puis moderne. Avec l'émancipation du dogme chrétien, la philosophie et la médecine effectuent à nouveau des progrès. Les ténèbres se dissipent doucement mais jamais définitivement : notre époque connaît d'inquiétants retours de fumées noires quand, par exemple, au ministère de la Santé officie un médecin catholique pratiquant (2003)...

Travailler avec la matière – les matières... – et non avec le concept, installe le chirurgien aux antipodes du philosophe version platonicienne. De même quand le premier opère les corps nominalistes et que le second se soucie des corps universaux. Sur la paillasse du bloc, on rencontre exclusivement un corps propre affligé d'une douleur et d'une maladie singulières auquel il faut prodiguer un soin ici et maintenant. Antiplatonicien jusque dans la caricature, l'homme en vert illustre l'option sophiste. Non pas le sophiste caricaturé par Platon, mais le sophiste réel : philosophe de l'habileté, de l'art subtil, soucieux de l'effet produit et conduit dans son action par la volonté d'utilité. Matérialiste, nominaliste, pragmatique et utilitariste, autant de guerres menées contre l'idéalisme, le conceptualisme et le théorétique...

Son art relève par certains aspects de la phénoménologie soucieuse du monde tel qu'il est et non tel qu'il devrait être. En délimitant un champ opératoire, le chirurgien agit tel le philosophe activant la dialectique de l'être et du néant : la conscience intentionnelle vise la chair limitée par les bords des tissus qui en cadrent la zone considérée, ce qui surgit à l'œil sous forme d'une surface de peau, donc de chair, devient le seul objet pendant que le restant bascule dans le néant. Le regard et la main du chirurgien soucieux de la résection d'une tumeur n'ont cure du pied, du bras ou de la tête du patient, encore moins de son nom ou de son histoire. L'individu coïncide avec sa tumeur. Le reste du corps existe dans la mesure où il fournit des renseignements utiles à la poursuite de l'opération et à son bon déroulement : le bras ou le doigt pour capter et mesurer la tension artérielle, le thorax pour les pastilles de l'électrocardiogramme, la bouche pour la sonde d'une ventilation, l'artère pour une circulation extracorporelle, etc... L'ensemble converge dans la direction du projet.

Voilà pour quelles raisons la chirurgie n'est pas un art de la main – comme habituellement on le professe, Paul Valéry le premier – mais un art total. Art de la main ? Contre un art de l'esprit ? La main renvoie au travail manuel qui, lui-même, s'oppose au travail intellectuel. Va, si l'on entend satisfaire à l'opposition désormais traditionnelle entre le corps de l'artisan et l'âme du philosophe, la main du mal dégrossi et la raison du sujet mentalement délié ! Mais si l'on se soucie plus tôt de véracité, comment imaginer ces deux instances séparées ? La main du chirurgien sans son intelligence ? Le geste derrière lequel aucune raison, aucun projet, aucune sagesse, aucune intelligence ne veille équivaut à celui du charcutier, du boucher – du barbier justement...

Art total et phénoménologique : art de la sagacité conceptuelle et, en même temps, de l'habileté manuelle. D'une part, il maîtrise le secret du corps archétypal, du corps général, d'autre part, et justement en regard de cette science, il opère le corps propre, individuel. Parce qu'il n'ignore rien du corps absolu, et fort d'une dextérité obtenue sur celui-ci à l'aide d'études théoriques et de dissections pratiques, il peut aborder le corps relatif. De même il jongle avec le corps nomade et le corps identitaire en effectuant les translations qui autorisent des constructions d'identité, des rematérialisations de destin, des conjurations de fatalité. Démiurge, artisan, artiste, philosophe.

Mais aussi sorcier... Prêtre, guérisseur, magicien. Les patients le savent, leurs familles aussi, qui attendent de cet homme et de son travail un genre de résurrection. Avant lui, la maladie, la mort, l'envahissement de la chair par un principe nécrosant; après lui, si possible, la santé recouvrée, l'équilibre restauré. Canguilhem a tort de définir la santé comme le silence des organes : les gargouillis habituels des intestins ne signalent pas une tumeur abdominale, le bruit des diastoles et systoles renseigne seulement sur le bon fonctionnement du muscle cardiaque, les flux d'air inspirés et expirés prouvent la mécanique habituelle du poumon, la main portée en conque à nos oreilles évoque la mer, certes, mais à cause de la pulsation de nos huit litres de sang dans le système circulatoire. Rien que de très normal... En revanche, le cancer qui ronge un poumon travaille sans bruit; la tumeur qui ravage un cerveau agit dans un silence absolu; la leucémie, le lymphome, la rupture d'anévrisme, le glaucome, l'ulcère œuvrent sans aucun signe repérable à l'oreille. Le chirurgien restaure moins des silences que des équilibres, précaires comme il se doit...

Dans le bloc opératoire, il répare. Son dessein? faire patienter la mort. Son projet? lutter contre elle, indéfectiblement, jour après jour, changeant les corps relatifs au quotidien, opérant finalement toute son existence un corps archétypal. Sa méthode? plonger dans le corps d'Autrui, le fouiller, l'amputer pour son bien, refermer, passer au suivant. Ses motivations? obscures... La psychanalyse éluciderait peut-être le sens de cette posture penchée sur la chair d'un malade, cette toute-puissance maîtrisée pour produire un genre de résurrection, cette prière païenne par gestes, ces manipulations mystérieuses, ces incantations manuelles...

Chirurgie sonne comme liturgie, démiurgie, théurgie. Dans le bloc se joue un genre de messe, au sens large du terme. Celle qui réunit les hommes préhistoriques dans leur caverne, sous leurs peintures; celle qui rassemble l'officiant vaudou aux breloques païennes et chrétiennes dans des fumigations âcres; celle qui se théâtralise sous le baldaquin du Bernin au Vatican; celle qui, sous la yourte, dans l'igloo, protégée par la toile de tente, rapproche le chaman et ses ouailles. Un rite sacré, une purification collective avec ses habits, ses scénographies, sa chorégraphie, son ballet réglé selon d'immuables principes. Au milieu : l'homme aux pouvoirs magiques, l'individu pouvant ce que les autres ne savent ni ne peuvent.

Malgré la distance et l'emballage postmoderne, le bloc opératoire procède des moments sacrificiels grecs de la haute époque, des catharsis du théâtre esculapéen, des cérémonies dionysiennes, des purgations helléniques. Maître de l'endormissement, via l'anesthésiste, il envoie l'être dans un espace mental apparenté au propylée de l'au-delà. Hypnos et Thanatos sont frères dans la mythologie; il dispose du pouvoir de le ramener vers le monde des vivants après avoir décidé du temps de cette parenthèse; il ouvre le corps pendant ce voyage vers les limites de la conscience, y effectue vite et bien le nécessaire, recoud, renvoie dans les chambres où l'on revient à soi; il guérit. Aucun homme ne peut regarder avec un œil sec et neutre, son semblable auquel il doit une transfiguration, un répit, un délai sur la mort.

Il se moque des dieux, il est dieu, l'un d'entre eux, parmi les hommes. L'Église a vite senti le danger de cet individu qui effectue des miracles au nom de la seule santé. Thaumaturge, il ne vend pas d'arrière-monde, ni une camelote métaphysique, encore moins des fictions ou des mythologies pour enfants ou mineurs mentaux. Son ministère, il l'exerce ici et maintenant dans le seul culte du corps matériel. Dieu crée l'homme, opère Adam, lui retranche une côte et fabrique Eve, la première femme ? Oui, mais une fois seulement. Lui, tous les jours il effectue des variations sur ces thèmes : rendre la vie, donner la vie, recréer la vie, réparer la vie. Comment les chrétiens pourraient-ils aimer celui qui voue ainsi un culte à la vie, bande toutes ses forces pour faire reculer la mort, eux qui pratiquent exactement l'inverse ?

Cette charge métaphysique pèse sur leurs épaules. Elle écrase les plus faibles. On ne côtoie pas impunément ces gouffres : la mort chaque jour, la puissance la plupart du temps, l'argent. Le regard de l'autre – le malade, sa famille – fabrique, construit, constitue une surhumanité à laquelle certains, à tort, consentent. Le pouvoir de ramener à la vie le malade qui partait doucement vers le néant confère à l'acteur de ce salut une aura surdimensionnée. Seuls les grands refusent cette hypertrophie consentie par les tiers, remettent les pendules à l'heure, restaurent l'équilibre et ne consentent pas à ce pouvoir offert en offrande votive. Quelques-uns pratiquent en hystériques, en fous, en tyrans qui terrorisent leurs équipes. Vivre au quotidien cette existence de démiurge païen sélectionne de manière radicale et sépare l'un pour qui la fonction donne des droits, l'autre qui pense au contraire qu'elle génère des devoirs.

20

LA GREFFE

L'émancipation à l'endroit du christianisme conquiert ses véritables lettres de noblesse depuis peu de temps – en gros, le siècle des Lumières. Un travail important reste à accomplir tant l'idéologie occidentale subit encore sa loi sans bien souvent s'en rendre compte, ce qui complique la tâche. Nombre de résistances à la médecine postmoderne, ou aux potentialités de la chirurgie contemporaine, trouvent leur raison dans ce catholicisme insidieusement infusé dans les mentalités d'aujourd'hui. L'image corporelle, par exemple, découle en droite ligne de la théologie paulinienne. La représentation que chacun se fait de sa chair, de son corps, de ses forces, mais aussi de son schéma physiologique et psychique, procède du vieux monde.

Canguilhem parle avec raison d'un *corps utopique,* à venir, pas encore là bien sûr, mais facile à dessiner. Ses contours restent flous, certes, mais les grands traits se montrent au regard attentif. Corps faustien, bien sûr, plus nominaliste que jamais, posthumain, en tant qu'il dépasse et déborde l'acception classique du corps, utopique non pas dans le sens irréalisable, mais irréalisé, potentialité. Les traitements immunitaires antirejets rendent désormais possibles un nombre considérable de combinatoires entre les fragments nomades et le support qui les arraisonne. De ces agencements restreints pour l'instant, mais en passe d'augmentation, naîtra le corps topique.

La multiplicité combinatoire se résume à trois rubriques possibles : du vivant greffé sur des machines ; des machines sur du vivant ; du vivant sur du vivant. Ces trois temps chirurgicaux illustrent le principe de Dédale, l'inventeur du fil d'Ariane. Chacun se souvient du père d'Icare enfermé dans le labyrinthe avec son fils. Pour échapper à la prison singulière à laquelle Minos les condamne, les deux hommes récupèrent des plumes qu'ils fixent sur leur dos avec de la cire. L'appareillage fonctionne à merveille et les prisonniers échappent à leur geôlier.

Dédale invite son fils turbulent à ne pas s'approcher du soleil. Icare désobéit et la cire fondue par la boule de feu conduit à sa chute dans la mer Égée. Principe de Dédale plutôt que d'Icare parce que sans orgueil, sans folie, sans déraison, le stratagème payait à merveille : pour échapper à ce qui contraint, limite, entrave, la sagacité de l'ingénierie suffit – si elle n'est pas compromise par la folie d'un autre. Dédale chirurgien réalise le corps posthumain ; en revanche, Icare annonce Frankenstein, ce mixte sans âme de viandes métaphysiquement avariées.

Par ailleurs, Dédale invente la statue, révèle la figure des dieux et parvient à donner forme vivante à tout ce qui sort de ses mains. Ingénieur, artisan, habile, doué, il crée des outils, décuple les possibilités de la main et permet au charpentier et à l'architecte d'user de hachette, de fil à plomb, de vrille et de colle ou du nécessaire à couper, et de tailler, ajuster, assembler, solidariser, solidifier. On lui doit aussi cette sublime invention d'animal fictif – une vache – auquel un taureau se laisse prendre puisqu'il saillit l'artefact dans lequel Pasiphaé prend place à genoux, machine désirante s'il en est... Minotaure naît de cet accouplement furieux. Dédale crée donc aussi la première chimère au sens des scientifiques d'aujourd'hui : un mélange de registres humains et animaux.

A l'évidence, ces chimères sollicitent la réflexion. Quid de ces créatures nouvelles ? Va pour le Minotaure de la mythologie, corps d'homme, tête de taureau, du Centaure, corps de cheval, tête d'homme, tant qu'ils hantent les récits fabuleux et les conversations légendaires ou peuplent les peintures pendant des siècles. Mais quand ces figures nouvelles existent de fait : un homme au cœur de porc ? Une souris à l'oreille humaine ? Un chrétien augmenté des cellules d'un rat ? Un musulman sauvé grâce à l'hémoglobine d'une truie ? Un témoin de Jéhovah guéri par une transfusion de plaquettes obtenues après section d'un plan de tabac génétiquement modifié pour produire du sang ?

Et quel statut pour un ordinateur dans lequel fonctionnent des neurones prélevés sur le cerveau d'un homme ? Une machine encore ? Un humain potentiel ? Une énigme innommable parce qu'innommée ? Voire innommée car innommable ? Et quand l'encéphale tout entier assiste ou remplace une centrale informatique ? Ou encore : quelles définitions donner à ces installations d'art contemporain qui utilisent dans leurs matériaux des séquences ADN, des bactéries, des animaux de laboratoire ? Quelles fonctions active le spectateur invité à intervenir de manière aléatoire sur un clavier qui donne des impulsions et des ordres à des agencements d'acides aminés eux-mêmes générateurs d'effets optiques sur un écran plasma ? Le mécanique et le vivant effectuent dès lors des danses effrénées, singulières et inédites...

Du vivant intégré à du mécanique, certes. Mais le mécanique inséré dans le vivant ? La démarche et le geste remontent aux premières heures de l'humanité : la prothèse dentaire, la pierre taillée et fixée dans la bouche de l'homme préhistorique, voire la molaire ou l'incisive prélevées sur le cadavre d'un donneur puis montées sur la mâchoire d'un édenté du quaternaire, voilà le premier geste dédalien et l'amorce d'une histoire poursuivie depuis.

Le geste du chirurgien qui implante aujourd'hui une pompe à insuline, recoud sur un cœur une valve mitrale en titane ou pose un stimulateur cardiaque sous la peau du thorax d'un vieil homme fatigué découle en droite ligne du travail de son confrère actif dans les périodes de Cosquer. Les dentiers en résine, les bridges et pivots en céramique, les lunettes en écaille, les lentilles de contact en verre, les jambes de bois ou les prothèses en plastique, les perruques en nylon, les sonotones et autres extensions du corps, ces palliatifs de la chair défaillante, relèvent de la greffe, des organes nomades, des mécaniques destinées à compléter les corps amoindris ou ne disposant pas ou plus de tous leurs moyens.

Qui peut s'opposer légitimement à cette façon de demander au mécanique de remplacer le vivant, de jouer son rôle lorsqu'il défaille ? En vertu de quel principe s'opposer à d'autres greffes si ailleurs l'on consent à ce qui permet au corps de pallier des manques et de résoudre des problèmes ? Pourquoi donner son aval à la valve aortique, accepter un os iliaque en titane et refuser la greffe d'un stimulateur dans l'encéphale pour empêcher une défaillance de mémoire ou résoudre la difficulté due à une incapacité neuronale dégénérative ? D'accord pour la lentille hydrophile appliquée sur la cornée ; pas d'accord pour l'électrode à même de maîtriser un trajet d'influx nerveux dans le traitement d'une douleur ?

Singulièrement, ces épousailles entre la machine et le corps définissent les chimères nouvelles, le corps posthumain, mais également... le rire expliqué par Bergson ! Car l'opuscule consacré par le philosophe à ce sujet le définit comme ce qui procède d'une situation caractérisée par du mécanique plaqué sur du vivant. Et d'énumérer au fil des pages les fameux moments : quand le corps fait penser à une simple mécanique ; lorsque l'automatisation s'installe dans la vie et semble l'imiter ; dès que la vie s'infléchit dans le sens d'un mécanisme ; dans le cas où une raideur essaie d'épouser la vie...

Troublant, car si Bergson a raison – ce que je crois –, la greffe par quoi du mécanique se trouve plaqué sur du vivant génère le rire. En pareil cas, on doit conclure qu'il s'agit de celui de Faust. Mafarka le Futuriste, mélange d'acier et de viscères, de métal et de sang, personnage composite créé par Marinetti qui associe la mécanique de l'avionique à la base physiologique de tout humain, incarne – disons-le ainsi... – l'archétype du surhumain nietzschéen : le dépassement de la nature par la culture qui conserve la forme ancienne et la transcende dans, par et pour l'artifice.

Reste la troisième hypothèse : le vivant plaqué sur du vivant, greffé sur lui. De l'homme à son semblable, certes, mais aussi de l'humain et de l'animal mélangés. Voire du végétal intégré à l'humain, si le vivant intègre la plante, l'arbre et leurs logiques de naissance, croissance, développement, reproduction, décroissance, dégénérescence puis disparition. La photosynthèse comme manifestation du vivant ? La réactivité des écorces, des feuilles et des sèves aux agressions venues de l'extérieur comme autant de signes qui l'expriment ? Idem avec les mutations génétiques en rapport avec l'adaptation au milieu ? Les simples de la médecine populaire, la phytognomonique de Jean-Baptiste Porta, la métaphore lamettrienne de l'homme-plante, l'opothérapie de Brown-Séquard, l'homéopathie de Hahnemann balisent en ce sens ce sentier rarement fréquenté.

Quel statut pour un porc génétiquement transformé afin d'obtenir une compatibilité de sang, d'organes, de tissus ? Un pré-humain ? Et pour l'homme qui reçoit la peau dudit cochon pour une greffe après brûlures au troisième degré ? Ou dont l'injection quotidienne d'insuline provient du pancréas animal ? Voire dont l'augmentation des plaquettes, des globules blancs ou rouges peut s'opérer grâce à l'hémoglobine porcine ? Un infra-humain ? Un posthumain ? D'une certaine manière, un posthumain, oui, dont l'essence et l'existence se trouvent ontologiquement et métaphysiquement élargies par ces transfigurations via la greffe – car une transfusion vaut définition liquide de la greffe.

De l'animal mort ou vif à l'homme, de l'homme vivant à l'homme vivant, mais aussi de l'homme mort à l'homme vivant, les migrations effectuent des trajets vertigineux, abyssaux. Car le corps nomade fournit matière aux corps souches. La greffe d'un cœur-poumon de cadavre dans le thorax d'un receveur en attente, un foie de trépassé dans le ventre d'un souffrant malade, une cornée prélevée sur un adolescent dans la tombe insérée dans l'œil d'un adulte en passe de devenir aveugle – voire, plus tard, quand les mentalités auront évolué, une tête de tétraplégique sur le corps abandonné par un individu cliniquement mort ou celle d'un cerveau vif dans la boîte crânienne d'une carcasse évidemment incapable d'écrire une ligne de vie sur un papier d'électro-encéphalogramme.

Le formatage judéo-chrétien des consciences et des mentalités empêche des allers-retours faciles entre les corps en état de mort clinique et celui des vivants. Chaque jour on augmente le tribut versé à la mort quand on pourrait sauver du vivant en elle. Lorsque la fin se constate après deux tracés plats d'électro-encéphalogrammes séparés par un délai de temps légalement convenu – une demi-heure –, la mort se déclare selon les critères actuellement en vigueur. Mais avant le néant intégral résistent encore des organes, des tissus, des cellules préservés par la contagion thanatophilique et susceptibles de migrer vers un autre corps défaillant en attente de ce don pour survivre.

Négligence des donneurs potentiels que nous sommes tous ou résistances des familles qui répugnent à ce geste associé à une mutilation, à des blessures infligées sur un corps dont on n'a pas encore fait le deuil et que, même mort, on persiste à envisager, considérer et penser comme un vivant, les dons manquent cruellement. Au quotidien, des résurrections potentielles disparaissent dans la fumée des crématoires ou dans la pourriture des cercueils simplement parce que le préjugé triomphe. Le préjugé ou la peur, l'ignorance, la pensée magique. La loi dit que celui qui ne s'oppose pas consent. A quoi elle ajoute une précision : la famille peut signifier son opposition malgré la volonté du mort. De sorte que les saluts possibles échouent tous les jours dans des morgues où les héritiers solutionnent le problème de la manière la plus désastreuse.

Or qui est, fait ou constitue la famille ? Les collatéraux par le sang, réunis sous le signe juridique ? La parentèle estampillée par le notaire, le prêtre, l'huissier, l'avocat ? Ceux que la génétique certifie comme tels ? Ou – mon hypothèse – ceux qui aiment, indépendamment de tout contrat sur papier timbré ? A l'heure des familles décomposées, recomposées, des concubinages généralisés, des polygamies clandestines quasi universalisées, des sexualités polymorphes et des amours ou affections nomades, quand le Fourier des passions pivotales et papillonnantes fournit le modèle de quantité d'intersubjectivités sexuées, quid de l'antédiluvienne famille monogame, fidèle et nucléaire ?

Attendre le consentement des familles quand l'urgence anatomique et physiologique prime, que le deuil inhibe la décision volontaire, rationnelle et intelligente, ou la rend même impossible, sachant que les sujets donneurs sains qui perdent l'usage de leur cerveau se recrutent parmi les accidentés de la route, souvent jeunes, et que la soudaineté de l'événement court-circuite la logique contractuelle qui devrait présider à la décision, comment imaginer la situation tenable ? Impossible qu'il en aille autrement que l'état de fait : une pénurie des dons, et, conséquemment, une abondance de décès à cause de ces défauts.

La solution ? François Dagognet, médecin et philosophe, gauchiste impénitent et subversif de fait, propose la nationalisation des cadavres et leur usage possible dès le décès indépendamment des avis formulés par l'ancien vivant ou les nouveaux affligés dans l'arbre généalogique. Le cerveau ne répond plus, l'interaction avec le monde, la conscience de soi et des tiers ayant totalement et définitivement disparu, les autres organes continuant à fonctionner indépendamment de l'encéphale, le corps devient un gisement possible de tout ce qui peut se prélever, se greffer.

Sauver les vivants, enterrer les morts, mais leur permettre encore de vivre de manière nomade, fragmentée, voilà une solution à laquelle j'adhère également.

Les Anglais, moins jacobins que les Français, plus soucieux de leur ancienne tradition libérale d'*habeas corpus,* autorisent seulement à recevoir ceux qui donnent leur corps à la science avant l'heure et le moment venu... Sauvés les seuls sauveurs, ressuscités les ressusciteurs, receveurs uniquement les donneurs. L'option relève du contrat synallagmatique auquel on ne peut non plus refuser une certaine pertinence. Sauf que l'hypothèse nationalisatrice crée une abondance par laquelle le problème cesse de se poser là où la logique du donnant donnant diminue les difficultés mais ne les supprime pas. En attendant la caducité de pareilles considérations.

Car la régénérescence tissulaire par transgenèse, la mise au point de mécaniques et de machines de plus en plus perfectionnées – le cœur artificiel intégralement mécanique en fibre de carbone par exemple –, les techniques génétiques de reprogrammation des organes défaillants, abîmés ou fautifs à partir de cellules souches rangeront un jour ces débats dans la catégorie des vieilles lunes rhétoriques, signe d'un Moyen Age qui caractérisera notre XXIe siècle naissant.

Reprogrammer le corps pour qu'il produise à l'identique l'oreille brûlée dans un accident, une dent rongée par les caries, le foie endommagé par une maladie hépatique, le tissu cardiaque détruit par une affection athérogène, et autres parties du corps reproductibles par sollicitation génétique indique dès à présent quelles voies utilise la médecine pour aller au-delà de son époque. Quand le nihilisme chrétien et son sous-bassement, la passion thanatophilique, auront rejoint le musée des croyances primitives, le positivisme hédoniste et son indexation sur la pulsion de vie s'appuieront sur les potentialités presque infinies de la transgenèse pour résoudre ces problèmes de donneurs et de receveurs.

21

LA TRANSGRESSION

Dans un monde que domine la haine du corps et de la chair, quand les mentalités infusent pendant des siècles dans la névrose judéo-chrétienne, toute avancée vaut à un moment donné transgression. La seule légitimation d'une recherche interdite, c'est la trouvaille. Le succès pratique de la première transplantation cardiaque du Professeur Barnard transforme en héros de la chirurgie et de la modernité celui qui, sinon, aurait été un paria, un monstre, un boucher, etc... Le progrès en médecine, en chirurgie, voire sur nombre d'autres terrains contrôlés par la bioéthique conservatrice, s'effectue par l'audace d'un homme qui, un jour, brave les interdits de l'époque. Un praticien hospitalier qui prélève des organes sur un corps sans demander l'autorisation de la famille afin de sauver un mourant qui échappe ainsi à son fatal destin dans une chambre à côté risque aujourd'hui la prison et l'humiliation des tribunaux. Un jour, la loi lui donnera peut-être raison *a posteriori* en inscrivant dans le code pour la normaliser une pratique transgressive au moment où il l'ose. Les répétiteurs ne révolutionnent rien.

Pas de posthumain sans transgression, à l'évidence, car il n'y aurait pas eu même d'humain si déjà elle n'avait été le moteur de tout progrès. Pas de connaissance du corps élémentaire sans le premier curieux qui ouvre un cadavre afin d'y prendre des leçons pour la vie ; pas de progrès en anatomie sans Erasistrate ou Hérophile, ces hors-la-loi qui pratiquent la vivisection sur des condamnés à mort pour apprendre plus et mieux qu'avec les cadavres ; pas de chirurgie moderne sans un Pasteur qui impose le microbe contre la génération spontanée, puis bataille pour imposer l'asepsie et l'antiseptie ; pas de vaccin ou de sérum sans la vaccine sur un animal dont on prélève les humeurs pour les injecter à un homme en doses calculées.

Au seul XXe siècle, les avancées notables se trouvent sous le scalpel, le binoculaire ou le microscope d'individus insoucieux des pratiques et dogmes dominés par les interdits en cours : de la procréation médicale assistée pour produire le premier bébé-éprouvette de Jacques Testard aux recherches de Severino Antinori sur le clonage après des PMA sur des femmes ménopausées en passant par les greffes de cœur, bien sûr, ou celle des mains, certains bravent l'interdit et visent l'élargissement de l'homme comme Vésale ou Harvey en leur temps dépassent Galien et les chrétiens qui soutiennent sa médecine.

Dans le panthéon de ces inventeurs de nouvelles définitions de l'humain, Serge Voronoff occupe une place particulière et, parce qu'il travaille sur la transgression majeure – le couplage de l'humain et de l'animal –, il croupit dans un tel oubli qu'il semble parfois n'avoir pas même existé... De sa Russie natale où il fuit les persécutions antisémites en 1885 au Collège de France où il crée un laboratoire de chirurgie, en passant par quatorze années près du khédive en Egypte et une crise cardiaque dans sa baignoire américaine à l'âge de quatre-vingt-cinq ans en 1951, le personnage relève d'une authentique biographie fantasque comme son activité de chirurgien avant-gardiste.

Car l'avant-garde le caractérise à merveille : il ose la xénogreffe pendant son séjour égyptien en utilisant un os de mouton pour suturer un jeune trépané ; il met au point l'opothérapie qui procède de son constat dans les harems que les eunuques vieillissent prématurément, il déduit que vitalité, jeunesse, fraîcheur, santé physique et psychique des individus entretiennent un rapport étroit avec leurs testicules, et excipe du bien-fondé d'une extraction d'hormones animales qu'il injecte à l'homme ; il greffe ensuite des thyroïdes de singes sur des crétins dont il améliore l'état.

Voronoff construit donc un homme nouveau avec des moutons, des singes, il croise les testicules des uns et le corps des autres, il prélève des cellules, des substances, des matières dans le registre animal et les fait passer du côté des hommes, autant de transgressions de la hiérarchie occidentale entre les règnes – à la base le minéral, au sommet l'humain, entre les deux, le végétal puis l'animal. Soit dans l'ordre croissant : le cristal, le cactus, la vipère, le prêtre...

Le chirurgien récuse la lecture transcendante et verticale de l'humanité qui suppose au-dessus des hommes des dieux, du divin ou la divinité pour affirmer une radicale immanence dans laquelle circulent de semblables énergies, d'identiques forces. Son monisme matérialiste actif prend le contre-pied du schéma presque trois fois millénaire qui découle des premiers livres de l'Ancien Testament. Le mouton n'est pas inférieur à l'homme, mais son semblable au regard des tissus, des os et des cellules. Comment mieux réorganiser ontologiquement le monde et selon de nouveaux principes, en regard d'une nouvelle métaphysique ?

L'opportunité d'un second mariage avec une épouse riche lui permet de travailler dans un laboratoire personnel. A l'époque – premier quart du XXe siècle –, il effectue des recherches sur la greffe de testicules de jeunes animaux appliquée aux vieux. Les résultats paraissent surprenants avec des améliorations effectives. Son parc de singes confirme ses intuitions égyptiennes : la virilité, la jeunesse, la santé entretiennent une relation directe avec les substances sécrétées par les glandes sexuelles. L'endocrinologie, la psychologie, la psychanalyse, l'anatomie, la chirurgie et la physiologie s'épousent désormais en de singulières noces... Le monde médical manifeste un réel scepticisme, voire une franche hostilité ; le grand public exprime tout de suite son enthousiasme. Mandarins prévisibles contre populations pragmatiques.

Le 21 juin 1920, Serge Voronoff effectue une greffe de testicules de cynocéphale – des babouins – sur un homme – le divan nous enseignerait sûrement d'intéressantes choses sur le patient, car il s'agit d'un prêtre ayant subi, dit-on, une castration dans sa jeunesse après une orchite tuberculeuse... Le staff constate un surcroît d'énergie physique, un accroissement de la force musculaire et une augmentation de la vitalité intellectuelle. La silhouette s'affine, la tonicité musculaire rétablie efface les parties molles de la chair, certaines rides s'estompent, la pression artérielle se normalise, la sexualité redevient possible... Bénéfice complet pour l'homme au goupillon ! Le curé imberbe assiste à la pousse de sa barbe pendant que le singe castré finit ses jours dans une ménagerie.

A l'évidence l'absence de traitement antirejet et l'inexistence de toute science immunologique conduisent ces opérations à l'échec. L'incompatibilité tissulaire n'entre pas en jeu à proprement parler car le matériel génétique du singe ressemble pour sa quasi-totalité à celui des hommes. Seules posent problème les réactions de l'organisme incapable de reconnaître l'identité du corps étranger. Le processus de défense entre alors en jeu, la greffe se nécrose. Le ministre de Dieu voit ses testicules se ratatiner trois mois après le miracle chirurgical...

Qu'à cela ne tienne, Voronoff opère à tour de bras : ses collaborateurs et lui totalisent deux mille greffes dans des délais très brefs. Parmi les patients, l'histoire retient quelques noms intéressants : Willy, l'homme de Colette qui aimait les femmes, Marcel Achard, l'immortel auteur de *Patate* – écrit dans ces eaux-là... –, Jean Richepin, dont un freudien nous dirait qu'en regard de son onomastique il lui manque peu de choses pour confirmer sa virilité, et surtout, comble du comble, Charles Maurras. Un comble car cet antisémite notoire qui ne manque pas une occasion de fustiger les sémites met ses parties génitales entre les mains d'un médecin juif, socialiste de surcroît ! Ce matamore de la race latine demande à un singe de lui donner la force dont il ne manque jamais de faire l'éloge ! Comment dès lors lire sans rire *L'Avenir de l'intelligence* ?

De l'os de mouton sur du crâne humain ; des humeurs de macaques injectées dans des veines de vieux messieurs ; des testicules de singes dans des bourses antisémites, catholiques, apostoliques et romaines : pour quelles raisons en rester là ? Serge Voronoff envisage dès lors d'inséminer une guenon avec du sperme humain, transgression majeure des ordres dits naturels. Toujours à cause de l'inexistence des traitements antirejets du moment, l'expérience échoue.

Aujourd'hui, les manipulations génétiques permettraient au chirurgien extravagant de mener à bien ses expériences. Pour le meilleur et pour le pire. Surtout pour le pire car la ligne de démarcation entre Dédale et Icare, l'hôpital où s'invente une nouvelle technique, révolutionnaire, et le camp de concentration où se pratiquent les folies meurtrières d'une poignée de fous encouragés par un régime politique délirant paraît mince... Voronoff expérimente et illustre cet adage heideggerien souvent mis à contribution : la science ne pense pas. A l'évidence, mais en revanche ce que pensent les scientifiques, voilà le problème... car désormais nous ne pouvons nous dispenser d'une réflexion digne de ce nom sur ces potentialités démesurées.

Auteur d'une vingtaine de titres inscrits pendant l'Occupation sur la liste Otto, il passe le temps de la guerre aux Etats-Unis où son déclenchement l'a surpris. Malgré ses recherches sur le cancer, les greffes de pancréas, de thyroïde ou de moelle osseuse, malgré ses intuitions concernant l'usage thérapeutique de l'hormone, malgré ses 80 % de succès en matière d'opérations chirurgicales testiculaires effectuées partout sur la planète – Europe, Amériques, Inde –, on a relégué Voronoff dans les sous-sols de l'histoire médicale : inconnu, mal connu, ni lu ni réédité – un seul titre : *Étude sur la vieillesse et le rajeunissement par la greffe* chez un petit éditeur en 1999 –, critiqué ou vilipendé par les rares qui le connaissent, il incarne le refoulé de la pensée dominante et de l'idéologie judéo-chrétienne. La transgression entre les espèces, une lecture moniste de la nature, une appréhension strictement matérialiste de la réalité médicale, une récusation de la religion anthropocentrique dominante, une invite à dépasser l'humain au profit d'un posthumain pressenti – malheureusement dans une époque où l'eugénisme de droite (Alexis Carrel) et de gauche (Paul Robin, Jean Rostand) – on se souvient surtout de celui des nazis – empêche ces recherches d'être envisagées dans la sérénité.

IV

REMATÉRIALISER LE DESTIN : EXISTER

22

L'IDENTITÉ

Voronoff ne brille pas seul au firmament des chirurgiens d'avant-garde capables de transgresser les normes pour réaliser des progrès intégrés un jour dans le cours de l'histoire comme de banales et courantes pratiques au quotidien : des foudres encourues par Vésale – accusé, persécuté, poursuivi dans toute l'Europe à cause de ses dissections de cadavres –, aux programmes obligatoires des leçons d'anatomie pour l'étudiant en médecine, le trajet semble long. Même remarque pour Pasteur, inquiété en son temps, passant outre aux interdits et vaccinant Joseph Meister contre la rage, sauvant l'enfant, avant de voir sa découverte généralisée avec la vaccination obligatoire des enfants dans le cadre même de l'Education nationale...

Parmi les récents avant-gardistes, le nom de Vladimir Demikhov (né en 1916), Russe lui aussi, compte pour beaucoup car on lui doit, outre les premières interventions de transplantations cardiaques sur des chiens avant guerre (1938), une même opération avec la tête en 1948. Deux têtes sur un même corps de chien, une même circulation sanguine et un animal viable, un monstre non pas naturel, mais produit par le vouloir d'un homme, la performance vaut généalogie. Le docteur Christian Barnard lui rend visite dans son laboratoire soviétique en 1962, cinq ans plus tard, au Cap, le chirurgien sud-africain réalise la première transplantation cardiaque... En 1998, Demikhov vivait encore.

A cette galerie de portraits forts, ajoutons Robert J. White, conseiller scientifique des trois derniers papes et donc de Jean-Paul II, le dernier en date. En 1973, cet Américain réalise plusieurs transplantations têtes-corps de macaques avec succès. Toujours à cause de la seule question immunologique, et non mécanique, les animaux survivent une semaine. La technique, au point quant aux détails de manipulations, n'attend plus que l'heure éthique pour une application aux hommes.

Cette heure semble venue. Le projet consiste à greffer la tête d'un tétraplégique dont le corps se couvre d'escarres et dépérit de jour en jour après des années d'existence dans un lit ou un fauteuil roulant, sans activité physique ni mobilité aucune. Faute de soigner ce corps, impossible à soulager, le patient risque la mort alors que toutes ses facultés intellectuelles, mentales et morales sont intactes. La proposition de R.J. White ? Séparer la tête et le corps d'un donneur mort cliniquement, inhumer cette tête dans laquelle le cerveau ne fonctionne plus du tout, et fixer sur ce support nouveau (corps arraisonneur) la tête (corps nomade) du paralysé ainsi débarrassé d'un corps désormais devenu inutile et incapable de nuire au restant de l'individu...

Science-fiction ? Jusqu'à aujourd'hui... Mais depuis la volonté de l'équipe américaine, la fiction cède le pas à la science qui transforme cette opération en une intervention relativement banale : refroidir le corps à dix degrés pour ralentir le métabolisme, arrêter pendant une heure et demie la circulation sanguine, inciser, couper, tailler jusqu'à l'os de la colonne vertébrale, sectionner la moelle épinière entre deux vertèbres, prélever l'objet, recoudre les vaisseaux, les nerfs, les tissus, la peau, puis renvoyer le patient dans la salle de réveil : nouveau corps, ancienne tête...

Seul inconvénient, et de taille : la paralysie, car on ne dispose pas encore des moyens de reconnecter les neurones et de restaurer le pont nerveux entre les matières séparées – moelle descendant de l'axis, moelle montant du sacrum... Le problème compte peu pour le patient tétraplégique, car il recouvre un état semblable à celui du départ ; il importe évidemment pour un individu disposant de sa mobilité : l'intervention la supprime de manière irrémédiable. A moyenne échéance, on peut imaginer que la transgenèse permettra de régénérer les tissus nerveux et que la greffe de tête sur un corps pourra se pratiquer sans ce dommage majeur... De premiers signes encourageants vont en ce sens.

Serge Voronoff, Vladimir P. Demikhov et Robert J. White posent des problèmes philosophiques majeurs mais anciens. Savent-ils qu'ils réactivent des questions contemporaines des Grecs, réactualisées par Locke et Leibniz, au point qu'ils permettent désormais d'aborder ces questions ontologiques et métaphysiques non plus dans l'hypothèse rhétorique pure, mais dans la perspective d'une casuistique pragmatique. Les discussions sur le bateau de Thésée ou sur le cerveau du Roi transplanté dans le corps du savetier cessent de fournir matière à réflexion sur l'identité et contraignent désormais à penser dans l'horizon du possible et du probable. Changement de cap...

Se trouve-t-on dans le cas d'une transplantation de tête ou d'une greffe de corps ? Ou l'inverse ? Qui est celui qui se réveille ? Le même ? Un autre ? L'autre ? Un tiers ? Une chimère ? Un monstre ? Le prototype du posthumain ? Un archétype ? Comment le nommer ? Est-il innommable parce que difficile à nommer ? Quel nom propre lui donner ? Celui du propriétaire de la tête ? Et quid du nom de l'ancien locataire du corps qui persiste sans le chef de l'autre ? La compagne du tétraplégique réveillé caresse-t-elle la peau de son mari, son sexe, ses membres, sachant que ce sont aussi ceux d'un autre homme – mort par ailleurs ? Comment vivre avec un nouveau corps pendant que l'autre, l'ancien, le sien dont on s'est défait, pourrit dans un cercueil sous deux mètres de terre ? Quand le miraculé va au cimetière, quelles pensées devant la tombe où gît son corps, moins sa tête ? Quelles réflexions face à celle du donneur dont la tête repose en paix pendant que son corps assiste à la scène ? etc...

Dans ses *Essais sur l'entendement humain*, John Locke pose la question. A l'époque où il intègre son *Traité de l'identité* (1694) dans le livre qui lui vaut sa réputation, Harvey n'est plus, mais il a découvert quelques décennies plus tôt la circulation sanguine et le mécanisme de formation des fœtus de poulet. La science avance doucement, on n'imagine pas la possibilité technique et chirurgicale d'un échange corps-tête sur un être humain. Le poids de la religion interdit d'ailleurs l'anatomie et rend cette idée plus folle que tout.

De sorte que l'hypothèse du philosophe, prémonitoire, vaut de manière métaphysique et ontologique comme une occasion d'aborder la question de l'identité : qui est *Je* ? Qu'est-ce que *Moi* ? Derrière l'individu qui affirme *Je* ou dit *Moi*, qu'y a-t-il ? Autres questions : comment se lient l'âme dans la tête et le corps uniquement matériel ? Quel nœud pour une substance étendue, la chair, et une substance pensante, l'esprit ?

Glande pinéale, affirme Descartes, certes, mais encore ? Un cerveau uniquement matériel contient-il l'âme ? Et comment : à la manière d'une geôle son prisonnier ? Ou comme un pilote dans un bateau ? L'identité d'un être, comment la circonscrire ? Est-elle localisable ? Si oui, où ? Et comment ?

Autant d'interrogations qui engagent plus qu'elles-mêmes, à l'évidence. Car des solutions apportées à chacune dépend une position métaphysique : dualiste, spiritualiste, idéaliste, donc politiquement et intellectuellement correcte, ou moniste, matérialiste, atomiste, autant de passeports pour les ennuis, le procès, la prison, voire le bûcher. Giordano Bruno, dominicain, monte sur le tas de fagots le 17 février 1600 ; en 1619, à Toulouse, on arrache la langue de Vanini, carbonisé pour avoir appelé à substituer la causalité physique aux fictions théologiques ; le 12 avril 1633, Galilée rend des comptes à l'Inquisition parce qu'il affirme la matérialité du monde et l'héliocentrisme contre le géocentrisme officiel (fautif !) de l'Eglise ; après avoir été torturé, Campanella, lui aussi dominicain, croupit une trentaine d'années en prison – jusqu'en 1636 – pour s'être enthousiasmé à la physique antiaristotélicienne de Telesio. Sale temps pour l'intelligence...

De sorte qu'en appeler au cerveau pour réfléchir à la question du corps et de l'identité transforme Locke en figure majeure de la philosophie, mais aussi en individu qui prend le risque de penser dans une époque où l'obéissance aux articles de foi permet une existence plus tranquille, souvent grassement dotée par l'Eglise aux commandes des mécanismes de la société. Chercher ce qui permet de dire *Je* ou *Moi* dans l'agencement d'un encéphale et d'une carcasse qui le contient, voilà une audace métaphysique désormais rattrapée par les acteurs de la postmodernité.

Locke pose l'hypothèse d'un cerveau de Roi transféré dans le corps d'un savetier. Deux précurseurs conceptuels du tétraplégique américain... Au réveil, dans quel lit se trouve le Roi ? Et le savetier ? Peut-on affirmer l'un et l'autre disparus ? Ou confondus ? Doit-on penser que l'un et l'autre vivent en schizophrènes, coupés, une partie royale, une autre roturière ? Si le savetier se réveille en demandant son premier ministre, est-il fou ? Se prend-il pour un autre ? Est-il un autre ? Ou peut-il légitimement revendiquer le statut de chef d'Etat ? Si oui, selon quel principe ? Qui des deux sait gouverner ? Le corps du savetier complété par un cerveau de Roi ? Le corps du Roi avec l'encéphale de l'artisan ? Et lequel répare correctement les chaussures ? Si des révolutionnaires veulent décapiter le monarque, quelle tête devront-ils faire tomber ? A qui la Reine doit-elle accorder ses faveurs ? Et madame l'épouse du cordonnier ? Où et quand l'adultère ? Etc...

Je complique, j'ajoute, j'exagère, évidemment... Locke ne va pas aussi loin dans la casuistique, mais à l'évidence toutes ces questions découlent de l'opération chirurgicale et des transferts physiologiques. Depuis que le problème se pose de fait, la réflexion doit prendre en compte à parts égales le théorique et le pratique, voire le théorétique du spécialiste d'ontologie et le pragmatisme du philosophe – voire du professionnel de la santé – soucieux de penser réellement le monde réel...

La seule récente greffe d'une paire de mains a posé des problèmes considérables au receveur – apparemment un patient moyen d'un point de vue psychique... – relatifs à la réécriture et à la réappropriation de son schéma corporel. Se retrouver avec dix doigts qui la veille appartiennent à un autre, mort depuis, et le jour deviennent sa propriété anatomique, mais pas encore mentale ou affective, laisse imaginer à quoi ressemblerait la même opération, mais cette fois-ci avec un cerveau, le lieu même qui quintessencie l'identité...

Que dit Locke d'utile pour avancer dans la réflexion sur ce sujet ? Soit on met en avant le *critère corporel* pour mener son enquête : alors le (corps du) savetier se fourvoie en se prenant pour le Roi, idem pour le (corps du) Roi fautif de s'imaginer l'artisan, on est son corps et rien d'autre, et le corps définit ce qui apparaît immédiatement comme tel à autrui. Dès lors, je suis ce que l'autre me dit que je suis en me voyant, en me regardant et en concluant mon être et mon identité de mon apparence. Malgré le cerveau ? Oui, effectivement, car dans pareil cas de figure, ce qui importe est moins l'intérieur, l'âme, l'esprit ou la pensée d'un être que son pur apparaître.

Certes une autre option est possible : privilégier le *critère psychologique*. Auquel cas, bien que ressemblant au savetier, parce qu'il a désormais son corps, le Roi peut dire qu'il gouverne ses sujets, il ne se trompe pas, ni ne trompe les habitants de son royaume. Lui seul sait comment marche la machine de l'Etat, il peut signer de son nom et parapher les papiers officiels sans mentir ni se mentir. Même chose pour le savetier : les sujets peuvent le prendre pour le Roi, car il en a l'apparence, mais son savoir excelle dans l'échoppe, pas dans le palais. Chacun est son cerveau, malgré son corps, indépendamment de l'enveloppe qui le contient et le porte.

Locke distingue *l'identité humaine* et *l'identité personnelle*. La première caractérise la forme, l'allure, l'apparence, le corps seul, la chair, le mode d'apparition, ce qu'en terme phénoménologique on pourrait nommer l'être-pour-autrui ; la seconde qualifie l'intelligence, la mémoire, le raisonnement, le cerveau, la matière grise et, toujours dans le vocabulaire précité, l'être-en-soi, voire l'être-pour-soi. Sur le principe de l'identité humaine, l'être coïncide avec le paraître : le corps du Roi est le Roi, celui du savetier est le savetier ; en revanche, selon le principe de l'identité personnelle, on est ce que l'on sait être, en fonction de son intériorité : chacun est son cerveau.

Finalement ? Finalement Locke ne simplifie pas le problème... Voire il paraît souvent le compliquer. Car le critère physiologique (l'identité humaine) et le critère psychologique (l'identité personnelle) ne se séparent pas aussi facilement dans une chair que sur le papier. La dissertation autorise cette coupure facile, comme si l'on pouvait mettre d'un côté et de l'autre ce qui vit de manière intime, mélangée, confondue dans un être. Le (cerveau du) Roi peut légitimement regarder les mains de son corps nouveau (celui du savetier) avec stupeur, effroi, étonnement, car elles sont les siennes, certes, mais depuis peu, car elles sont aussi celles d'un autre qu'il n'est pas, et qui n'est plus...

On ne résout l'aporie qu'en introduisant une dimension nouvelle, celle du schéma corporel : il suppose une image de son corps construite par le temps, avec l'expérience, l'éducation. Il suppose qu'on intègre l'évolution, les changements, les mémoires, mais aussi ce qui demeure et finit par faire une imago stable à même de se perpétuer dans le temps et dans l'espace. Je suis ce qui coïncide avec cette construction psychique, mentale et intellectuelle de moi-même. Toute greffe modifie ce schéma plus ou moins gravement. D'abord parce que la transplantation d'un rein n'équivaut pas à celle d'un cœur, d'une cornée ou d'un cerveau. Les organes procèdent d'une symbolique : certains semblent nobles, d'autres moins.

Pulser le sang, voir ou concevoir le monde suppose également plus que cela : l'œil compte comme organe de la connaissance, de la vision intellectuelle autant que mécanique, le cœur vaut tel un lieu chargé d'émotion, il exprime aussi l'amour, et ne se réduit pas à une pompe, le cerveau plus encore engramme les affects, les connaissances, les mémoires, le passé, la totalité du monde perçu, reçu et conçu subjectivement. Greffer un encéphale, c'est greffer l'être tout entier; transplanter une tête sur un corps, même chose; intégrer une valve mitrale, c'est moins; transférer un litre de sang également; mais plus s'il s'agit de paillettes de sperme, elles aussi autrement chargées symboliquement que d'autres organes, matières ou substances.

Le schéma corporel renvoie donc, au-delà du réel matériel, à du symbolique intégré dans une conscience de soi. Consentir à une greffe, c'est accepter la modification de cette image de soi. D'aucuns, en fonction de leur état psychique, de la solidité ou de la fragilité de cette imago, auront plus ou moins de facilité à recevoir, assimiler et intégrer un fragment de corps tiers. Certains rejetteront, sur le terrain psychologique, quelques centimètres carrés de peau et subiront la loi d'une défense immunitaire issue des *forces* en eux; d'autres accepteront des mains, un cœur, voire un corps autre sans cerveau pour y placer le leur si l'occasion se présente...

L'inégalité prime. Tel recompose son schéma corporel avec facilité quand tel autre n'accepte pas une seule modification : le vieillissement, par exemple, oblige à reconsidérer ce fameux schéma. Embonpoint, affaissement des tissus, perte des cheveux qui blanchissent, les dents s'abîment, l'acuité visuelle diminue, les articulations rouillent, les mouvements deviennent plus raides, la récupération d'un effort prend plus de temps, la mémoire est moins performante, les oublis plus fréquents, des lenteurs mentales ou réactives s'accumulent, andropause ou ménopause, moindre souplesse de la peau, vergetures, graisses superflues, chacun peut continuer la liste... Toutes ces affections, tous ces effets de l'entropie contraignent à des rendez-vous réguliers avec son propre schéma corporel afin d'intégrer les nouvelles donnes. Certains savent et peuvent, d'autres non. Il en va de même avec les greffes.

Chaque partie s'assimile possiblement. En restant ce que je fus, je puis devenir un autre, tout en recevant des parties du corps nomade d'un tiers. La dialectique hégélienne parle dans ce cas d'*aufhebung* : conservation et dépassement en même temps. Je suis le même ; je suis un autre ; cet autre reste le même, mais augmenté, affecté partiellement, nouvellement défini. Je ne deviens pas porc le jour où je reçois une valve mitrale prélevée sur l'animal... En réalisant cette opération, le chirurgien effectue un travail anatomique, certes, mais aussi un travail ontologique. Il me fait une proposition métaphysique : intégrer, accepter une partie tierce, puis la faire mienne.

La transplantation affecte l'identité mais se contente de bouleverser celle qui se trouve déjà là : plus ou moins forte ou fragile, nettement dessinée ou vaguement esquissée, solidement construite ou délabrée. Les fragments de corps étrangers intégrés au corps du receveur ne posent pas de problèmes dans l'absolu mais relativement au sujet opéré. La chair ajoutée à la chair, la substance augmentée de substance, les cellules, les tissus associés à leurs semblables produisent des effets sur un terrain matériel qu'on aurait tort de ne pas savoir parcouru, habité par ces forces qui déterminent aussi un registre symbolique. On opère toujours des schémas corporels...

23

LE CERVEAU

Une fois recousus, ces patchworks de chair semblent *a priori* correspondre au portrait donné par Mary Shelley de son monstre. *A priori* seulement. Car cette créature littéraire commet ses forfaits et méfaits pour une seule raison : son manque d'âme. Construite à partir de corps morts déterrés dans les cimetières ou volés dans les chambres mortuaires, cette chose, on l'oublie souvent, n'a pas de nom : innommable, donc innommée... C'est fautivement qu'on lui donne le nom de... son créateur : Frankenstein. Pour dire que le monstre, finalement, désigne celui qui donne vie à pareille chimère ? Possible...

L'absence d'âme du personnage n'empêche pas sa conscience, car dans le roman la créature connaît ses passions animales, ses défauts et ses difformités. Une *étincelle divine* lui manque : est-ce pour cette raison qu'elle cherche à faire du mal au jeune savant auquel elle doit son existence brute, charnelle mais aucunement spirituelle ? Dans le désert arctique où elle se réfugie après avoir semé la mort autour d'elle et assassiné l'ami, le frère et la femme du scientifique, elle finit par occire également son créateur avant de disparaître dans la nature. Faut-il craindre son retour ? Est-il parmi nous ? Ou devant nous ?

Où donc se fabrique, se lit ou se voit l'humanité d'un humain ? Qu'est-ce qui, en lui, signe la spécificité de l'*homo sapiens* ? De quoi peut-on dire qu'en y touchant, en ne le préservant pas, en l'exposant, on empêche la dignité ? A partir de quand l'humain surgit-il dans le vivant ? A quel moment le quitte-t-il ? Qu'est-ce qui distingue l'œuvre de Frankenstein des autres créatures à forme humaine ? La question mérite d'être posée car le devenir nomade du corps, la possibilité de le fragmenter, de le décomposer, puis de le recomposer sur le mode faustien contraint à circonscrire une zone dans laquelle l'identité gît d'une manière coercible.

Le visage, répond Max Picard et après lui Emmanuel Levinas, tous ceux réactivant l'antienne talmudique. Preuve de l'existence de Dieu, épiphanie de la transcendance, le plus irremplaçable d'un être, le plus unique, son intelligibilité même, ce par quoi il ressemble à Dieu, participe de lui, etc... Vision théologique de l'identité ! Elle pèse peu face à la réalité et aux leçons, par exemple, du visage d'un bourreau nazi devant celui de sa victime juive dans un camp de concentration. Le visage d'un monstre ressemble à celui d'un saint, car sa monstruosité ne se concentre pas sur cette partie de lui. Ni l'humanité.

Paradoxalement le visage peut même se trouver rapproché du masque de théâtre en regard de quoi on nomme le personnage : le rôle joué, la fonction de représentation, et non la réalité de l'être qui endosse des habits de fiction. Malgré le paradoxe du comédien diderotien, qu'il soit vraiment ou métaphoriquement un autre au moment où il joue un rôle, il demeure essentiellement ce que l'état civil sait et dit de lui.

Quantité de Dom Juan sont joués par des catholiques pratiquants, des cocus de Feydeau vivent avec des femmes fidèles et des rois shakespeariens militent à la section locale du Parti socialiste... Le visage montre pour cacher, il expose pour mieux taire.

Et puis, raison triviale : on greffe désormais le masque facial avec autant de simplicité qu'on opère d'une coxalgie. Le docteur Butler effectue cette transfiguration – le mot s'impose – en neuf heures de bloc, pas plus : incision de la peau sous le maxillaire inférieur, derrière les oreilles, dans le scalp, découpe, prélèvement des vaisseaux sanguins, des veines, de la peau, des muscles et de la graisse sous-cutanée du donneur, mort. Pendant ce temps, on soustrait au receveur la même surface de chair, le même volume. Puis on transfère la galette de chair du disparu sur les volumes osseux du survivant...

Le greffé ressemble à un mélange des deux : les parties molles du mort n'existent de manière saillante et modelée qu'en fonction des bosses et creux du crâne ; déposées et reposées sur une autre structure d'accueil, elles se modifient. Les lèvres par exemple se dessinent et prennent leur expression à partir de la seule structure des arcades dentaires. De sorte que dans un moment comme celui-ci l'*aufhebung* hégélienne se trouve activée : dépassement d'un tiers disparu, et conservation de celui-ci, même chose avec le receveur. Au final, on obtient un tiers, un visage nouveau procédant des deux, mais ne ressemblant à personne. Visages nomades pour une personne semblable : si l'identité réside dans un visage, la greffe fait perdre l'être... Ce qui ne semble pas le cas.

Évidemment, cette technique concerne exclusivement les brûlés et autres défigurés par accident. Pas encore les clients riches des salles d'attente de chirurgie esthétique. Seules les personnes aux masques calcinés, déchiquetés, pulvérisés, relèvent de l'opération en question. Réparation, reconstruction et modelage d'une apparence présentable – à soi et aux autres – pour ceux qui ont perdu toute forme humaine, cette chirurgie esthétique laisse loin derrière elle celle des conforts de convenance.

L'identité n'est ni dans le corps sans cerveau, ni dans le visage, mais dans le cerveau : je suis mon cerveau, d'abord et avant toute chose ; je structure et construis mon schéma corporel avec lui, à partir de lui, juge et partie ; en lui se trouvent mes mémoires, mes souvenirs, conscients ou non, mes images mentales, mes trajets psychiques, mes formes nerveuses dessinées par un influx depuis mes premières heures d'embryon ; je pense par lui ; je le pense lui et ses fonctions, ses mécanismes, grâce à sa médiation ; la douleur surgit par son entremise ; ma présence ou mon absence au monde relève de son ministère ; je suis sans corps, je ne suis pas sans lui : le cerveau du savetier est le savetier, le savetier est son cerveau ; idem pour le Roi.

Quand mon cerveau défaille, je défaille ; lorsqu'il est endommagé, je le suis ; je suis mort quand il ne répond plus aux sollicitations venues de l'extérieur, lorsque l'électro-encéphalogramme reste plat ; si je pense et que, pensant, je sais et conclus que je suis, je le lui dois ; substance étendue, il est en même temps substance pensante ; occasion de l'esprit, de l'âme, tout en demeurant strictement composé d'atomes, de neurones et de synapses, il génère le mystère et la complexité de chacun, sa subjectivité, son unicité ; lui seul détermine la sortie du vivant en direction de l'humain, dans le ventre de la mère, dès la vingtième semaine, ou de l'humain vers le seul vivant, en cas de mort cérébrale. A partir de lui et uniquement se justifient et légitiment l'avortement et l'euthanasie : avant le cerveau, après le cerveau, en dehors de ces deux bornes, toute querelle procède de sophisteries.

La preuve ? Elle se trouve dès le IIe siècle de notre ère chez Plutarque qui raconte dans ses *Vies des hommes illustres* l'histoire du bateau de Thésée, ce héros de l'Attique par excellence, puisque l'héritier du trône d'Athènes. On lui doit des actes de bravoure innombrables – écartèlements, assassinats, vengeances, décapitations, combats, etc... – qui, singulièrement, le transforment en archétype du roi pacifique, sage et juste ! Pour mater les Amazones, Thésée utilise un navire avec lequel il vogue jusqu'aux confins de la mer Noire. C'est ce bateau qui permet de conclure au cerveau comme lieu définitif de l'identité. Comment ?

Pieux, les Athéniens conservent la relique à l'aide de laquelle leur roi a effectué ses prouesses. Mais les affres du temps attaquent le bois : des planches se gonflent de l'humidité venue de la Méditerranée toute proche ou de la pluie, puis se boursouflent. L'hiver gèle tout cela qui finit par pourrir. Les archontes décident d'entretenir le navire et remplacent la planche, puis les planches endommagées par des morceaux de bois neuf et sain. Les dégâts emportent successivement toutes les pièces de charpente au point qu'un jour plus aucune ne subsiste d'origine. Question : quand le bateau de Thésée cesse-t-il de pouvoir être dit tel ?

Dès que le premier homme change la première planche ? Au milieu des opérations, quand la moitié des pièces d'origine a disparu et que l'autre se trouve constituée de nouvelles ? Lorsque la dernière est fixée sur la carcasse ? Ou quelque part entre le premier et le dernier geste, mais où et selon quel critère ? L'histoire sert très tôt aux discussions de logiciens dans l'Antiquité, elle permet encore à certains aujourd'hui de mettre en scène des jeux de langage destinés avant tout à montrer leur dextérité intellectuelle ou leur habileté rhétorique – après quoi, prestidigitateurs, rien ne reste de leur démonstration...

Transposons cette histoire au corps humain : quelles parties peut-on supprimer les unes après les autres avant de pouvoir dire d'un individu qu'il cesse de l'être ? A l'évidence, le bateau de Thésée n'est plus celui des origines quand on détache une première latte de sa coque ; puis il devient de moins en moins lui au fur et à mesure que sont retirées de plus en plus de planches ; avant de ne plus du tout l'être quand le dernier morceau de bois laisse place à son remplaçant flambant neuf. On peut disserter sur la durée dans le temps et dans l'espace, affirmer que le bateau persiste dans un lieu tout en se délitant dans la durée, bien que persistant sous une autre forme en lui, la métaphore réjouit.

Mais pour l'homme ? Il cesse d'être lui-même dès la première greffe, quand on lui enlève un cœur pour le remplacer par un autre ; puis la cornée ; puis le poumon, puis tout ce qu'on voudra. Son schéma corporel se trouve à chaque fois modifié ; si son travail intellectuel et réflexif de reconstruction de lui-même fonctionne correctement, il intègre et dépasse ces fragments nouveaux devenus parties intimes de lui-même : mais grâce au cerveau, car lui seul organise et réalise le schéma. Sans lui, on ne peut plus ajouter, retrancher, modifier : lui seul opère la jonction entre le Divers en provenance d'autrui et l'Un structuré par son travail. D'ailleurs sa fonction consiste à réduire le multiple des composants épars en unité cohérente à même de fixer et supporter l'identité. S'il fait défaut, l'écriture de ce schéma manque pour toujours et l'individu demeure schizophrène, coupé, étranger à lui-même, ignorant même ces jeux ontologiques en lui... Je et Moi ? Mon cerveau, rien d'autre...

24

LA DOULEUR

Quand je parle d'hédonisme, on songe tout de suite au plaisir, sans jamais s'interroger sur sa signification. Ensuite, soit on y consent en pensant qu'il recouvre l'égrillard, le salace, la jouissance cynique, soit on le récuse – pour les mêmes raisons... Dans les deux cas, on passe à côté du sens réel dont on se moque ou qu'on élude. La tradition judéo-chrétienne discrédite le corps heureux, joyeux, fier et libre dans son commerce avec lui-même et les autres; selon elle, le désir est une malédiction, les passions une catastrophe, l'instinct une régression, les pulsions une exécration. La chair, le corps, inutile d'en parler...

D'où un *a priori* négatif, même dans le cas austère, sobre et ascétique de la jouissance épicurienne – au sens philosophique du terme –, dès qu'une batterie de termes apparaissent, dont le plaisir. Car ce dernier renvoie chacun au sien, donc à sa vie, à son existence rarement à la hauteur des espérances entretenues pendant l'enfance, l'adolescence, ou plus tard. Le mot agit en révélateur brutal des renonciations, des reniements, des compromis qui jalonnent une existence et augmentent le temps passant... Le terme de jouissance tétanise ceux qui ne jouissent pas et, par conséquent, détestent ceux qui jubilent *de* et *dans* l'existence.

Or la jouissance définit parfois, et aussi, et souvent, l'absence de trouble, le défaut de douleur. Jouissance et souffrance fonctionnent en avers et revers de la même médaille : impossible de les considérer séparément. Vouloir la première suppose conjurer la seconde; la présence de l'un induit l'absence de l'autre. L'hédonisme, que définit la recherche du plaisir pour soi et les autres, recouvre également la quête de l'évitement du déplaisir, donc de l'éviction de tout ce qui permet des variations sur ce thème – dont la douleur, épicentre de toute philosophie hédoniste, car elle incarne le mal absolu, la négativité même.

Vingt-cinq siècles de pensée grecque confisquée par le christianisme débouchent dans une théorie de la douleur. L'affaire ne mérite pas qu'on y revienne : le paulinisme triomphant dans l'Église déteste le plaisir, certes. Mais il ajoute à cela une fascination morbide et perverse pour la souffrance transformée en vertu sublime, en voie d'accès au salut, en chemin idéal qui mène au ciel. Le modèle? Jésus sur la croix, couvert de plaies, de blessures, d'ecchymoses, d'éclampsies, un corps qui suinte, coupé, entaillé, griffé, déchiré sur le front par des épines, percé au flanc par une lance, pieds et mains défoncés par d'énormes clous, mort. La logique chrétienne? L'imitation... Que chacun en tire les conséquences...

L'histoire de l'Eglise regorge de martyres présentés comme des modèles d'existence pour gagner son salut : dans *La Légende dorée* Jacques de Voragine raconte les martyres avec force détails. La palme revient à la décapitation, sans conteste, mais le plus malin de tous ceux qui perdent la tête est Denys qui la prend sous son bras et traverse Paris de Montmartre à... Saint-Denis – évidemment. Compter aussi avec le gril de Laurent, la roue d'Euphébie, la croix de Simon, l'étuve de Cécile, les flèches de Sébastien, le fouet et les peignes de fer d'Hippolyte, la lapidation d'Eusèbe, le couteau qui enlève les mamelles – dit le texte – d'Agathe ou découpe Jacques l'Intercis en morceaux, les lions de Blandine, la pierre au cou de Callixte précipité dans un puits, la noyade de Clément, on peut également enterrer vivant, – n'est-ce pas Vital ? –, écorcher vif – pauvre Barthélemy... – ou faire le malin et cumuler les mamelles tordues, découpées, la langue aussi, le gril carburant à l'huile, les flèches, la roue, la noyade une pierre au cou, la chaudière de résine et de poix, la morsure de serpents venimeux, comme Christine, et survivre, car tous, évidemment, grâce à leur foi, survivent à ces traitements humains trop humains...

Partant avec un crucifié, continuant avec une cohorte de saints martyrisés, et persistant chaque jour avec la prière, chaque semaine avec la messe, chaque année avec les fêtes religieuses rituelles qui célèbrent la crucifixion, la passion, le chemin de croix, comment le christianisme pourrait-il parvenir à une vision du monde qui condamnerait la souffrance, la douleur et le corps à la peine ? Des siècles de dressage mental ont utilisé ces histoires pour édifier les croyants avec la peinture, la sculpture et la musique – cantates et oratorios, passions et requiem – en renfort...

Et aujourd'hui ? Le Vatican persiste et signe... En 1995 le Conseil pontifical pour la pastorale des services de la santé a édité une *Charte des personnels de la santé* qui vaut catéchisme à destination des soignants. On peut y lire sans surprise : une condamnation de l'avortement, de la contraception hors méthode Ogino dans le couple marié, de la pilule abortive, de la stérilisation, de l'expérimentation sur les embryons, des xénogreffes, des drogues, de l'euthanasie et du suicide. Mais aussi des pages dans lesquelles la douleur acquiert un sens *pénitentiel et salvifique.* Suit une étrange invite à *l'humanisation de la douleur* que définit son acceptation autant que faire se peut dans la perspective de *s'associer de manière consciente aux souffrances du Christ.* Ite missa est...

Faut-il dès lors s'étonner aujourd'hui de la persistance d'un goût plus ou moins conscient – plutôt moins à cette époque de notre civilisation... – pour la douleur ? Le dolorisme imprègne les mentalités et la vision théologique prime toujours, parfois à l'insu des sujets. Le catéchisme renvoyé aux vieilles lunes, l'éducation religieuse abandonnée, la pratique défaillante, la confession auriculaire abolie, le clergé désemparé, la bulle papale et le rescrit conciliaire cessant d'être parole d'évangile, on dira le christianisme mort ou mourant...

A tort car les signes cessent de faire recette, certes, mais les formes intellectuelles, les habitudes mentales, les mécanismes de conscience, les tropismes conceptuels persistent, transmis par une laïcité n'ayant jamais vraiment déchristianisé son discours, se contentant de reprendre le contenu judéo-chrétien en le formulant dans un langage immanent, républicain, démocratique, mais conforme en tout point au discours de l'Eglise. Le code civil ne contient rien que ne saurait bénir le Pape, sauf les dispositions concernant l'avortement, seule brèche ouverte pour l'instant dans le monument catholique.

Un exemple de permanence des schémas chrétiens où on ne les attend pas ? Dans la psychanalyse... Où ? Quand la souffrance et la douleur se trouvent mises en perspective avec une culpabilité procédant d'un désir refoulé. Refoulé selon quels principes ? Ceux de la morale dominante... Ainsi le complexe d'Œdipe qui met en scène des affects impossibles à connaître sans de fait se trouver envahi par un sentiment de faute. L'inceste en l'occurrence ! Un cancer ? Un infarctus ? Une zone particulièrement affectée dans le corps par une maladie ? Et nombre de psychanalystes avancent des étiologies fantasques que ne désavouerait pas le Père Ubu... La psychopathologie de la vie quotidienne pratiquée par des gourous frottés de Freud abonde en exercices de style qui mettent en perspective la souffrance et la faute – le désir inconscient de meurtre du père, celui de la pénétration de la mère et autres jongleries effectuées sur le cadavre d'Œdipe.

Un autre exemple ? Dans l'hôpital, des médecins ou soignants rompus au spectacle des souffrances concrètes et de leurs effets, de leurs manifestations, affirment sans sourciller la nécessité de la douleur pour circonscrire une zone à même de fournir des renseignements utiles au diagnostic ; certes, et comment leur donner tort jusqu'ici ?, mais ils ajoutent le devoir de la conserver pour vérifier en cours de route la validité du diagnostic, mesurer plus sûrement les effets du traitement, ou conserver le symptôme nécessaire à la lecture technique. Quand ils n'affirment pas la nécessité de laisser au patient sa souffrance – impuissants qu'ils sont à l'en débarrasser... – pour la raison qu'il construit son existence autour d'elle et que l'en priver équivaut à lui supprimer sa raison de vivre ! Voire à le conduire au suicide... Entendu par mes soins en milieu hospitalier...

Or rien ne justifie la persistance d'une douleur quand elle accomplit sa fonction, la seule : attirer l'attention d'un homme de l'art sur le type d'affection qui conduit un patient sous son regard. En dehors de cette unique raison, rien ne justifie sa tolérance. Signe technique et rien d'autre, elle exige le combat sans merci dès sa fonction d'interpellation accomplie. Prétendre la légitimer dans une perspective clinique revient à faire l'impasse sur l'humanité du patient qui souffre. En détachant l'algie du sujet qu'elle afflige, on la banalise, car avec elle l'individu n'a aucune chance d'être autre chose qu'elle.

Dernier exemple : elle concerne moins les prétentions scientifiques pures du personnel soignant que ses attendus éthiques, donc métaphysiques et religieux. D'aucuns en effet, par une étrange opération du Saint-Esprit, associent la douleur à la dignité... On se demande pourquoi et comment, selon quels principes ! Mais à leurs yeux seuls les humains souffrent... comme des bêtes, et eux seuls savent et peuvent lutter contre elle avec des arguments volontaristes. Endurer la souffrance, vivre avec elle au quotidien, se battre, voilà une occasion rarement donnée dans l'existence – sauf sur les champs de bataille, préciserait Jünger... – qui permet de découvrir sa vérité, sa grandeur, son humanité. Les vendeurs d'arrière-mondes palliatifs pensent ainsi...

Et puis n'oublions pas que la relation patient-soigneur met en scène deux inconscients la plupart du temps ignorés dans leurs détails par les protagonistes. De plus, cette confrontation de deux structures psychiques s'effectue dans un espace où l'un tient l'avantage : debout, sain, en forme, disposant du savoir, protégé par sa blouse blanche et l'institution qui la lui donne, il entretient avec autrui, allongé, malade, souffrant, ignorant la médecine et les sciences en jeu dans l'hôpital, nu et fragilisé sous un pyjama ou une tunique vaguement fermée dans le dos (par un autre que soi, tout compte...), une relation déséquilibrée.

Par ailleurs, chacun porte, on ne l'ignore plus depuis Freud, des pulsions sadiques et masochistes plus ou moins impérieuses et en quantités variables : jouir de la douleur infligée ou de celle qu'on s'inflige. Dans le théâtre hospitalier – ou ailleurs pourvu que se rencontrent un homme ayant prêté le serment d'Hippocrate et un autre qui a mal – la logique domination-servitude compose avec le sadisme et le masochisme des parties prenantes. L'inconscient du malade peut le conduire, hors sa volonté rationnelle donc, à éprouver du plaisir, à souffrir, à vouloir, appeler ou aimer la douleur ; celui du médecin à l'infliger, la tolérer, ne pas l'entendre ou si tard.

Le pouvoir d'arrêter ou non la souffrance de l'autre – j'écarte celui de l'infliger volontairement, passible du tribunal... – compte parmi les plus enivrants pour la plupart des hommes. Généalogiquement d'ailleurs, n'est-ce pas l'essence de tout pouvoir que de disposer du droit de vie et de mort sur plus faible que soi ? L'éthologie témoigne, les premiers temps de l'humanité aussi, voire le cours du monde depuis... La pulsion de mort habite certains à peine, d'autres en excès. Qui dispose, quand il a le corps de malades entre ses mains, d'une connaissance assez précise de soi pour savoir où il en est de ces pulsions morbides ? Ou quelles parts de Sade ou de Masoch l'habitent ? Face à la souffrance d'un être en demande de soins, désarmé, l'inconscient d'un soignant effectue l'essentiel du travail.

La lecture théologique empêche un autre abord. Pour dépasser la première et rendre possible la suivante, un passage phénoménologique permet de désinfecter les concepts et de les restituer à peu près intacts à la raison. La douleur se distingue de la souffrance. Le *douloir* de l'ancien français désigne la souffrance aussi bien physique que morale qui, elle, renvoie originairement à la capacité d'endurer, de supporter, mais signifie depuis l'époque moderne à peu près la même chose que *douleur*... De récentes conventions sémantiques opposent les deux termes en recourant à une relation différente au temps : selon cette casuistique nouvelle, la douleur caractérise la souffrance ponctuelle, la souffrance une douleur qui dure...

Souffrir se conjugue de manière active et permet d'envisager des modes : je souffre, tu, il ou elle souffre, nous, vous, ils. Chaque personne autorise des considérations particulières : ma souffrance, celle d'un autre que je connais, ou peu, ou pas, celle des personnes que j'identifie, ou non. La mienne propre, celle du proche qui m'affecte aussi, celle du tiers qui me touche plus ou moins, celle de l'inconnu à laquelle je participe, de loin, ou avec la sympathie – le *condouloir* – dont je suis capable. Le terme *douleur* quant à lui ne dispose pas d'un verbe et reste à l'état de substantif – et il donne aussi bien la *doléance* que le *deuil*.

Là où se manifeste la douleur, l'être se dilue comme absorbé par elle : tout ce qui constitue la subjectivité disparaît dans son épiphanie. Quand elle surgit, plus rien n'existe. La conscience s'exacerbe et le reste se volatilise comme dans un trou noir : la raison, l'analyse, la réflexion, la patience, les vertus, la dignité, rien ne subsiste, sinon cette chiennerie qui fait justement dire qu'on souffre comme une bête. Pourquoi comme une bête ? Parce qu'elle ne dispose pas du langage, des moyens intellectuels de formuler, de conceptualiser et de répondre de manière appropriée à ce séisme ; elle ne peut en appeler à la justification judéo-chrétienne, au volontarisme stoïcien ou à la rhétorique épicurienne qui fournissent des modes de gestion intellectuels de la catastrophe corporelle ; le chien ne comprend pas, ne saisit rien d'autre que l'organe tout-puissant, impérieux qui cause sa souffrance, efface son être en dehors d'elle, puis le réduit à cette pointe aiguë du mal.

La douleur et la souffrance renvoient à deux mondes essentiels : le corps et l'âme – à défaut de nouvelles armes, disons-le pour aller vite dans les termes qui procèdent du dualisme platonicien et des catégories avec lesquelles nous tâchons depuis des siècles de saisir la complexité du réel. En fait, pour éviter les connotations morales ou la charge polémique, on peut envisager deux cas de figure : *avoir mal* et *être mal.* Douleur de chair meurtrie, blessée, attaquée, brûlée ; douleur de forces défaillantes, désordonnées, incohérentes. Le vieux couple grec : soma, psyché, même si aucune ne se sépare aussi nettement car l'une et l'autre se retrouvent produites et générées par le même cerveau. De sorte que l'on peut être mal d'avoir mal et, bien sûr, avoir mal d'être mal.

Chair à vif, âme à vif. Les degrés relèvent du précis médical et satisfont artificiellement au désir taxinomique de l'institution. Elle définit, nomme, universalise ce qui demeure subjectif et vécu par une individualité. Les universaux triomphent souvent en lieu et place des cas individuels. Seules existent les douleurs et souffrances nominalistes. Voilà pourquoi la fatigue, la mélancolie, la dépression, l'angoisse, mais aussi la folie, les maladies mentales, les psychoses, névroses, paranoïas et autres recouvrent des réalités contraintes dans une notice pour les besoins de l'intelligence de la situation. Pourtant, les troubles n'obéissent pas aux définitions du dictionnaire mais aux logiques d'un corps aveugle, sourd et muet à ce qui n'est pas eux...

Que faire de la douleur et de la souffrance ? Se tenir à égale distance de deux excès : le premier affirme sa valeur intrinsèque comme une chance de se racheter, d'imiter le Christ et de retrouver ainsi le chemin du paradis perdu jadis à cause du péché originel ; le second qu'elle n'est rien comme l'enseignent à leur manière les stoïciens – tellement aimés par les Chrétiens, on les comprend... – qui se reconnaissent pour devise : Supporte et abstiens-toi. La maxime vaut pour les souffrances du corps et les douleurs de l'âme.

Demandons à Epictète d'éclaircir notre lanterne et souvenons-nous de cette anecdote célèbre rapportée par Celse dans *Contre les Chrétiens* : Epaphrodite, esclave affranchi, secrétaire de Néron, soucieux d'expérimenter la validité des thèses du Portique, et peut-être aussi la valeur philosophique de son esclave, se met en tête de lui tordre la jambe. Il s'exécute et s'entend dire par un Epictète souriant et placide – philosophe, dit-on depuis... – qu'il va la lui casser. Le maître persiste, l'esclave confirme. La jambe casse. Commentaire du sage : « je te l'avais bien dit ». Le rideau tombe sur la belle idée et le bon mot...

Faut-il donc imaginer la douleur et la souffrance si négligeables ? Et la volonté toute-puissante à ce point ? On ignore le degré de véracité du fait divers. Et l'on ne dispose plus de toute façon des moyens de vérifier. Peu importe d'ailleurs, sa vraisemblance suffit : les stoïciens pensent ainsi, l'anecdote permet un résumé de leurs thèses. La claudication légendaire d'Epictète provient-elle de l'expérience ou l'a-t-on déduite de sa boiterie ? Impossible de savoir... L'invite du philosophe demeure : la douleur existe parce qu'on y consent, n'y point donner son aval en rend les prétentions négligeables.

Or elle n'est ni tout ni rien. Ni la crucifixion du Roi des Juifs, ni la torsion de la jambe du sage ne donnent la vérité sur ces questions. Encore moins elles ne servent de modèle à l'hédoniste. Pas de religion doloriste ni de sagesse stoïque : ni fatalisme masochiste, ni volontarisme héroïque ne résolvent le problème. Elle vaut juste comme un signe qui indique au médecin le lieu du corps concerné par le trouble, l'affection, la pathologie, le mal. Elle équivaut à un signal dont l'apparition appelle la nécessité immédiate de la supprimer. Entre tout et rien, il reste place pour un rôle d'alarme annonçant la perspective d'une catastrophe dès lors susceptible d'une conjuration. L'éviction du déplaisir, chère au projet hédoniste, trouve ici son sens. Toute autre place laissée à la douleur confine au crime.

25

LES PSYCHOTROPES

Faut-il tuer Epictète ? Non, pas pour autant, car malgré tout j'aime la leçon de cette anecdote : non pas l'obligation héroïque qui débouche sur la proposition d'une morale impraticable, ni l'annonce des pleins pouvoirs de la volonté qui nie absolument toute forme de déterminisme, ni le mépris de ce qui advient au corps, bien ou mal, plaisirs ou douleurs, mais l'idée que le travail sur soi compte pour beaucoup ; que la volonté, si elle ne peut pas tout – l'erreur stoïcienne – peut considérablement ; que la mobilisation de son énergie produit d'incontestables effets ; que la philosophie propose une thérapie possible pour nombre de douleurs et de souffrances qui constituent le lot de toute vie quotidienne.

Car où sont les vraies douleurs ? Dans le face-à-face avec la mort, lorsque la médecine nous condamne et nous installe devant notre trépas comme devant le seul spectacle possible, avec le dénouement que l'on sait, auquel on n'échappe pas et qui s'annonce dans de brefs délais ; quand on perd un être dont la disparition survient dans l'enfance ou la pleine jeunesse, avant l'heure fixée par le cours naturel des choses, en bout de course ; avoir à mourir, soi, dans un temps très proche et le savoir, assister à la mort de son enfant, voilà d'authentiques souffrances. Sinon ?

En dehors, peu de choses tiennent face à ces abîmes ouverts sous soi. Des maladies non mortelles contrariées possiblement par des antalgiques ou des anesthésies ? Pas vraiment. Des deuils prévus de parents âgés ? La disparition d'amis ou de proches ayant déjà une existence digne de ce nom derrière eux ? Oui, bien sûr, mais heureusement et malheureusement les survivants s'en remettent toujours... Et vivre comme si la mort des autres n'existait pas, sans s'y préparer, relève de la faute philosophique. Rien de tout cela n'est négligeable, mais se situe un cran en dessous des douleurs indicibles – car il n'existe aucun mot pour nommer les parents qui perdent un enfant. Veuf pour les époux, orphelins pour les enfants dont les parents disparaissent : mais lorsque ceux-ci perdent un enfant ? Pas de nom...

Ainsi, pour nombre de douleurs, la mobilisation d'une volonté aguerrie suffit parfois. Du moins le cordial consiste à ne pas renoncer à soi, ni à se démettre de son pouvoir en demandant à la pharmacie d'effectuer pour nous le travail devenu d'autant impossible qu'on n'a jamais essayé pendant la durée de toute son existence. La volonté se travaille ; moins elle est sollicitée, plus elle dépérit ; moins on l'active, plus elle se rabougrit, puis disparaît.

Le corps faustien, postmoderne, gagne à laisser aux molécules pharmaceutiques leurs uniques justifications : quand la volonté ne peut rien, ou ne peut plus. Pas quand on ne l'a pas encore essayée. Les drogues, au sens large du terme, permettent l'élargissement du corps, et non son rétrécissement à cause du renoncement au travail sur soi. L'effroyable consommation occidentale – française en particulier – d'anxiolytiques, d'antidépresseurs, de somnifères, de tranquillisants transforme l'humanité en masse de zombies activée et mue par la seule prise de ses médicaments.

Pour guérir ou soigner quoi ? Du malaise que volatiliseraient une prise en charge de soi, un changement d'existence, une construction de sa vie avec méthode, autant de réalisations qui ressortissent à la philosophie. Freud raconte dans le détail comment le renoncement à soi nourrit la civilisation et de quelle manière cette opération de scission d'avec le meilleur de chacun engendre le malaise. En ne consentant qu'au strict minimum à cette anthropophagie sociale, on garde en réserve les forces utiles à une conduite volontaire de son existence.

Les médicaments de l'âme justifient l'esclavage social et empêchent les énergies politiques rebelles. On sacrifie sa vie au pouvoir, à la famille, aux honneurs, aux richesses, on y trouve plus d'occasions de stress, de douleurs, de souffrances, d'insatisfactions que de jubilations mais, plutôt que de renoncer à ces hochets générateurs de malaise, on persiste dans l'erreur, tout en se gavant d'antidépresseurs. Se changer par des molécules anesthésiantes, dopantes, enivrantes, c'est se tromper de combat, car il faut moins changer le monde dans sa totalité que celui dans lequel on vit : autre compagnon ou compagne, autres lieux de vie, autres modes d'existence, autre travail, autres habitudes, autres relations, autres comportements. La solution radicale réside rarement dans l'absorption de substances qui demandent au cerveau de reconstruire une fiction en lieu et place de la réalité – avec laquelle il paraît plus facile de vivre. Car ainsi chargé d'illusions, on passe son existence dans les nuages, sur une autre planète, à côté de sa vie.

La pharmacopée indexée sur la pulsion de mort et la haine de soi pose problème. Les psychotropes pratiqués quotidiennement fabriquent une sous-humanité qui s'illusionne sur soi, les autres et l'environnement, vit dans un univers où réflexes, sensations, stimuli se diluent dans un corps absent à lui-même. Délinquants relationnels, ils augmentent une présence au monde fautive qui entraîne en chaîne l'accroissement de leurs difficultés existentielles. Puisque le cerveau crée le monde dans lequel chacun vit, la chimie qui l'empoisonne et l'intoxique donne du réel une image absolument fausse dans laquelle s'écrit une vie misérable.

Le terme *psychotrope* date de 1950 et fonctionne comme héliotrope : la fleur qui ressemble au soleil et se tourne dans sa direction. Il suppose donc possible la production sur la psyché du même effet que l'énergie et la lumière solaire sur le tournesol : capter, retenir, diriger, conduire, mener, guider. Comment mieux exprimer la sujétion ? La date de naissance du mot correspond à l'immédiat après-guerre, quand une population entière fait face à la reconstruction de soi, de sa vie, de ses villes, de son industrie, de son histoire. Le psychotrope apparaît donc dans les ruines, quand la destruction a effectué son œuvre au moment même où plus que jamais le vouloir importe et compte...

A l'évidence, et ponctuellement, cette pharmacopée qui porte l'âme et lui permet d'accomplir un trajet momentanément difficile mérite d'exister – mais pour ces cas exceptionnels, aux antipodes de toute banalisation. Les complexes pharmaceutiques, les médecins intéressés par l'ordonnance facile et renouvelable, les officines vite remboursées et rapidement ultrarentables, les individus renonçant à eux-mêmes, les mutuelles complaisantes, tous travaillent à l'anesthésie généralisée d'une partie importante de l'humanité.

Une prescription *ad hoc* rendrait à ces molécules le rôle qu'elles auraient toujours dû avoir : aider dans un cas précis, particulier, limité dans le temps et non anéantir en l'homme ce qui met au jour le malaise contre lequel il ne pourra pas lutter tant qu'il subira les effets des toxiques dans sa chair. Loin de le libérer, les psychotropes enferment le malaise dans un corps appelé dès lors à périr à petit feu. Il conserve l'apparence d'un vivant mais se vide de sa substance et de son énergie. Un vide immense s'installe alors au creux de l'être transformé en ectoplasme. La violence et la brutalité libérales peuvent dès lors s'en donner à cœur joie, elles disposent d'une armée d'esclaves dociles...

26

LA PHARMACOPÉE

Le mot drogue dit à lui seul la double entrée et le danger possible. Substance hallucinogène douce ou dure aussi bien que médicament doux ou dur, le même mot sert à ces molécules différentes : haschisch, cannabis et LSD, morphine, mais aussi aspirine, paracétamol et protocoles divers de chimiothérapie. Toutes les variations entre ces degrés se pensent en termes d'usage plus que dans l'absolu : un usage doux de la cocaïne paraît moins dangereux qu'une utilisation dure du Prozac, une pratique conviviale de la résine de cannabis génère moins de troubles que l'excès d'antibiotiques.

La pratique seule et les fins décident du bon ou du mauvais usage de la pharmacopée : utilisée pour servir la pulsion de mort ou pour augmenter les possibilités d'existence, voilà la différence. D'un côté la destruction de soi et l'usage de son corps comme d'une machine à éteindre (psychotropes), à même de générer des profits (dopage), à détruire (défonce) ; de l'autre l'élargissement de soi qui suppose l'usage de médicaments pour recouvrer la santé (antibiotiques), supprimer la douleur (antalgiques), restaurer les forces perdues (Viagra, vitamines), disposer librement de son corps (contraceptifs). La pharmacie contient tous les produits à même d'assassiner ou de ressusciter un être – un corps.

Du dopage, donc. Les sportifs qui recourent aux cocktails susceptibles de décupler leur force – pas seulement les cyclistes, transformés en boucs émissaires pour mieux protéger le monde du football, de la Formule 1, de la voile et autres activités où l'argent pèse plus que dans le vélo – transforment leur corps en bombes à retardement. Affûtés, ignorant la douleur, insensibles à la souffrance, chimiquement modifiés pour assurer de meilleures performances en oxygénation des tissus, en ventilation, en récupération, ils usent le métabolisme, fatiguent l'organisme et transforment en déchet ce qui, un temps, permet de dégager un maximum de bénéfices au sujet volontaire pour ce suicide lent et à la bande de parasites qui l'entoure. Reste pour solde de tout compte une prédisposition accrue aux cancers du foie, ruptures d'anévrisme, impuissance sexuelle, crises cardiaques et autres folies anatomiques.

La limite qui sépare le dopage de l'usage dur des drogues dures paraît bien faible. Hormis les gains obtenus par les sportifs, je ne vois pas ce qui les distingue : une même pulsion de mort, une croyance ridicule qu'une satisfaction brève dans l'instant peut se payer d'une dégradation et d'une destruction de soi, l'incapacité à mettre en perspective le petit bénéfice du *trip* et la grande perte de soi qu'il suppose. En revanche, un usage doux, esthétique, de curiosité intellectuelle – De Quincey, Baudelaire, Jünger, Sartre, Michaux – installe du côté de la pulsion de vie : consentement à un échappement de soi pour mieux se retrouver. La défonce, quant à elle, veut la perte de soi et la rupture avec son identité.

Dopage et défonce relèvent des mêmes tropismes que tabagisme et alcoolisme : suicide lent, intoxication volontaire. Volontaire ? A l'évidence le mot pose problème. Car les motivations inconscientes pèsent lourdement. Tous ne sont pas prêts à abréger leur vie, à risquer l'accident corporel pour une poignée de bénéfices sonnants et trébuchants ou une gloire médiatique de courte durée : la structure psychique du dopé précède la prise d'anabolisants, d'hormones, d'EPO, de pot belge. Le terrain thanatophilique préexiste. Chacun gère comme il peut ses pulsions de mort : d'aucuns la dirigent sur autrui, certains la retournent contre eux-mêmes. L'ensemble se produit par-delà le bien et le mal.

Un autre versant de la pharmacopée suppose plutôt la pulsion de vie en arrière-plan. La drogue vise alors un corps sublimé, dépassé, restauré, confirmé ou élargi dans ses prérogatives et ses performances. A l'évidence, les médicaments qui luttent contre une contamination microbienne, les antalgiques et anesthésiants susceptibles de contrer unc doulcur relative à une blessure, une plaie, une fièvre, une infection virale, se proposent de faire recouvrer une santé défaillante. Il s'agit de remplacer le corps fatigué, fiévreux, engourdi, douloureux, infecté par le corps homéostasique. Dans cette ingestion de chimie, l'enjeu consiste à retrouver un équilibre perdu, une tonicité disparue.

Parfois certaines substances réparent l'énergie. L'usage doux des drogues douces, par exemple, qui ne procèdent pas du médicament à cause de leur mode clandestin de fabrication, de distribution, d'approvisionnement et d'usage. Même remarque pour l'alcool et le tabac, vendus en grande surface, petites épiceries et civettes, et, comme tels, non inscrits au tableau des apothicaires. Mais incontestablement le pétard, la cigarette et l'apéritif relèvent de la médication, versant euphorique, et définissent un genre d'analgésique médicalement classé *ailleurs* mais pratiqué comme tel par les usagers. L'usage dur défini par l'addiction renvoie *de facto* le fumeur ou le buveur du côté des pathologies.

Disponibles dans les pharmacies, les vitamines répondent aux mêmes besoins. Mais le cérémonial de l'achat, du conditionnement, du lieu d'acquisition, de l'emballage dans un papier aux armes de l'officine, le prix chargé des taxes sociales, la posologie indiquée par prescription, l'indication de la composition sur le tube avec force vocabulaire et chiffres aux décimales ésotériques achèvent de placer le comprimé du bon côté de la barrière sociale. Le même cérémonial avec l'ecstasy, et la pilule illégale devient un médicament remboursé par la Sécurité sociale...

Qu'adviennent la dépénalisation et la légalisation de ces substances. L'hypocrisie qui consiste à fermer les yeux sur le commerce de psychotropes, considérable en chiffre d'affaires et en catastrophes induites, en même temps que persiste une politique de répression et de criminalisation du cannabis, de l'herbe, du haschisch, de l'ecstasy plus ou moins associés à la délinquance ne cesse de soulever sinon un paradoxe, du moins une contradiction. Qui plus est pendant que tabac et alcool, en vente libre, servent de support aux impôts indirects... Une réelle politique des toxiques doux et volontaires gagnerait à l'harmonisation par le haut.

Et le Viagra ? Médicament de confort ou thérapeutique, substance hallucinogène, molécule diabolique ou pharmacopée réellement postchrétienne ? Je tiens cette invention pour une réelle avancée sur le terrain faustien, au même titre que la pilule du lendemain et, hier, la contraception et l'avortement. Enfin une logique hédoniste, ludique, qui ne culpabilise pas mais restaure les forces défaillantes en toute simplicité ; enfin une considération de l'impossibilité d'avoir une érection tel un trouble pas seulement normal, naturel ou sans importance, mais comme un authentique dommage pour la vie affective, donc psychique, donc physique ; enfin une métaphysique du sexe dissociée de la névrose judéo-chrétienne !

Un flot d'inepties a paru dans la presse au moment de la mise du Viagra sur le marché. Je me souviens – parmi les réactions que certains trouvaient dignes de paraître dans les journaux... – d'un philosophe spécialiste des grandes vertus, d'un autre structurellement accablé par la défaite de la pensée, d'un pédagogue alternatif confit dans le souvenir de Mai 68 qui, tous trois, virent dans cette molécule la porte ouverte aux violeurs ! La prime donnée aux abus sexuels ! La bénédiction offerte aux pédophiles et autres pervers relevant de la brigade mondaine ! L'accélération du culte libéral de la performance !

Pourquoi tant de délire ? Et quelles raisons installent de la sorte des gens intelligents, cultivés et réfléchis à côté d'eux-mêmes ? Qu'est-ce qui explique chez ceux-là le renoncement à la raison, l'abandon de leur esprit critique et la bonde ouverte à leurs fantasmes ? Car ces libres propos, ces points de vue dignes d'un pilier de bistrot n'honorent pas les penseurs qui les estiment légitimes et publiables. Quelle puissance de l'inconscient qu'il aveugle une poignée de philosophes sur le fait qu'en écrivant si violemment leur opposition ils manifestent sur ce sujet des angoisses ou des craintes – qui justement constituent le socle de ce que traite le Viagra !

Leurs arguments ? Pendant que des laboratoires travaillent à la mise au point de cette substance, le cancer, la maladie d'Alzheimer, l'injustice, la misère, l'exclusion persistent... Oui et alors ? Travaillons sur le seul cancer, et les cardiologues utiliseront ce genre d'argument pour fustiger l'oncologie... L'*éroticité* – c'est le mot – décline au même rythme que la fertilité, loi de la nature ? Oui, mais la tumeur maligne procède elle aussi de la loi naturelle, ça n'est pas une raison pour ne pas la contrarier par la culture. Une femme aimante suffit à régler le problème de l'impuissance, dit l'un. Peut-être justement, faudrait-il qu'elle ne soit pas aimante mais mercenaire et qu'il en va là de l'amour impossible à incarner, au sens premier du terme. L'essentiel consiste à aimer l'autre dans sa fragilité justement, affirme le même. Mais quand on peut dépasser cette fragilité, quelles raisons justifient qu'on la conserve et la chérisse – sinon ce vieux fond doloriste judéo-chrétien ? La possibilité pharmacologique d'une érection donnera aux violeurs la possibilité de mener à bien leur forfait, ajoute le peine-à-jouir : doit-on alors penser que la possibilité mécanique et naturelle dont chacun dispose fait de lui un abuseur de femmes ? L'impossibilité d'une érection une fois soignée déboucherait donc sur un priapisme générateur d'une sexualité violente et négatrice d'autrui ? Autres arguments : le Viagra deviendra un aphrodisiaque, une habitude, un genre de complément vitaminé du sexe. Quel individu prendrait ce médicament pour obtenir l'érectilité des tissus de son corps spongieux – disons-le ainsi – sans besoin ? Qui prend de l'aspirine pour soigner un mal de tête qu'il n'a pas ? Consternant...

Le Viagra donne à une personne défaillante sur le seul terrain physiologique, mais travaillée tout de même par une libido, les moyens physiques de son désir. Si celui-ci manque, le problème disparaît. Sophocle libéré par l'andropause confiait son bonheur de ne plus subir la tyrannie libidinale. Le problème du patient réside justement dans le décalage entre son envie et son corps incapable de la réaliser. La molécule libère ce qui inhibe le facteur déclencheur de l'érection. Elle ne crée pas du désir, elle ne l'augmente pas, elle ne transforme pas l'impuissance en satyriasis, elle donne à la chair les moyens de l'âme.

Haine du corps et du désir, haine du plaisir et de la libido, haine de la pulsion et des passions, encore et toujours ! Décidément... Pas mort saint Augustin dans l'esprit de la plupart et de la poignée de philosophes du moment... Qu'un désir ne puisse aboutir dans un plaisir, voilà une définition de l'impuissance, voilà également l'aspiration plus ou moins consciente de ceux-là qui, d'une certaine manière, préfèrent la souffrance du Christ en croix qui révèle l'amour (!) aux jubilations des parfums et caresses de Marie-Madeleine dont ils oublient qu'elle fut, hors la scène des Évangiles synoptiques, la probable maîtresse de leur héros nazaréen...

Singulièrement, la même hystérie accueillit la contraception dans les années soixante. La presse témoigne que les plumes en vue fustigeaient cette médication nouvelle qui donnait aux femmes la libre jouissance de leur corps et autorisait la maternité dans le strict cadre de leur bon vouloir. Progrès majeur et considérable. Une semblable engeance annonçait la prostitution généralisée, la fin des sentiments, la tyrannie hystérique des femmes comme autant de symptômes de leur propre refus de mâles de voir disparaître la famille nucléaire, les engendrements non désirés, donc les couples soudés par la haine, la toute-puissance patriarcale, et autres fondements judéo-chrétiens de la civilisation.

27

LE PLACEBO

Pulsions de vie ou de mort ; érotisme ou sadisme ; amour-propre ou masochisme ; narcissisme ou haine de soi ; déconstruction ou construction de son corps ; rétrécissement ou élargissement de sa chair ; extinction ou libération de ses forces ; Thatanos cultivé ou Eros célébré ; expansion ludique ou fermeture autophage ; les termes de l'alternative oscillent entre soleil et obscurité, lumière et ténèbres. Mais là encore le vocabulaire contraint une réalité dynamique, car les mots ne parviennent pas à contenir seuls des réalités polymorphes.

Contre le dualisme et la pensée binaire, le réel montre parfois chez des individus décourageants un mixte, du mélange : du sado-masochisme, l'amour de soi qui passe par le plaisir des douleurs qu'on s'inflige, l'amour offert comme autant d'occasions de castrations, la peine qui fait jouir, la jouissance qui désespère, le bonheur d'être triste ou le malheur de se sentir heureux, autant de troubles, à tous les sens du terme, qui montrent à l'envi la complexité de certaines machines psychiques, donc de certains corps humains. Peut-être ceux-là connaissent-ils de manière exacerbée, donc visible, ce qui travaille en silence et en douceur tout un chacun...

Sauf analyse didactique bien menée, personne ne connaît les arcanes de son inconscient ni ses structures psychiques. Tous ignorent les logiques sombres d'où provient l'essentiel d'un être. Que se manigance-t-il dans le tréfonds d'un appareil nerveux si rétif à l'éclairage rationnel ? Quels langages pour le système neurovégétatif ? Quelles syntaxes, grammaires et orthographes ? Désir d'être guéri, envie de ne pas l'être, aspiration à la disparition, démobilisation inconsciente, autant de forces complexes et aveugles qui débouchent dans la clairière du système immunitaire. Pour l'instant, le mystère demeure...

Ainsi de l'effet placebo. L'étymologie latine enseigne : *je plairai.* Autant dire sa parenté avec la séduction, un genre d'artifice mis en place dans le but d'obtenir un résultat malgré l'absence de substance chimique dans le comprimé, les gouttes ou la gélule. Est-ce qu'un médicament dépourvu de molécules censées soigner mérite encore le terme ? Ou relève-t-il de la magie, de la tromperie, de la filouterie ? En fait, avec lui prescrit-on du vent, du mensonge, de l'illusion ?

Ou une autre vérité, située par-delà un matérialisme réductible à des composantes chimiques repérables dans la table de Mendeleïev ? D'où l'intérêt d'en appeler, pour définir ce nouveau matérialisme que je propose, au vitalisme, voire au mécanisme encore obscur du système neurovégétatif. Un *matérialisme vitaliste,* donc, prend en considération les faits : l'absence de matière, mais, malgré tout, des effets de soins constatables. Qu'est-ce qui soigne, donc, en dehors de la molécule ? Et que soigne-t-on avec elle ?

Cherchons donc autour du médicament et non à l'intérieur, en l'occurrence son principe non pas intrinsèque mais extrinsèque. Non pas en lui, mais par lui, grâce à lui, avec lui et, d'une certaine manière, sans lui. Sans du moins ce pour quoi il est censé exister. Magie ? Non, mais manière d'intervenir sur le métabolisme via le psychisme. Voie d'accès à ce que j'appellerai l'inconscient pour faire vite, court, bref, mais inexact. Le médicament vaut en effet non pas seulement par ses principes chimiques mais par ce que l'on dit qu'ils permettent. On, qui ? L'institution qui suppose des conditions de la prescription, les occasions de la prise, les raisons de l'ingestion. Et les hommes qui s'en réclament.

La croyance au pouvoir d'une thérapie détermine en grande partie son efficacité. D'où le succès des médecines dites parallèles, alternatives, homéopathiques. La dilution d'une molécule de datura ou de venin d'aspic en des quantités telles que plus aucune trace ne subsiste dans la granule placée sous la langue ? Peu importe, il suffit de croire la prise efficace pour que, dans une certaine mesure, et selon certains types d'affections, elle le soit. La manipulation de l'étiopathe fourrageant dans la bouche deux doigts protégés par un gant de caoutchouc afin de supprimer des aphtes récurrents économise le facteur bactérien ? Pas grave... Le coton du magnétiseur destiné à soulager les douleurs articulaires du rhumatisant ne révèle aucune substance particulière à l'analyse qui le distingue d'un banal morceau prélevé sur le paquet de la pharmacie domestique ? Et alors...

Sur le divan un jeu de mots lève un traumatisme enfoui dans la psyché depuis la plus petite enfance et auquel on devait des troubles somatiques ; dans le cabinet de l'auriculothérapeute on place des aiguilles dans le lobe des oreilles pour, dit-on, soigner une arythmie cardiaque ; chez le naturopathe on prétend guérir un diabète insulino-dépendant avec une poudre nauséabonde qui concentre une tonne d'oligo-éléments en provenance de carottes ; assis sur une chaise dans une ferme on *touche* le zona, envoyé par le médecin de ville, car seul le vieux sorcier guérit ce que le Diafoirus de sous-préfecture ne parvient pas à supprimer ; etc... Chamanismes des temps modernes...

Tant que l'affection relève d'un pronostic non mortel, le recours à ces pratiques qui témoignent de la persistance des désenvoûteurs, de la magie primitive et de la sorcellerie millénaire joue un rôle considérable. Une quantité incroyable de maladies procèdent d'un psychosomatisme déséquilibré auquel manque seulement une scénographie thérapique, peu importent la mise en scène et les décors. Le bloc opératoire participe lui aussi, et les lieux saturés de technologie moderne avec lui, de ce lien quasi religieux entre l'un qui souffre – et ne sait pas pourquoi – et l'autre qui s'autorise d'une science, d'un savoir, d'une sagesse, d'une sapience, de trucs et de techniques, pour prétendre extirper son mal.

De ces contrats psychiques naissent des effets constatables... Les guérisons miraculeuses de Lourdes – et autres lieux qui carburent à l'eau bénite – témoignent en ce sens. L'amélioration ne procède pas du prétexte – la granule, l'aiguille, la manipulation, le coton, la parole, le divan, les oligo-éléments, la source miraculeuse, etc... – mais de la croyance en l'efficacité de la scénographie. Dans nombre de cas, la mise à disposition des forces négativement actives entre les mains d'un homme qui affirme sa capacité à régler le problème suffit. Le pouvoir de l'hypnotiseur réside dans le désir du patient d'être endormi. Si je donne mon crédit à la possibilité d'un diable capable par un sort de me conduire dans les zones turbulentes de l'hystérie, si je crois au pouvoir du prêtre de me désenvoûter, alors les prières, l'encens, les invocations, le crucifix font réellement fuir Satan...

Les Grecs le savaient qui construisaient sur la connaissance intuitive de ces vérités de toujours l'extraordinaire complexe d'Epidaure où l'on soignait avec des sacrifices d'animaux, des sommeils communautaires sur les peaux de bêtes trucidées dans la journée, des lectures de rêves traduits par des prêtres eux-mêmes prescripteurs de soins après les narrations effectuées par les malades. Dans l'ordre du discours asclépien, on ajoute des exercices physiques, des bains, de la relaxation, des régimes alimentaires, des divertissements intellectuels, d'où le théâtre, le gymnase, le stade, la palestre, et les fameux Jeux d'Esculape – tous les quatre ans – qui permettent des joutes sportives, des concours poétiques et musicaux. Psychanalyse, thermalisme, balnéothérapie, sophrologie, diététique, hygiénisme, désenvoûtement, magnétisme finalement sont contemporains de Socrate...

Le christianisme stoppe, évidemment, la pratique du sanctuaire et construit une basilique sur les lieux pour marquer son territoire. Les ex-voto par milliers représentent l'organe malade, soigné, guéri, et témoignent de l'efficacité de cette thérapie – de la même manière que les béquilles et autres cannes accrochées dans la grotte de Lourdes ! Non qu'il faille y voir les preuves de l'existence d'Asclépios ou de Jésus flanqué de son père bien inspiré, mais la permanence d'une structure d'autosuggestion puissante en l'homme, des origines jusqu'à la fin de l'humanité, capable d'effectuer... des miracles. Mais pour l'instant, les mécanismes de cette autorégulation psycho-physiologique échappent à la science plus soucieuse de refuser l'évidence de ces faits que de proposer une hypothèse utile à la médecine allopathique.

V

AFFRONTER LA MORT : MOURIR

28

LA VIEILLESSE

L'état d'esprit que définit la vieillesse procède exclusivement d'une physiologie : c'est d'abord un corps qui l'expérimente, la connaît, la ressent, puis la formule. Avoir l'âge de ses artères signifie très exactement cela. Ni l'état civil, ni les anniversaires cumulés, ni les caps symboliques des dizaines rondes ne suffisent à donner une définition objective. On ne devient pas vieux en accédant au statut de septuagénaire, octogénaire, ou plus, mais quand le corps en donne les signes, lui-même informé par un métabolisme dont le détail échappe pour l'instant à l'investigation, bien que les grandes lignes se dessinent sous nos yeux grâce au génie génétique.

Comment la définir ? Disons qu'elle caractérise *le corps moindre*. Le corps moindre, l'âme aussi donc, et tout ce qui se détaille sous les rubriques organiques, dans le divers et le multiple, du trivial viscéral au noble encéphale en passant par la soufflerie pulmonaire, la tuyauterie circulatoire, l'ingénierie endocrinienne, la mécanique articulaire, la centrale électrique nerveuse, le moulin digestif, le processeur cérébral, le tractus musculaire ou l'hydraulique libidinale. Et moindre, parce que sous-performant, en dessous de ses exploits habituels, en deçà de ses capacités anciennes mesurées et étalonnées du temps de la jeunesse...

Dans la vieillesse, le corps apparaît plus souvent sur le mode négatif : moins de santé, de calme et de sérénité organique, moins d'ignorance de son fonctionnement désormais plus présent, moins de silence des organes, moins d'innocence du devenir anatomique ou de l'être physiologique, plus de bruits, de signes de dysfonctionnement, d'arythmies qui rappellent que jadis il y eut du rythme et qu'on ne s'en apercevait pas, de la force et qu'on n'en mesurait pas l'efficience, de l'expansion et qu'on n'en voyait pas les effets. Moins d'énergie, plus de fatigue ; moins d'usage de soi sur le mode aveugle de la pure présence au monde, plus de conscience de soi sur le registre de ce qui renâcle, résiste, freine, peine...

La vieillesse n'apparaît pas précisément un jour, sauf aux yeux des imbéciles qui attendent l'évidence pour consentir aux leçons élémentaires de la vie : on est vieux, du moins porteur de vieillesse, dès la naissance, dès la conception de l'être, puisque lancé dans le temps, englué en lui, prisonnier de sa tyrannie. Exister c'est être au monde, donc au temps ; être vieux suppose l'accumulation des effets de ces durées additionnées pendant toute une existence ; constater la vieillesse, c'est pointer dans la chair une saturation, un trop-plein de temps. Dans le corps du fœtus, le vouloir du vieillard travaille à l'avènement de son heure. Et elle ne manquera pas. Les cellules de l'enfant meurent, se trouvent remplacées, puis, le temps passant, de moins en moins.

A la manière du bateau de Thésée, on ignore à quel moment chacun bascule du mauvais côté : de planche en planche, de cellule en cellule, on devient autre, tout en restant soi-même. La première pièce remplacée signale l'empire de la vieillesse. Jusqu'au changement visible. Quand ? Lorsque la somme des éléments substitués passe en nombre celle des instances d'origine. Certes, mais à quel moment précis ? Quelle date de naissance pour cette messagère de la mort ?

La mort travaille la matière corporelle du nourrisson, de l'enfant, de l'adolescent, de l'adulte, de l'homme mûr, du vieillard. Le continuum physiologique oblige à cette évidence : le jeune et le vieux coexistent dans une même chair, comme la vie et la mort. On devient vieux quand les proportions laissent l'avantage à l'usé et que l'œil du tiers, ou le sien propre devant le miroir, constate cet agencement nouveau : l'insouciance anatomique laisse place à la conscience de soi comme machine vouée à la casse. Le corps subit cette loi, la raison lucide enregistre cruellement les minutes de ce procès intenté à la chair.

En quoi consiste cet enregistrement ? Établissons une petite phénoménologie du vieillissement... Elle suppose une odyssée au pays de la douleur, de la souffrance ; elle se raconte souvent sur le mode du naufrage ; elle s'appréhende sur le registre de la dégradation, de la fissure et de l'écroulement ; elle bruit de grincements et de crissements, comme du sable écrasé sous des rouages ; elle renvoie au corps empêché, entravé ; elle suppose le ralentissement d'une course devenue la caricature d'elle-même ; elle passe par une logique des durées raccourcies et du temps allongé ; elle désigne l'une des modalités de la peine.

La vérité du monde nous parvient par la médiation des cinq sens – seule la philosophie officielle récuse le sensualisme, discrédite les leçons de l'œil et s'interdit de croire que le réel se construit exclusivement par la médiation sensuelle. Pourtant, le bon sens suffit à montrer qu'avant l'intelligence, la raison, la déduction, la compréhension et toutes les opérations utiles à la conclusion d'une vérité dite d'évidence, on trouve le corps en situation dans un environnement : un corps qui regarde et voit, touche et sent, goûte et entend. Le monde se fabrique pour un être à l'aide de son appareillage sensuel. Condillac et sa rose le montrent contre la cohorte des penseurs idéalistes adoubés par l'Etat et l'Eglise...

A quoi ressemble le monde pour un vieillard que ses sens lâchent petit à petit ? La moindre performance du corps induit une moindre adhésion au monde. La vieillesse suppose cette coupure avec le réel, doucement, mais sûrement. Les sens défaillent, et toute la connaissance du monde puis la conscience qu'on en a se trouvent perturbées. L'interaction avec le non-soi qui structure l'identité et permet de dire je, moi, s'altère autant que se délitent les sens. Moins voir, moins sentir, moins toucher, moins goûter conduit à être moins.

L'ouïe perd de son acuité, le détail devient moins audible, la parole isolée dans une assemblée se noie dans un brouhaha duquel rien de distinct n'émerge. Au milieu des autres, coupé d'eux, le sourd croupit dans une solitude ontologique radicale, d'autant plus qu'autrui lui envoie des signes désormais inaudibles. Le désir de communiquer ne débouche pas sur le plaisir de l'échange, d'où une frustration consubstantielle à celui dont l'oreille ne porte plus les vibrations du monde, les sons du réel, la musique et le bruissement des autres. Le Testament d'Heiligenstadt montre comment Beethoven devenu sourd s'expérimente comme un individu en partie de l'autre côté du miroir... Être retranché du monde sonore, c'est participer déjà du monde des morts.

La vue baisse, la précision disparaît, les couleurs s'affadissent, la cataracte apparaît, la presbytie aussi. L'image du monde, donc sa vérité, sa réalité la plus immédiate, se dilue dans le flou. La mobilité, le déplacement, la manière d'envisager sa présence au monde en fonction des événements transmis par l'œil deviennent dès lors impossibles. L'aveugle est vu comme tel. Dans un monde violent, agressif, brutal, fort avec les faibles, faible avec les forts, il devient la victime idéale. Plus d'interaction possible avec les autres qu'on ne distingue plus *a priori*, ni avec le réel dont l'ensemble et le détail nous échappent. Du manque de netteté au noir absolu, le mouvement, là aussi, conduit vers l'obscurité des sépulcres.

Moins sentir, ne plus goûter, voir son olfaction et son goût se dégrader, le toucher également – qui ne se réduit pas à la seule pulpe des doigts mais concerne aussi tout ce qui entre en contact avec le monde, la peau, le visage sur lequel s'écrivent les pressions fines des vents, les hygrométries, les souffles, les températures, la bouche qui reconnaît les textures et peut les apprécier –, toutes ces voies d'accès à la matérialité du monde se ferment une à une, plus ou moins. Ne plus pouvoir prendre de plaisir à boire, manger, aller et venir, ressembler petit à petit au cadavre insensible aux stimuli venus de l'autre côté de la peau... Autant de façons de quitter cette planète morceau par morceau...

D'autant que le cerveau qui organise l'ensemble de ces informations perd lui aussi de son efficacité. Les neurones disparus se comptent en milliards, les connexions nerveuses sont d'une moindre efficacité, la mémoire qui permet de décoder les informations données par les sens défaille elle aussi : la présence au monde devient de plus en plus problématique. Le réel se refuse à (l') être. La coupure entre le sujet sensuel et le monde sensible se creuse chaque jour jusqu'à l'abîme dans lequel le corps risque de périr à chaque instant – déjà un peu mort au sensible...

Si les cinq sens qui s'amenuisent fournissent autant d'occasions à l'extinction de la lumière du monde, le visage, qui raconte et résume l'intimité de l'être puis concentre les capteurs sensuels, se transforme lui aussi. Le lieu de l'être que reconnaissent les autres, dans lequel chacun également se retrouve au quotidien, ce lieu s'efface à la manière d'un paysage de sable lavé par les pluies, balayé par les vents, soufflé par les bourrasques, brûlé par le soleil. Le temps écrit ses ravages sur un palimpseste destiné à la poussière.

Jadis existait une configuration disparue désormais : le visage du vieux mange ceux qui l'ont précédé, les uns après les autres, ajoutant à chaque fois une couche de rides, des affaissements, des paupières épaissies, des poches graisseuses, des lobes de l'oreille allongés. Les cheveux s'éclaircissent, blanchissent, se raréfient, disparaissent. Pour pallier la décadence sensuelle, le visage se charge de prothèses : lunettes, dentiers, sonotones. La chirurgie esthétique recompose parfois le visage, mais au détriment de sa souplesse, au prix souvent du pire : la raideur, l'immobilité, l'impassibilité, la rigidité des masques mortuaires...

Le squelette pousse dans la chair de l'ancien corps performant. Il attend son heure, elle vient sans crier gare. Enfoui pendant des années, se laissant oublier, sauf dans le cas de fractures ou d'accidents vite réparés, il prend de plus en plus de place – jusqu'au jour où il reste seul à témoigner de l'être aboli. Vivant des heures de discrétion, contraint à servir pour construire une allure, tenir l'ensemble de la chair et des organes, sans montrer son empire autrement que sur le mode de la charpente invisible, mais utile, pratique, il prend sa revanche...

La déshydratation, la dégénérescence graisseuse raréfie la matière. Les tissus actifs diminuent, les organes involuent. Les disques de la colonne vertébrale se tassent, la taille diminue, la voussure apparaît. Réduction de la largeur des épaules, augmentation de celle du bassin, devenir sagittal de la forme du thorax, atrophie de la masse musculaire, sclérose des articulations, menace d'ostéoporose : autant d'arguments en faveur d'un dessin nouveau de la silhouette, de troubles de la locomotion, d'arthrose, de rhumatismes. Le squelette rappelle à son bon souvenir...

D'autant que sous la peau qui cache les dégâts et dissimule les effets du temps, l'intérieur connaît lui aussi le travail thanatologique : modification du métabolisme, durcissement des artères et des veines, disparition de la capacité régénératrice des cellules, fatigue du cœur, athérosclérose, ralentissement de la circulation cérébrale, décroissement du débit cardiaque, diminution de la vitesse de circulation sanguine, élévation de la tension, problèmes d'oxygénation du cerveau, troubles de la capacité respiratoire, ralentissement de la transmission des informations nerveuses, donc des réactions musculaires, involutions du rein, du foie, des glandes digestives. Un corps moindre, disais-je...

Comme si la nature trahissait cette évidence que seule la reproduction de l'espèce l'intéresse, les vieux ne peuvent plus envisager un lignage. S'ils n'y ont songé avant, c'est terminé... La libido se raréfie. De toute façon la possibilité physiologique de répondre à ses sollicitations résout le problème simplement : inféconds, inutiles pour propager l'espèce qui appelle des santés vigoureuses, donc des anatomies bien conformées, l'impuissance met un terme aux velléités érotiques. La lenteur des érections, la rapidité de la détumescence, la liquéfaction du sperme ajoutées à la disparition du cycle ovarien et à la cohorte de troubles dus à la ménopause dissuadent en cours de route ceux que l'alcôve tente un tant soit peu...

Pas étonnant qu'au tableau il faille ajouter des troubles du sommeil la nuit, des somnolences dans la journée, une fatigabilité accrue, une moindre efficacité immunitaire, donc une augmentation des pathologies. Les cinq sens en capilotade, le visage ravagé par le temps et soumis à la loi de la chute des corps, l'allure et la stature également, l'intérieur pas plus épargné que l'extérieur, le cerveau en rade, la libido en panne, le corps se défait pièce par pièce. Le monde demeure, mais pas la présence au monde de plus en plus défaillante...

Voilà pour l'absolu du vieillissement. Cette phénoménologie relève du cas d'école, du manuel de gériatrie. A l'évidence, les symptômes concernent tout un chacun en quantité et intensité inégales. Car les effets du temps n'attaquent pas une chair idéale, ces catastrophes ne massacrent pas les individus en rafale, ni en tir groupé à heures dites. Un sourd, aveugle, anosmique, agueusique, amnésique, plié en deux, radotant et impuissant incarnerait un genre d'idéal platonicien de la vieillesse et fournirait un Mathusalem de casuistique utile pour un dialogue socratique où il s'entretiendrait avec un éphèbe insolent...

Car le réel suppose le corps nominaliste, individuel, singulier, unique. Celui de tout un chacun que les affres du temps touchent de manière arbitraire, ici, là, ailleurs, à un moment plus ou moins tardif de l'existence, dans des conditions particulières. D'où la prise en considération de l'histoire non plus individuelle, mais de son inscription dans une logique générale : l'époque, le milieu, l'hérédité, l'hygiène, le souci plus ou moins grand de soi et la plus ou moins grande brutalité du système à l'endroit de l'individu : conditions de travail physiquement pénibles, psychiquement ou psychologiquement destructrices. Le processus de vieillissement ressemble à une descente dont on connaît le point ultime, mais la désescalade s'effectue de manière inégalitaire, sur le principe des paliers parfois, quand un deuil, du stress, des maladies, les échecs affectent un sujet ponctuellement et le contraignent à vieillir d'un seul coup – selon l'expression.

Par ailleurs, et on le sait, les manuels usent une carcasse plus vite que les intellectuels – si les catégories peuvent ainsi être utilisées... ; ces derniers ajoutent à leur chance qu'une sollicitation théoriquement plus fréquente de leurs neurones permet d'envisager un meilleur état cérébral plus longtemps ; les femelles vivent plus longtemps que les mâles ; mais la vieillesse paraît plus acceptable chez l'homme regardé comme sage et beau quand la société gratifie les femmes pareillement affligées de qualificatifs moins amènes – sorcière, vieille peau, etc... La nature, profondément inégalitaire, élit des victimes et épargne des chanceux...

Tous subissent les affres de la vieillesse, mais chacun à sa vitesse. Depuis peu on en connaît les lois : elles permettent d'envisager dans un avenir proche un corps de moins en moins soumis à sa dictature. Le corps faustien vieillira différemment du corps chrétien, car la maîtrise du processus génétique correspondant à cette malédiction connaît ses premières heures.

De sorte que son efficience globalement aléatoire va rencontrer bientôt une technologie susceptible d'en contrarier les effets. Sa suppression ne paraît pas à l'ordre du jour, mais au moins la réduction de ses perversions. La vieillesse ne va pas mourir mais travailler plus lentement.

Pourquoi ? Grâce à une maladie orpheline – la progeria – qui permet, à partir d'une poignée de cas français, d'analyser sous le microscope la production du vieillissement dans les cellules du corps. Cette affection se caractérise par l'usure prématurée d'enfants exposés en moins d'une dizaine d'années à ce qui habituellement massacre doucement les corps en six ou sept décennies. A l'âge de dix ans, les petits malades perdent leurs cheveux, enregistrent de multiples fractures osseuses, subissent des accidents vasculaires. Leur espérance de vie se réduit à deux ou trois années et ils disparaissent la plupart du temps emportés par un infarctus du myocarde.

Les chercheurs viennent d'isoler le gène – LMNA – responsable de cette catastrophe. Il fabrique la membrane entourant le noyau des cellules. Lors du processus de croissance elles se divisent, comme dans tout corps, mais l'emballage ne se reconstitue pas et elles périssent sans remplacement. La mort travaille dès lors seule sans le contrepoint de la vie. Elle gagne alors à tous les coups et le temps s'accélère dans la chair des enfants touchés par cette malédiction. Au seuil de leur première décennie, le cerveau épargné fonctionne comme celui d'un enfant pendant que le reste apparaît sous les allures d'un corps de vieillard.

A l'évidence les recherches balbutiantes sur ce sujet inaugurent une immense perspective. Les expériences de clonage animal – même dans les limbes – permettent aussi de mieux comprendre quels processus génétiques entrent en jeu dans le vieillissement. L'extrémité des gènes contient une part du mystère partiellement dévoilé. Nul doute qu'une fois découvertes les raisons de cette inévitable entropie, une gériatrie nouvelle s'annoncera à destination des centenaires de plus en plus nombreux et dans des états physiologiques de moins en moins douloureux et souffreteux...

Car la vieillesse relève également d'une construction sociale. Le regard porté sur elle la constitue en entité autonome. La vieillesse vieillit, et tant mieux. Le corps moindre classiquement générateur de sagesse paraît une ruse de la raison, un genre de vœu pieux. Face à l'inévitable, le philosophe antique fait de nécessité vertu et s'exerce à une rhétorique de la consolation : accès au détachement, relation à l'essentiel, avènement de la douceur, épiphanie de la sérénité, généalogie de la tempérance, apparition du calme, autant de vérités proférées pour masquer le bruit de l'évidence – peur de la mort, angoisse du néant, envahissement du désespoir...

La vieillesse comme punition et expiation du péché originel – encore lui... – a fait son temps. Un corps moindre génère plus de troubles, de chaos et d'inquiétude que de satisfaction – à moins d'un masochisme particulier... La proximité des fins d'existence avec la certitude statistique de voir son temps accompli ne vaut aucunement comme un gage de philosophie enfin réalisée. La prolifération des textes antiques sur les avantages de la vieillesse cache mal le bricolage dans l'incurable auquel les philosophes sont contraints. Le problème demeure malgré la solution rhétorique : la philosophie apporte une consolation, certes, mais la science et le génie génétique proposent mieux en annonçant la suppression des vieillesses calamiteuses... Lire *Caton l'Ancien* de Cicéron ? parfait, mais, à défaut, un corps ignorant les souffrances de cette malédiction offre un cordial bien supérieur.

29

LE SUICIDE

En attendant des jours meilleurs, personne n'échappe à cette entropie dégradante. Quand le jour viendra d'une découverte génétique permettant, via des antioxydants efficaces, d'obtenir en profondeur ce que la chirurgie esthétique se contente de dissimuler à l'extérieur, la vieillesse aura considérablement vieilli – à défaut de mourir un jour... Lire les stoïciens deviendra une activité d'érudit, car l'époque de Cicéron – encore peu ou prou la nôtre sur ce terrain – aura laissé place à une ère nouvelle dans laquelle la nature cessera d'imposer sa loi sans rencontrer de résistance humaine. Les nouvelles longueurs de l'existence et leurs fins modifiées obligeront à de nouvelles considérations ontologiques et métaphysiques. Dès lors adviendra une philosophie inédite. Mais nous n'en sommes pas là...

Le corps moindre oblige à une vie moindre. D'aucuns acceptent le jeu et pensent moins leur existence en termes de qualité qu'en termes de quantité. Le suicide offre une réponse possible aux problèmes du vieillissement à qui envisage la vie non pas en dévot d'une religion vitaliste mais en pratiquant soucieux d'un quotidien dans lequel seul l'usage de son temps importe et non le temps lui-même dans son être-là idiot – pour le dire dans le sens étymologique : sans double. Vivre, certes, mais pour quoi faire ? Pour vivre quoi ? Vivre pour vivre ? Rien ne paraît plus stupide...

L'idéal, effectivement, c'est la mort volontaire : se tuer pour ne pas mourir complètement, du moins pour périr vivant, debout, décidé, en s'appropriant ce qui nous échappe mais qu'on peut, dès lors, dans un jeu étroit, revendiquer pour entamer la part de nécessité qui nous déborde. *La mort me veut ? Je veux la mort*, voilà la seule façon de rester à l'épicentre de soi-même, maître de son cap, acteur d'une pièce où l'ultime réplique, au moins, sera signée de son nom...

Les Romains ne rient pas avec ce sujet mais sont drôles ! Valère Maxime, par exemple, parmi d'autres, considère l'heure venue de se suicider quand tout va bien... car après le moment d'acmé tout bascule et aucune autre hypothèse n'est envisageable que le déclin. Donc n'attendons pas les misères, bêtement, ne subissons pas la loi du destin, sottement, n'espérons pas plus et mieux quand on a obtenu tout. Retournons l'épée contre nous, certes, mais pas quand plus rien ne va. En revanche, agir au sommet de la gloire, de la santé, de la vitalité et de la vigueur, voilà une décision honorable et valeureuse.

Mourir à l'heure n'oblige pas à disparaître en avance, n'exagérons rien... Se jeter du haut d'une falaise à vingt ans pour la raison que cinq décennies plus tard on risque une maladie d'Alzheimer paraît d'une prudence excessive, voire d'une précaution vaguement maladive ! La pulsion de mort retournée contre soi offre une solution divine certes, *mais en présence de la mort* : la ponctualité suffit, l'instant propice fait l'affaire. Nul n'est tenu de vivre et périr en Romain par anticipation. La grandeur et l'élégance, oui, mais sans précipitation. Rien ne sert de courir...

Où est la bonne heure ? Quand trop tôt et quand trop tard ? Le suicide est prématuré quand la vie se trouve devant soi, que tout n'a pas été essayé pour pallier les difficultés qui conduisent à l'envisager, que les raisons susceptibles de motiver la mort volontaire relèvent de l'anecdote : histoires d'amour contrariées, ruptures relationnelles, faillites professionnelles, dettes domestiques, ou causes existentielles – ne pas trouver de sens à son existence, se sentir submergé par le nihilisme, détester ce que l'on est... De l'avoir, du paraître, des causes adjacentes à soi-même, de l'investissement fautif en autrui, autant d'incidents de l'histoire plutôt que d'accidents, des broutilles en regard d'une existence de condamné à mort à brève échéance...

Les justifications habituelles du suicide – presque vingt mille personnes par an en France... – paraissent ridicules vu sa gravité extrême. Parfois peu suffit pour résoudre les difficultés quand rien même n'a été essayé, entrepris, voire envisagé pour sortir de la mauvaise passe dans laquelle se trouve le candidat à l'entrée dans le néant. Le défaut de pensée, de réflexion, le manque d'analyse, l'absence de méditation, l'ignorance des solutions et des pouvoirs de la volonté, l'inscience même d'une sagesse alternative à ce qui semble le pire sur l'instant semblent souvent responsables du choix radical.

Combien d'adolescents douloureux, impatients de trouver une place dans le monde du travail, donc de donner – croient-ils – un sens à leur existence, choisissent le comble du non-sens dans un moment pareil ? Désorientés, perdus, délaissés, sans repères ou recours affectifs, de jeunes garçons ou filles se suppriment à l'aube d'une existence même pas entamée. Gâchis... Sacrifice social... Durkheim montre cette part incompressible de mort volontaire dans toute société, elle semble le tribut payé par des individualités rebelles, fragiles, délicates, incapables de courber l'échine pour entrer dans les cellules sociales qu'on leur propose. A ce destin d'esclave, en Romains qui s'ignorent, ces jeunes préfèrent le néant, à tort, car ils n'ont appris de personne les possibilités de ne pas consentir à la servitude sans pour autant mettre fin à leur existence...

Même remarque pour les adultes qui, au lieu de changer de vie, de relations, de monde, de pays, de travail, de région, de mode d'existence, d'époux ou d'épouse, d'employeurs responsables de leurs maux préfèrent arrêter une existence susceptible de s'engager sur des voies moins douloureuses si seulement la raison, la volonté, la décision avaient pris le pas sur un désarroi excessif à l'origine de la réponse disproportionnée. Autant de mauvaises raisons de recourir à cette médication superbe dont il faut conserver le caractère exceptionnel, fondé, motivé, philosophique, et pour tout dire – romain.

Voilà pour le trop tôt, l'inapproprié, l'avant l'heure... Et trop tard ? Jamais s'il s'agit de reprendre l'avantage sur le destin et la nécessité. La bonne heure suppose qu'on soit un mort-vivant : ni tout à fait vif, il manque quelque chose pour dire le décès, ni complètement mort, un presque-rien fait défaut pour décréter la vie terminée. Mais vivant très engagé dans la mort, sans espoir de retour, condamné de manière définitive, soit par une vieillesse handicapante, soit par une maladie mortelle à brève échéance. La mort volontaire stoïcienne, grande et belle, témoigne pour un sursaut de vouloir libertaire quand la nécessité veut pour nous : Gilles Deleuze enjambant sa fenêtre pour échapper à une existence irrémédiablement vouée à la douleur, par exemple.

La bonne heure ? Quand la pulsion de mort semble triompher mais qu'une analyse plus fine montre la paradoxale domination de la pulsion de vie. Comment ? Pourquoi ? Parce que l'amour de la vie comme occasion d'exercer sa liberté, son vouloir, sa puissance, sa marque, son désir, son plaisir est plus fort dans le geste d'autolyse que la continuation d'une existence médiocre, mutilée, moindre, entravée, et surtout – logique hédoniste – dominée par le mal absolu : la souffrance. Bien mourir plutôt que mal vivre ; jouir d'une mort volontaire et non subir une vie grabataire. La liberté dans le choix de Thanatos contre la dépendance d'un corps entièrement offert à la déchéance. Mieux vaut mourir par amour de la vie noble que vivre en préférant une mort ignoble.

La pensée préchrétienne des Grecs et des Romains ignore le péché, la faute, la culpabilité. En revanche, elle se construit sur l'honneur, la dignité, la grandeur et autres vertus chevaleresques honnies par le plébéisme éthique des sectateurs de Jésus. Athènes et Rome n'ignorent rien des vertus de bravoure, de vaillance, de fierté, de noblesse – celles que célèbrent *L'Iliade* de Homère et le *Hagakuré* des samouraïs. Mais le *Nouveau Testament* s'évertue à les rouler dans la boue sous prétexte d'amour excessif de soi, d'égoïsme ou de pathologie narcissique. Trop de goût pour une vie droite, haute, pas assez pour une vie torve, basse...

De sorte qu'on cherche en vain une pensée grecque qui condamne nettement et de manière argumentée le suicide, cet art de vivre sur les hauteurs jusqu'à la fin. Platon, disent certains. Ils ne l'ont sûrement pas lu ou se contentent de sa réputation. Certes le *Phédon* interdit les violences faites à soi-même au nom du postulat que nos corps appartiennent à leurs auteurs, les dieux... (Le christianisme s'en souvient et démarque purement et simplement cette idée.) Etrange d'ailleurs que Caton d'Utique, le personnage emblématique du suicide romain, le parangon de la mort volontaire, apparaisse dans le théâtre de sa dernière nuit en train de lire ce dialogue de Platon : il va mettre fin à ses jours et lit un philosophe qui réprouve cet acte ?

Ou alors allons plus loin, et lisons *Les Lois* : le dialogue formule la véritable pensée de son auteur : Platon réitère sa condamnation du suicide qui suppose l'appropriation de soi alors que nous sommes seulement locataires de nous-mêmes, sauf – et suivent trois restrictions, autant d'entorses à cet absolu qui manifestent la quintessence de l'éthique grecque : dans le cas où un arrêt de justice le commande ; s'il s'agit de laver une blessure d'honneur sans solution alternative ; et surtout : en cas d'immenses souffrances auxquelles on est sûr de ne pouvoir échapper... Autant dire : la loi de la Cité, le commandement éthique et le corps contrevenant à l'impératif du *kalos kagathos*.

Outre que Platon paraît bien léger à nommer suicide ce qui en a l'allure et le nom mais s'apparente plutôt à la peine de mort (je mets à part également le peu de considération pour Socrate présenté pourtant à tour de bras comme son Maître et trucidé par la ciguë que l'on sait...), le philosophe exprime l'idéal grec dans sa plus grande largeur : la morale homérique indexée sur les cimes et une considération esthétique du corps prison de l'âme, certes, mais également voie d'accès à l'intelligible pourvu qu'il soit beau, intègre, en pleine puissance de ses moyens, canonique, à savoir exprimant sur terre l'harmonie, l'équilibre et la perfection sis dans le ciel intelligible. Praxitèle philosophe...

Un corps qui souffre, une chair douloureuse, une existence en fin de course, des peines atroces ? Tolérer cela serait inhumain en présence d'une solution simple et à portée de main. Elle permet de se faire semblable aux divinités qui concèdent leur pouvoir aux hommes habilités, dès lors, à s'ôter la vie qui ne vaut pas la peine d'être vécue si elle se paie de laideur, de négativité et de maux sans solutions. Échapper à la maladie mortelle, oui, voilà *la* bonne raison de recourir à la mort volontaire. L'idée se retrouve intacte chez Epicure et les épicuriens, Lucrèce en particulier, mais aussi chez les stoïciens, pourtant peu amènes à l'endroit du fondateur du Jardin. Mais Sénèque avoue se moquer de l'origine d'une bonne idée – même si elle provient de la *Lettre à Ménécée*...

La pensée stoïcienne formule la théorie la plus achevée dans et hors l'Antiquité sur la question du suicide. Si aujourd'hui on cherche les moyens de justifier philosophiquement la mort volontaire, on les trouve dans une poignée de *Lettres à Lucilus* de Sénèque, un sommet sur le sujet, une somme impossible à dépasser. La thèse ? Elle se lit chez... Epicure : « la nécessité est un mal, mais il n'y a aucune nécessité de vivre avec la nécessité ». Le reste ? variation sur ce thème... Et quelles variations !

L'essentiel consiste à bien vivre. Bien mourir relève de ce projet. Le suicide doit résulter d'un calcul hédoniste et d'une arithmétique des plaisirs : lorsqu'en dehors de toute autre solution la somme des déplaisirs l'emporte sur celle des plaisirs, le temps vient de quitter cette existence en toute simplicité, sans manières, sans craintes ni regrets. Vivre mal ? Pas question... Bien mourir ? Oui, à l'évidence. Choisir le bien, le bon, écarter le mauvais, en toutes circonstances, voilà la règle romaine : si la vie est bonne, la préférer, si elle est mauvaise, la récuser, idem pour la mort.

Pour justifier le recours au suicide, Sénèque met en scène les *préférables*, un point majeur de la philosophie stoïcienne. Les préférables ? Ce que l'on doit vouloir en priorité parmi plusieurs choix possibles en regard de ce qui permet le plus et le mieux une vie philosophique, à savoir conforme au projet du sage : suivre les leçons de la nature, viser la paix et l'harmonie avec le Grand Tout du Cosmos doté d'une âme. Mais aussi, recouvrer la liberté en consentant à ses exigences. Le stoïcien montre l'excellence de sa sagesse en acceptant les coups du sort avec impassibilité. En entrant dans la vieillesse ou l'agonie, contre quoi on ne peut rien, mais sur quoi nos représentations peuvent agir, il s'agit d'accepter, voire, en regard des préférables, d'aller au-devant de l'inéluctable : la nécessité cosmique m'oblige à mourir, mais je peux partir à la rencontre de cette condamnation à mort et manifester ainsi la réappropriation de moi-même dans un geste qui fonde la sagesse. *Amor fati,* écrit Nietzsche : aime ton destin...

Les préférables dans le cas qui nous occupe ? La mort plutôt que les fonctions mentales, intellectuelles, physiques, psychiques entamées ; la mort contre les souffrances, les douleurs, les peines auxquelles on n'échappe pas ; la mort tout de suite et non quelques jours en plus, et qui plus est soumis à d'atroces souffrances ; la mort pour éviter la vie inerte et sans projets ; la mort afin d'exercer la grandeur d'une liberté souveraine en lieu et place de la vie consacrée à subir le mal ; la mort avec courage, sérénité, honnêteté, mais pas la vie d'un esclave ; la mort choisie, pas la vie subie ; la mort la plus sale, même, de préférence à la vie la plus élégante, confie Sénèque qui rapporte le suicide d'un gladiateur quelques minutes avant d'entrer dans le cirque qui s'enfonce dans la gorge un balai brenneux récupéré dans les toilettes...

Illustrant la théorie du bien-fondé de la mort volontaire, les stoïciens frappent l'esprit de leurs interlocuteurs avec des métaphores. Certaines ramassent excellemment le discours dans une image et suffisent à concentrer la doctrine dans un genre de maxime : quitter une pièce trop enfumée ; déloger l'âme de sa maison devenue inhospitalière ; abandonner un édifice vermoulu ; sortir de scène au bon moment ; ne pas écrire une ligne de trop à son histoire car seule importe la manière de conduire la pièce, pas la durée de la représentation, pourvu que le dénouement soit bon ; savoir finir ce qui de toute façon ne peut durer éternellement : une fête joyeuse, un voyage en mer, un cheminement sur la route.

Le problème consiste moins à vivre ce que l'on peut, mais ce que l'on doit. Sur sa propre mort, chacun ne doit de comptes à personne. Ni aux dieux, ni à la loi, ni à l'Etat, ni aux prêtres, ni aux rois, ni à ceux qui restent. Le philosophe stoïcien théorise et justifie le suicide, mais l'Empire l'interdit et le condamne comme une tentative insupportable de se soustraire à sa puissance, notamment à l'action de la justice, et plus particulièrement à celle du fisc ! Le rescapé d'une tentative paie cher sa velléité de démontrer qu'il s'appartient. En revanche, plus humains que notre Occident chrétien, les Romains pensent que tous sans exception, maîtres et esclaves, gens de rien et césars, hommes et femmes, citoyens et étrangers peuvent se supprimer en cas de souffrances intolérables...

Le Christianisme abolit cette sagesse qui installe l'homme et son vouloir au centre de toute perspective. Dans l'axe de sa conception du monde, il pose Dieu, autant dire ceux qui parlent en son nom : les prêtres, le clergé, les évêques, la faune vaticanesque placée aux commandes de l'Empire par un Constantin aux mains pleines du sang de sa femme, de son fils et de nombreux autres coupables de se trouver en travers de sa route. Mais les chrétiens ne partent pas de rien, ils s'appuient sur le décalogue de Moïse et plus particulièrement sur son premier commandement : *Tu ne tueras point.*

A l'évidence, les exégètes extrapolent pour élargir l'interdit du meurtre à soi-même : suicide n'est pas homicide, les deux termes supposent deux sens séparés, deux acceptions distinctes. Donner la mort à un individu non consentant ou se l'infliger parce qu'on l'a décidé relèvent de deux logiques antinomiques : d'une part la négation de la liberté d'un tiers, d'autre part l'affirmation de la sienne sans dommage pour autrui. Si d'aventure le Christianisme faisait un absolu de ne pas tuer, ce que l'on pourrait croire, pour quelles raisons tout de même accepter qu'on assassine des soldats en guerre, des criminels jugés par la société ou des animaux ni responsables ni coupables de quoi que ce soit ? D'Augustin au *Catéchisme de l'Eglise catholique* dans sa dernière formule, on pointe facilement ces libertés prises à l'endroit du premier commandement...

La Cité de Dieu – le grand livre des inepties chrétiennes qui fait la loi pendant des siècles – le précise : Job plutôt que Caton... Souffrir en silence sur son tas de fumier, couvert d'escarres et de pourriture, gémissant, transformé en une immense plaie, acceptant l'épreuve envoyée par Dieu plutôt que prendre congé de l'existence avec la grandeur de celui qui ne supporte pas de consacrer sa vie à la salir, la détester, la soumettre aux pulsions de mort, à jouir du mal qu'on s'inflige. Le Docteur de l'Eglise établit les raisons pour lesquelles on pourrait se suicider et les récuse toutes. Une petite tolérance : quand la voix de Dieu nous invite à mourir dévoré par les lions en martyre, on ne parle pas de suicide... Quand Dieu commande on peut difficilement se soustraire à son vouloir ! Surtout quand les hommes du clergé – dont l'évêque d'Hippone... – disposent du monopole légal de porte-voix du Seigneur...

30

LE PALLIATIF

Comme nombre de théories moyenâgeuses la criminalisation du suicide disparaît avec la Révolution française. En effet, la Déclaration des droits de l'homme de 1791 conçoit l'homme comme un individu libre au centre de lui-même, nullement soumis à la loi de Dieu, donc du clergé. L'Église, qui aime son prochain comme elle-même pour l'amour de Dieu, refusait alors la sépulture de quiconque mettait fin à ses jours. Même déni pour les acteurs... Cette pratique existait encore au-delà de la première moitié du XXe siècle, j'en ai le souvenir dans mon village natal.

Le judéo-christianisme persiste dans cette idéologie, non plus sous les formes ouvertes, franches et pratiquées sans vergogne par les impudents disposant d'un pouvoir sans opposition, mais dilué, travesti, caché, déguisé sous les oripeaux des soins palliatifs. Le prêtre ne dispose plus des pleins pouvoirs à l'hôpital, la religieuse à cornette n'agit plus au chevet du malade en lui prodiguant les soins qui permettent de laisser à la douleur son pouvoir *salvifique* – selon le mot utilisé aujourd'hui par la *Pastorale des services de la santé* –, les cliniques à crucifix créditent les médecins d'un peu plus de pouvoir que les aspergeurs d'eau bénite, certes, mais le Vatican dispose avec les Unités de soins palliatifs – grandement soutenues par les politiques françaises de santé à droite et à gauche – d'un redoutable vaisseau amiral surarmé dissimulé sous l'allure d'un bâtiment inoffensif...

Palliatif, quel drôle de mot ! Les thuriféraires de ce retour du religieux à l'hôpital devraient davantage se soucier de l'étymologie qui enseigne la dissimulation, ce que l'on cache sous le *pallium*, ce qui se pratique sous le manteau, donc, pour traduire en langage moderne... Drôle comme l'origine des mots finit toujours par faire sens et découvre l'essentiel : le subterfuge, la tromperie... Dans les significations associées, on trouve également la faute dissimulée, l'impression fâcheuse atténuée car présentée sous une apparence spécieuse. La palliation quant à elle correspond à la présentation d'une chose blâmable sous un jour favorable... Littré confirme : mesure insuffisante, couvrir d'un déguisement, ne guérir un mal qu'en apparence, n'y apporter qu'un soulagement temporaire. Précisions : le pallium aujourd'hui nomme l'ornement arboré par le souverain pontife, les patriarches, les primats et les métropolitains sur leurs habits comme signature et marque de leur juridiction. Le pape l'offre à chacun de ses évêques... Quand les soins palliatifs agissent, c'est donc de manière sémantique avec une tunique chrétienne qu'ils recouvrent le mourant...

Démonstration. Les ouvrages qui assurent la promotion des soins palliatifs avouent parfois une filiation avec le judéo-christianisme, mais vraiment du bout des lèvres, vaguement, de loin... Fidèles aux stratégies de dissimulation sectaires, on parle moins de religion catholique, apostolique et romaine que de sacré. L'Église n'apparaît pas en tutelle affichée, mais le

Conseil pour la pastorale écrit nettement que les soins palliatifs offrent la seule réponse possible à la question des douleurs de l'agonisant en fin d'existence. Le suicide stoïcien et l'euthanasie en bonne et due forme relèvent à leurs yeux de l'homicide prohibé par le premier commandement mosaïque.

Où l'on retrouve presque mot pour mot les attendus de saint Augustin : les hommes ne disposent pas du pouvoir sur eux-mêmes car ils appartiennent à Dieu; la date et l'heure de leur mort relèvent de sa bonne volonté; les derniers moments d'une vie jouent un rôle cardinal dans la totalité d'une existence comme occasion de sauver son âme par les méthodes de la secte – réconciliation, pardon, confession, retrouvailles, etc...; la douleur fait sens et permet à l'agonisant une catharsis christique, un genre de Passion à sa mesure; le pouvoir technique des médecins sur les corps compte pour rien, seul importe le salut de l'âme et de l'esprit; les analgésiques doivent être utilisés avec précaution et modération pour éviter de priver le mourant d'une conscience nécessaire pour mener à bien l'entreprise néo-chrétienne. Variations sur le thème de l'amour du prochain – qu'on préfère souffrant, lucide, douloureux, éveillé, à même de regarder le néant en face... On ne sait jamais, les conversions deviennent plus faciles quand on abuse une personne qui glisse vers le trépas.

La littérature palliative se laisse parfois aller à critiquer la laïcité, coupable et responsable de l'incapacité des contemporains à mourir. Au moins, avec la *tradition* – le terme exact – on savait affronter les derniers moments : ah ! qu'il était bon le temps où la menace du diable, celle des enfers, de la damnation éternelle, la crainte du purgatoire et l'espoir du paradis – la tradition vous dis-je... – permettaient de tenir bien en main les presque cadavres au bord du Styx ! Époque bénie où la voix de Dieu utilise la bouche du moindre prêtre ignare, lui-même terrorisé par la mort et tâchant de trouver son salut dans les mythologies infantiles et infantilisantes de sa religion...

Étonnante également – enfin façon de parler... – cette mise en cause de l'idéologie des Droits de l'homme – justement celle qui décriminalise le suicide et permet des progrès sur l'obscurantisme chrétien... – fustigée parce qu'elle met l'homme au centre de lui-même en lieu et place de Dieu – du *sacré* ou du *mystère,* disent ces vendeurs d'arrière-mondes. Qui à part les réactionnaires, au sens de contre-révolutionnaires, défend ces positions aujourd'hui ?

Nostalgie dans les rangs palliatifs : quand les religieuses assistaient les agonisants, en lieu et place des barbares médicastres d'aujourd'hui avec leurs appareils sophistiqués, leur technologie trop perfectionnée, leur *matérialisme* – encore le terme exact... – et leur arrogance coupable, on mourait mieux, plus facilement, dans la sérénité, en paix avec soi-même. Oint des huiles et chrêmes, trempé d'eau bénite, dans le marmonnement des neuvaines, quasi étouffé par l'encens, menacé par les fourches de Satan, certes, on trépassait sûrement avec un réel bonheur...

Les tenants des soins palliatifs reprochent entre autres à la médecine allopathique de ne s'occuper que du corps et de la maladie, jamais du malade ni de la personne. Quel artifice rhétorique permet de dissocier ces deux instances, sinon le présupposé idéologique d'un dualisme opposant immatérialité de l'âme et matérialité de la chair ? Comment imaginer qu'un mieux sur le terrain de la maladie n'entraîne pas une amélioration pour la personne ? Qu'un soin apporté efficacement à une pathologie ne soulage pas l'individu qui en est affublé ? Quoi demander d'autre au personnel soignant que de soigner ? En l'occurrence la chair d'un malade atteint dans sa carcasse... Faut-il ajouter que dans un hôpital comme ailleurs – au guichet des postes – on peut demander autant d'humanité, de douceur, de psychologie dans l'intersubjectivité sans en appeler pour autant au génie évangélique ?

Dans le droit-fil des enseignements de l'Eglise, l'euthanasie – la grande ennemie, puisque seule alternative au palliatif qui simule l'efficacité – passe pour le crime des crimes : au cours de mes lectures, j'ai relevé un nombre considérable d'assimilations de la mort douce à l'homicide, à l'assassinat, au meurtre, à l'exécution et, argument bien pratique empêchant toute réflexion : au nazisme. Un : les nationaux-socialistes tuaient des Juifs dans les chambres à gaz. Deux : c'était de l'euthanasie. Trois : vous défendez l'euthanasie ? Quatre : vous êtes donc des nazis. CQFD...

Par ailleurs, le vocabulaire des soins palliatifs ne cesse d'emprunter aux formules judéo-chrétiennes. On y parle du *mystère de l'être*, de *l'invisible de la personne*, de la *miséricordieuse présence*, de *l'amitié du cœur*, de la *présence priante*, du *message d'espérance* et autres bondieuseries susceptibles de constituer un *humanisme spirituel* – la référence à Luc Ferry est récurrente – dont le point culminant consiste en la rédemption... Aux portes de la mort, un pied dans la tombe, l'agonie n'est pas le pire moment de la vie, mais le meilleur : il offre en effet l'occasion d'un examen de conscience, d'une vaste entreprise de pardons tous azimuts – le demander, le donner –, d'un plan large de réconciliation avec ses ennemis. Le but étant de se racheter et d'*accoucher de soi* – si, si...

Enfin, le dolorisme cher aux pauliniens fonctionne à plein régime. Pas question de sédatifs, d'usage intensif de produits morphiniques, de sommeil provoqué, de suppression ou d'atténuation de la douleur avec du cannabis ou des cocktails hédonistes... Car le mourant doit regarder la mort en face et ne pas être spolié de son agonie. Dieu n'aimerait pas et les soignants estampillés puis dûment informés par le ciel ne le permettent pas... La douleur conjurée par les médecins empêche de vivre sa mort comme il faut : on risque de ne pas se voir périr, de ne pas avoir mal, de ne rien sentir au moment de quitter le monde, ce n'est pas chrétiennement correct...

Dans un ouvrage qui s'ouvre sur les diplômes de psychologie et de psychanalyse de son auteur, on peut lire que la conscience est nécessaire aux portes de la mort, mais que l'inconscient communique également avec les esprits, les ondes – comment sinon qualifier ces ectoplasmes ontologiques? – dégagées par les morts qui furent nos proches et occupent la chambre avec le mourant avant de l'accompagner de l'autre côté du monde des vivants, là où bamboches et ripailles de *corps pneumatiques* – sic – rendent le passage sinon agréable du moins désirable.

Bien que dûment estampillée par l'Université et juchée sur les œuvres complètes de Freud – Jung et Dolto plus souvent d'ailleurs... –, la représentante médiatique du commerce palliatif accorde crédit à l'idée saugrenue que d'aucuns connaissent la mort clinique – l'électro-encéphalogramme plat, l'anoxie, donc la dégradation irréversible de leurs fonctions neuronales... – et reviennent témoigner : long tunnel blanc, clarté intense à son extrémité, corps détaché du corps (!), légèreté de l'enveloppe, jouissances planantes, non, vraiment la mort n'est pas à craindre...

Une information pour classe terminale suffit à dissiper ces histoires pour les enfants : en cas de dérèglement de tous les indicateurs physiologiques, comme souvent dans les moments critiques, au bord de la mort, mais pas après elle, les centres qui gèrent la production des endorphines destinées à répondre aux stimuli du chaos anatomique connaissent eux aussi un affolement que traduit un lâcher intégral, diffus et massif des substances morphiniques naturellement produites par le corps. Le patient revenu de ce stress assimile un genre d'overdose naturel de morphine – processus réductible à la raison raisonnable et raisonnante... – à un voyage aux portes du paradis, pratique pour tout amateur de déni, mais fautif si l'on préfère la vérité brutale aux fictions consolantes.

Transformer en résurrection néochristique un fait réductible à un pur et simple choc métabolique renseigne sur la capacité des humains à fabriquer des mythologies : ce syndrome New Age du *Near Death Experience* – NDE pour les initiés... – correspond pour nos temps postmodernes aux inventions judéo-chrétiennes d'un Nazaréen ressuscité le troisième jour de sa mort, monté au ciel – après avoir pris soin de plier son suaire, on a beau mourir, on n'en reste pas moins bien élevé... – et assis à la droite du Père sans discontinuer depuis ! Pas bien utile, Freud, dans cette chambre où les officiants de ce nouveau culte sectaire pratiqué en milieu hospitalier – comme d'autres jadis dans les catacombes... – invitent à placer dans la chambre du malade en phase terminale bougies, encens et musique sacrée...

Pour donner au message palliatif une apparence de sérieux, rien de tel que d'ajouter à la bimbeloterie judéo-chrétienne une quincaillierie psychologique vaguement frottée de psychanalyse sauvage. Freud prend pourtant soin de mettre en garde contre l'usage sommaire, improvisé et somme toute pathologique, des concepts de l'analyse et de la pratique de sa discipline sans formation dûment reconnue. Des personnes dont les notices bibliographiques annoncent clairement des études de psychanalyse arrêtées en cours de route devraient savoir qu'elles ne disposent pas du droit de se dire psychanalystes !

Peu importe : le vocabulaire impressionne les âmes fragiles et les notions ronflantes tétanisent les gens intellectuellement modestes terrorisés par la mort et parfois désireux d'une fable à même de les apaiser, n'importe quelle histoire faisant l'affaire. D'où un arsenal sémantique dans lequel on trouve : le *nursing*, l'*haptonomie*, le déjà vu *corps pneumatique*, le *corps de lumière*, ou ces totems de la tribu que sont les *groupes de paroles* ou le *lâcher-prise*... Ainsi dotés, les petits soldats du palliatif partent à la conquête de l'armée de mourants. Le combat menace peu, et pour cause...

Si le péril se limitait à ces seules exactions verbales, on pourrait sourire. Mais la constitution d'un vocabulaire tribal, ésotérique et identitaire marque un premier temps dans une entreprise qui vise la domination du mourant, l'appropriation de sa volonté et de son consentement par le biais d'une voie d'accès facile : un corps qui souffre, dégradé, douloureux, une chair mal en point, engagée dans le néant, une individualité ne s'appartenant déjà plus, possédée en grande partie par la mort à l'œuvre. Le jeu verbal, la sémantique spécialisée, le vocabulaire faussement technique décorent et travestissent le manteau palliatif : l'essentiel consiste à placer sa marchandise judéo-chrétienne.

De quelle manière ? En commençant par un sophisme, voire un paralogisme qui permet d'enclencher la suite. Lequel ? C'est simple : toute demande d'aide à mourir exprime le contraire du désir manifeste. Explication : dans l'envie d'en finir avec une existence trop douloureuse, l'imbécile entend platement un désir d'arrêter les frais ; un illuminé du palliatif décode le message authentique et saisit la nature véritable de la demande – normal, il pratique la psychanalyse... : aspirer à la mort signifie vouloir vivre. Mieux même : ne pas vouloir mourir. Synthèse : quiconque dit son souhait de mourir dit qu'il ne veut pas mourir... Partant de ce travestissement – pallium, pallium... –, aucune demande d'euthanasie ne devient audible ou recevable. Fermez le ban...

Suite de l'argumentation : toute douleur dit autre chose qu'un corps souffrant. Elle exprime essentiellement un message spirituel dont seul le soigneur palliatif détient le code. Facile... Si votre conscience semble demander l'euthanasie, c'est que votre inconscient désire les soins palliatifs. D'autres sophisteries émaillent le discours de ces nouveaux prêtres. Construits sur le même principe – on ne change pas une rhétorique malhonnête qui gagne –, ils s'attaquent, on s'en doute, à l'avortement : une femme en détresse demande une interruption volontaire de grossesse ? Écoutez son inconscient : elle aspire très exactement au contraire et veut un enfant, une maternité – et de l'aide pour réaliser son souhait inconnu d'elle-même, mais connu des soignants palliatifs grâce à leur sagacité et leur perspicacité...

Si cette rhétorique vaut un tant soit peu, les militants du soin palliatif tombent eux-mêmes dans leur piège. En effet, pourquoi ne pas appliquer leur grille de déni et affirmer que la récusation consciente et argumentée du défenseur de l'unité palliative cache un désir inconscient, à décoder – je m'en charge... :

à savoir, l'aspiration inconsciente à l'euthanasie... Plus le déni de la mort douce induit de résistances et d'excès (voir les comparaisons avec le nazisme...), plus il faut désigner un point de fixation qui cache une vérité dissimulée, son contraire évidemment. Dire oui, c'est penser profondément non ; vouloir verbalement correspond à refuser dans les limbes de sa psyché ; affirmer haut et clair équivaut à nier dans le tréfonds ; et vice versa... Désir de Caton ? volonté de Job... Pareille malhonnêteté intellectuelle verrouille toute possibilité d'échange. Quand des agonisants font les frais de ces raisonnements spécieux, l'escroquerie menace...

Que faire, donc, de la demande de mort ? Une interprétation... C'est-à-dire ? Éclairer l'incontinent mental ignorant ce qu'il manifeste en appelant le néant de ses vœux. A savoir ? Une agression, un désir de vengeance à l'endroit des soignants car son inconscient sait, même si l'agonisant l'ignore, que ces monstres ont déjà fait son deuil de lui... Son psychisme rend donc autrui responsable de la mort qui pourtant vient d'ailleurs : les médecins, les infirmières, les chirurgiens ne choisissent pas de tuer un cancéreux en le diagnostiquant, le soignant ou l'opérant ! Peu importe, l'inconscient ne s'embarrasse pas de ces finasseries...

Disposant de plus d'un tour dans son sac, l'inconscient rend l'*homo sapiens* vêtu d'une blouse blanche responsable de son état de mourant, et, malin, propose parfois de plus étonnantes trouvailles. Ainsi du coma transformé en stratégie qui permet à l'inconscient d'attendre ! Quoi ? Une réconciliation familiale, l'accord d'un pardon, un genre de bénédiction, de toute façon un signe ressortissant à la vie spirituelle, autant de perspectives qui, pourtant, nécessitent moins l'activité d'un inconscient qu'une conscience en bon état de marche...

Les soins palliatifs recyclent donc avantageusement la mythologie judéo-chrétienne, activent dangereusement les travers de la psychanalyse sauvage, mais révèlent aussi les psychopathologies personnelles de soignants qui utilisent des patients pour effectuer une autothérapie improvisée parce qu'elle aussi sauvage. Dans l'enceinte de l'hôpital, au milieu de la chambre du mourant, dans la relation même à l'agonisant, sous le manteau palliatif se trouve bien souvent l'essai de résolution du problème de la mort d'un soignant pour son propre compte. Plus que jamais dans un endroit pareil une analyse digne de ce nom, menée par des praticiens réellement habilités, devrait être exigée pour ceux qui prétendent résoudre le problème d'autrui mais se servent de lui pour tâcher d'assurer leur salut par procuration.

En chrétiens ignorants des *Maximes* de La Rochefoucauld, les amants du corps pneumatique mettent en avant des vertus réductibles à des vices déguisés... Charité, compassion, amour du prochain, altruisme, miséricorde, philanthropie dissimulent l'amour de soi, l'intérêt, l'égotisme, les dividendes éthiques obtenus en rétribution du temps donné au mourant sous forme d'assurance ontologique sur l'éternité. En aimant son prochain comme soi-même, non pas pour lui, mais pour l'amour de Dieu – à ne jamais oublier... –, on gagne son paradis...

Le malade se trouve instrumentalisé pour le salut du soignant. D'où l'intérêt de dénier la volonté de l'agonisant désireux d'en finir ! L'euthanasie entrave son accès au ciel, le soin palliatif l'y conduit sûrement et directement. L'amour du prochain dissimule un amour de soi exacerbé : donner pour recevoir, partager pour obtenir, prétendre se défaire de soi et se mettre au service de l'autre pour mieux y trouver son compte puis engranger des bénéfices sur le terrain spirituel. L'humilité est la forme d'orgueil la plus travestie et la plus achevée...

Au cours d'entretiens avec le personnel des soins palliatifs, nombre d'individus insistent sur leur *plaisir* – le mot exact... – à travailler dans ces unités. Quand on les interroge sur leurs motivations, presque tous achoppent sur le traumatisme de la fin de vie d'un proche mal vécue et génératrice de culpabilité. Freud raconte le détail du deuil, puis la liaison de causalité entre la disparition d'un être aimé et le sentiment de responsabilité personnelle en relation avec les désirs infantiles et œdipiens de meurtre. Informé de ce mécanisme psychique universel, personne ne devrait tâcher de régler son problème en prenant un tiers en otage ! Utiliser un agonisant, voire une série de mourants en milieu hospitalier, pour réitérer, sur le principe de la compulsion de répétition, des essais de résolution personnelle de problèmes privés relève du délit éthique et de la faute morale.

La perversion réside dans la construction d'une relation de maître à esclave. Domination pour le propriétaire des clés caché derrière le nuage de fumée sémantique de la psychanalyse ; servitude pour la personne allongée dans son lit en attente de l'imminence de sa mort. L'un vit et a devant lui des années en stock, l'autre meurt et se délite petit à petit, condamné à l'inéluctable. Drapé dans sa blouse blanche, légitimé par l'institution hospitalière qui l'appointe, debout, maîtrisant le vocabulaire technique, supposé sachant, le soignant s'adresse à un être nu, dissocié de ses attributs sociaux, allongé, assistant aux diagnostics le concernant comme à un discours en langue étrangère. La relation relève de la plus absolue des inégalités. La promotion des soins palliatifs s'effectue dans ce cadre-là...

Veut-on le signe d'évidence de ce déséquilibre ? Considérons l'infantilisation mise en scène par les soignants qui prétendent agir pour le bien du mourant en l'invitant à consentir à son désir d'involution mentale et psychique. Cette demande régressive se fabrique sur mesure grâce à la parcimonie analgésique : laisser souffrir quelqu'un, lui infliger une douleur, ne pas la supprimer au nom de son pouvoir *salvifique* installe dans une position royale pour exercer son magistère de soignant. *Tu souffres, donc je suis* pourrait être la maxime palliative. Et j'évite : *tu souffres donc je jouis* pour ne pas consentir au pire scénario...

Déguisés en psychanalystes d'occasion, les sectaires du palliatif aspirent au retour du malade dans le ventre maternel et au recouvrement de la béatitude intra-utérine ! La fusion avec la mère passe pour la panacée... Comment créer cette situation ? Outre un refus d'analgésique et d'antalgique à même de préparer le corps à la douleur qui annihile tout esprit de résistance et de combat, puis prépare efficacement la reddition sans condition de l'agonisant, on crée les occasions de cette régression en agissant comme une mère, disent les sectaires : chanter des berceuses du répertoire de l'enfance, accepter de se faire appeler maman, fredonner des comptines, bercer, prendre dans ses bras, toucher, caresser le visage, tenir la main, masser le corps – ces tripotages obscènes, parce qu'infligés, se dissimulent sous le vocable savant d'*haptonomie*...

Cette mise en scène du retour à l'enfance par l'usage cynique de la douleur vise – consciemment ou non, je veux plutôt imaginer que ce délire d'autothérapie échappe à la conscience du soignant... – la transformation du faible en plus faible encore de sorte que l'acteur de cette histoire puisse s'imaginer plus fort qu'il ne l'est. Pas bien difficile de créer pour son propre compte une illusion de puissance quand on se mesure à ceux dont on a exploité, organisé et scénographié l'impuissance consubstantielle à leur état de mourant. Pratique de charognard...

Comment mieux voir encore que l'enjeu de tout ce travail c'est l'infantilisation utile pour faciliter l'appropriation et dominer plus facilement ? En examinant la fameuse théorie du *lâcher-prise* – vocabulaire de la tribu... Que signifie cette expression ? Qu'à un moment, le malade doit consentir à mourir et se faire à l'idée de trépasser. Le bon sens élémentaire, à défaut d'intelligence, devrait suffire pour croire que, hors suicide et euthanasie, l'individu meurt à son heure, quand la nature a achevé son travail entropique.

Mais les palliatifs défendent une autre thèse : le mourant meurt quand on lui en donne l'autorisation... Et qui la donne ? Eux, évidemment... Difficile dès lors de refuser aux tenants de la mort douce le pouvoir que les tenants du *pallium* s'arrogent sans sourciller. Au moins dans le processus euthanasique, le soignant accède à la demande d'un individu respecté dans sa souveraineté ; dans la logique des soins palliatifs, le mourant ne possède pas son heure, son corps, sa volonté, il ne peut décider seul et doit solliciter l'autorisation qu'à l'évidence on ne lui donne pas si ses papiers spirituels ne sont pas en règle.

En acceptant de lâcher prise, le mourant donne une preuve d'amour aux soignants, disent... les soignants. Au bord de la tombe, quel étrange sadisme peut conduire des hommes et des femmes à torturer sur leur lit de souffrance des agonisants privés du droit de mourir dignement, selon leur volonté, au moment choisi par eux ; en leur interdisant de croire eux-mêmes à ce qu'ils demandent parce que prétendument ils ne savent pas ce qu'ils disent et que seuls sont habilités au décodage de leur souhait les sectaires vendant leur camelote éthique ; en les soumettant au bon vouloir d'une police spirituelle, morale, religieuse, bien décidée à faire la loi au nom du patient, mais la plupart du temps contre lui ; quel étrange sadisme !

Interrogeons-nous également sur les effets de lecture possible en miroir d'attaques du sénateur Caillavet, grand défenseur de la cause euthanasique, suspecté d'avoir des comptes à régler avec l'institution hospitalière et les médecins; ou des critiques effectuées en direction des défenseurs de la mort douce accusés d'être incapables de régler le problème des fins de l'existence avec sérénité, ou tâchant de résoudre des problèmes avec eux-mêmes ; enfin attardons-nous sur la condamnation des partisans de la légalisation de la mort volontaire à l'hôpital coupables de vouloir être les vainqueurs, d'avoir le dernier mot, de dominer... En vertu du principe qui souvent fait reprocher à l'autre ce qu'on ne peut, ne veut ni ne sait se reprocher à soi-même, on constate combien ces attaques constituent autant de voies d'accès à la logique et à l'esprit des soins palliatifs...

31

L'EUTHANASIE

Que les thuriféraires des soins palliatifs affirment : le bénéfice de l'agonie dans l'enrichissement qui les humanise, eux, les survivants ; la réalité d'un bénéfice mutuel à l'accompagnement ; l'utilité du mourant qui sert encore un peu avant de passer *ad patres*, en l'occurrence à réaliser le salut de ceux qui s'en servent et les exploitent, les instrumentalisent, les utilisent et volent la mort des agonisants, voilà autant de preuves d'une avance masquée des défenseurs de ces thèses malsaines.

Ils dissimulent une option partisane et néo-chrétienne, militent pour une cause personnelle et non générale. En un mot : les soins palliatifs défendent *une logique de soignants* soucieux de leur salut plutôt qu'une *logique de soignés* motivée par le respect de la volonté, de la dignité, de la souveraineté, de la liberté et de l'autonomie du malade. L'euthanasie permet d'avancer sur le terrain de la déchristianisation du corps et des institutions qui s'en occupent, puis de progresser dans la construction d'un corps faustien.

De la même manière que les palliatifs récusent la demande euthanasique sous prétexte qu'elle cache autre chose – un besoin inconscient de vie et d'amour –, ils réduisent la mort douce à des arguments triviaux. L'accusation de nazisme, on l'a déjà vu, sert à éviter de penser et de réfléchir sur cette question... A quoi l'on ajoute, sur le même principe – paralogismes, rhétoriques spécieuses et déni – une série de causes triviales pour s'y opposer : on euthanasie à cause du manque de lits; pour le confort des familles; afin d'en finir avec un patient récalcitrant; parce que les médecins ne savent pas affronter la mort; à cause de leur couardise ou de leur incompétence à accompagner. Vénalité, cruauté, méchanceté, incapacité, lâcheté, uniquement de mauvaises raisons...

Autre logique spécieuse : la légalisation de l'euthanasie entraînerait une débauche de pratiques sauvages. On imagine mal comment un encadrement juridique digne de ce nom, une législation *ad hoc* extrêmement précise, rigoureuse et respectueuse des droits du malade, un protocole défini dans la clarté et qui suppose transparence et collégialité des prises de décision devenues accessibles aux malades et à leurs familles, pourraient augmenter une pratique sauvage ! D'abord parce qu'avec un texte elle cesse d'être incontrôlable et incontrôlée, ensuite parce que justement la loi rend caduque cette façon de procéder. Pour quelles raisons cacher une pratique que la loi définit et rend possible ? L'euthanasie sauvage existe – et trop – dans l'actuel cas de figure : celui de la pénalisation, pas celui de la légalisation...

Militer pour les soins palliatifs consiste à voter non pas pour la vie, mais pour la mort. Car cette technique prolonge la mort, pas la vie. Seule la mort tue, pas celui qui la donne plus tôt pour éviter qu'elle obtienne plus que ce dont elle s'empare déjà. L'homicide qualifie moins le médecin qui abrège les souffrances que le soignant décidé à tout faire pour que le vivant soit le plus longtemps, le plus sûrement, le plus cruellement, le plus consciemment en présence de son agonie. On connaît le mot de Kafka à son médecin, sur son lit de mort : « Si vous ne me tuez pas, vous êtes un assassin »...

Chacun peut désirer une façon plus digne de mourir que pleurer dans les bras d'une soignante appelée maman entre deux gémissements pendant qu'elle nous raconte le Petit Chaperon rouge, le tout dans une ambiance d'encens, à la lumière de bougies vacillantes, pendant que passe en fond sonore une musique New Age, le corps transformé en immense blessure, bien que pommettes et menton soient massés, la mort prenant déjà presque toute la place. D'aucuns préfèrent Caton ou Sénèque... Peut-on leur donner tort ?

Parmi les critiques faites par les tenants des soins palliatifs aux partisans de l'euthanasie, on trouve cet étrange reproche : l'agonisant qui réclame de l'aide pour mourir ne respecte pas la dignité... de celui à qui il formule sa demande ! Un comble... Comme si les contrats en pareil cas se constituent sans la liberté des parties prenantes, en l'occurrence celle de l'individu sollicité toujours libre de refuser et nullement contraint d'obéir... L'euthanasie comme crime éthique contre le vivant à qui l'on demande de la pitié, voilà une bien étrange façon de considérer la volonté du mourant !

Là encore apparaît cette idée que le palliatif place moins le malade au centre de ses préoccupations que le soigné obsédé par la triviale opération du salut de son âme. Si en pareil moment un membre du personnel hospitalier trouve qu'on lui manque de respect en lui demandant de l'aide à mourir, à quoi ressemble sa capacité à la compassion, au sens étymologique ? Il ne souffre pas avec, mais pense à sa seule personne tout en souhaitant ne pas mettre en péril son paradis potentiel, fût-ce au prix d'un geste compassionnel que peut-être leur Jésus n'aurait pas renié – mais que l'Eglise condamne...

Quelle inhumanité d'interdire à un mourant, qui d'une certaine manière a tous les droits – il lui reste si peu à vivre –, de se réapproprier ce qui peut encore l'être ? Tous les philosophes qui théorisent la toute-puissance de la nécessité insistent sur la définition de la liberté dans le cas de cette impasse éthique : consentir, aimer ce qui advient, vouloir ce qui nous veut, voire aller au-devant de ce qui nous attend si l'on sait ne pouvoir y échapper. Le suicide romain s'appuie sur cette aporie : en décidant ce qui a été imposé par le destin, je reconquiers partiellement la liberté qui m'est soustraite. Comment priver un être de ce pouvoir ? De quel droit ?

Les palliatifs tiennent la vie pour une valeur en soi, sur le principe de la religion catholique apostolique et romaine. La cohérence métaphysique et ontologique devrait leur interdire la mise à mort de tout ce qui vit – les rats, les cafards, les moustiques, les mouches, les morpions, etc... –, donc déclencher en eux un végétarisme militant, voire un austère végétalisme, doublé d'un pacifisme militant, puis d'une opposition absolue à la peine de mort. On en est loin...

Du côté des défenseurs de l'euthanasie, on ne communie pas dans la religion de la vie : elle n'est pas un absolu, un en-soi sur le principe d'une divinité appelant la prosternation. La vie compte pour ce qu'on en fait et sa qualité, pas sa quantité, elle vaut pour son usage, pas son essence, elle importe par sa construction, sa jouissance, pas son être-là en dehors de tout projet et de toute incarnation nominaliste. Une vie présente de l'intérêt quand elle permet la fabrication, l'émergence et l'entretien de l'humain en l'homme. Quand l'humanité quitte un corps dans lequel il ne reste que la vie, elle ne signifie plus rien et pèse autant que tout ce qui vit par ailleurs sur la planète. La mort a déjà fait son travail...

La raison métaphysique qui justifie l'avortement coïncide avec celle qui légitime l'euthanasie. Rappelez-vous : l'humain surgit du vivant dès la possibilité neuronale d'une interaction avec le monde, quand se manifeste une conscience de soi, des autres et du réel, même embryonnaire – au sens propre et figuré. Dans ce cas, l'interruption volontaire de grossesse met fin à du vivant, pas à de l'humain. A l'autre extrémité de la vie, si l'on conserve sa conscience, chacun demeure seul juge pour lui de ce qui justifie l'interruption de l'humain dans le vivant : l'état de dégradation, la quantité de souffrance, la récurrence des douleurs, l'inéluctabilité et l'imminence de l'issue, l'anéantissement de toute qualité de vie justifient qu'un être demande une aide au suicide, cette première occurrence de l'euthanasie : une mort volontaire assistée.

La seconde concerne l'individu ne disposant plus d'une conscience de soi claire et précise, nette et rigoureuse ; il ne reconnaît plus aucun de ses interlocuteurs, proches, anonymes ou gens de sa famille ; il est privé de relation au monde extérieur et à son histoire. Incapable de soi, des autres et du monde, l'individualité est définitivement diluée dans le réel. L'humain a quitté le vivant. Reste un mécanisme déconnecté de toute finalité qui tourne à vide en attendant plus de mort encore pour cesser de fonctionner. Un tiers peut arrêter là le massacre...

A quoi ressemble une vie quand ce qui la définit disparaît : la possibilité de construire des relations durables, de fomenter des projets réalisables, de disposer de son temps sans contrainte, de jouir de son corps et de son âme en toute liberté, de se mouvoir dans l'espace sans limites, de disposer de soi sans entraves ? Qu'en est-il d'une vie dans laquelle le déploiement de soi débouche sans autre issue possible sur le néant, la fin, la mort ? A quoi bon vivre encore quand il s'agit de consacrer le restant de son temps imparti à regarder la pendule qui égrène les heures jusqu'à l'épuisement du compte à rebours ? Pitié, pitié...

Je m'étonne du discrédit pour la pitié dans nos civilisations postmodernes... La tradition philosophique la prise peu, en dehors de Rousseau et Schopenhauer. Et l'homme du commun prétend souvent ne pas l'aimer et refuse souvent *a priori* celle qu'on pourrait lui offrir. Pour quelles raisons ? La trouve-t-on humiliante ? Déshonorante ? Pour ma part, j'en fais une vertu sublime : la répugnance à voir souffrir son semblable me paraît le signe de la grandeur d'un être. Son indifférence, la signature de sa bassesse. Nietzsche pense faussement en affirmant qu'on perd de la force dans la compassion car on l'augmente bien plutôt. Seuls les nazis prétendaient travailler à son éradication...

Refuser d'entendre la demande d'un mourant, tourner la tête, considérer que rien n'a été dit, voire que la vérité se trouve aux antipodes des paroles proférées, transformer un désir d'en finir en demande d'amour pour éviter de se trouver en face d'un vouloir radical et souverain, nier l'une des dernières volontés d'un agonisant, laisser la mort travailler lentement, tranquillement sous prétexte que la vie est sacrée – mais pas celui en qui elle gît –, voilà des marqueurs éthiques : ils qualifient les sans-pitié, les indifférents au mal. L'euthanasie formule une éthique de la pitié ; les soins palliatifs illustrent une morale pitoyable...

A l'évidence, l'euthanasie pose moins de problèmes quand elle relève d'une demande claire formulée par une personne saine de corps et d'esprit que dans le cas d'un individu définitivement coupé du monde par la maladie, relié à la vie par la seule technique, silencieux de son vivant sur son éventuel désir d'en appeler à la mort douce, se trouvant dans un lit d'hôpital artificiellement en vie, prolongé par l'appareillage, maintenu vivant par des machines. L'idéal consiste en un testament de vie rédigé bien avant le jour fatal dans lequel la personne signataire confie ses désirs de ne pas subir d'acharnement thérapeutique, de bénéficier de tous les antalgiques possibles et imaginables, fût-ce au prix du raccourcissement de la vie, enfin de pouvoir profiter d'un geste euthanasique.

Avec ce papier porté sur soi, son auteur prolonge sa vie et sa conscience dans le moment où celles-ci disparaissent. Le même document, pour l'instant sans valeur légale (l'« Association pour le droit à mourir dans la dignité » travaille à sa reconnaissance juridique), peut mentionner le nom d'une personne à qui l'on délègue le pouvoir de décider pour soi. Le mandataire dispose dès lors du pouvoir de représenter le mourant auprès du corps médical et de mener à bien les discussions que son aimé ne peut plus conduire. Cette disposition montre que la mort donnée dans l'euthanasie procède de l'affection, de la tendresse, de la pitié, de la fidélité et que dans ce geste une histoire d'amour se prolonge et se parfait.

L'euthanasie suppose donc la résolution de quelques problèmes philosophiques. Ainsi : aucun devoir de vivre ne s'oppose à un droit de mourir : qu'est-ce qui justifierait ce devoir, sinon une transcendance, un extérieur à l'individu – autant dire une fiction ? Quelle instance pourrait interdire ce droit à disposer de soi-même, de son corps, de sa vie et de ses usages libres ? Mais aussi : il n'existe aucun devoir envers soi-même, dont celui de ne pas attenter à son existence, seulement des droits, sur ce terrain personne n'est obligé à rien d'autre que ce à quoi il se contraint. Également : le droit de mourir est supérieur au devoir de ne pas tuer, car tuer un autre que soi et se tuer relèvent d'une semblance seulement en regard d'un sophisme et d'une idéologie visibles à l'œil nu... Dans un monde sans Dieu, sans âme immatérielle, sans transcendance, le mourant n'a de comptes à rendre qu'à lui-même.

32

LA MORT

La mort désigne le triomphe du néant et le basculement d'une existence de l'autre côté du réel, là où le non-être est, certes, mais elle caractérise aussi ce qui travaille le vivant sans répit. Elle qualifie un moment où les morts multiples qui rendent possible la vie dans un corps ne sont plus compensées par la régénération cellulaire et tissulaire. Car dans l'épigenèse d'une physiologie, la vie essaie des formules. Seules demeurent les trouvailles qui coïncident avec le projet de construction cohérent d'un organisme : un neurone pousse sa dendrite en direction d'un organe, la liaison produit son effet et permet une efficacité anatomique, il vit, elle rate son coup, il meurt...

Vraisemblablement ce travail du négatif comme condition de possibilité d'une positivité élaborée montre une dynamique à l'œuvre dans la chair. Du vivant, oui, mais payé au prix de la mort. De la création, certes, mais grâce à la destruction. Le processus dialectique de la conservation (du vivant) par le dépassement (de la mort) initie une forme nouvelle. *Apoptose,* disent les scientifiques qui analysent le rôle de la mort comme agent sculpteur du vivant... Au cœur même de l'être s'active paradoxalement sa condition de possibilité : le néant.

Je tiens la découverte freudienne de la pulsion de mort comme l'une des avancées majeures dans la compréhension de la psychologie humaine. Freud travaille à ce concept en pleine Première Guerre mondiale, cette furie meurtrière à l'échelle de la planète : plusieurs millions de morts, des tueries sans nom, une boucherie sanguinaire planifiée par des militaires dans le confort de leurs ministères, des stratégies de destruction humaine massives, l'intelligence, l'argent, la technologie, l'énergie de civilisations zénithales mises au service de l'anéantissement, comment comprendre cette logique ? Et celles qui accompagnent et accompagneront l'humanité pour des siècles et des siècles ? Avec cette pulsion...

Généalogie du pire : toute négativité y trouve son origine. Une force travaille les corps et les ramène à l'état organique – une découverte majeure. Là où le vivant prolifère, elle veut la réduction à rien de ce qui s'active. Quand de l'être se répand, elle oppose du néant. Au cœur de chacun gît cette énergie sombre, noire, mortifère, mystérieuse, car on ignore son origine. Elle génère, certes, mais qui la produit elle, qui ou quoi ? Avant la pulsion de mort, quelles conditions pour son épiphanie ?

Difficile de résoudre ce problème. Plus facile d'en suivre les effets, d'en repérer ici ou là les traces : dirigée contre soi ou contre autrui, elle explique les comportements suicidaires ou à risques, le masochisme également, les automutilations, les agissements autophages, autodestructeurs, mais aussi l'agressivité et les agressions, les crimes, viols et violences, le sadisme donc. Sur le terrain collectif, la logique demeure : des nations, des cultures ou des civilisations conduites par cette puissance sauvage se sabordent ou partent à la conquête des autres... Dès lors les hystéries, les névroses, les schizophrénies, les assassinats, les meurtres, les jouissances à se faire souffrir ou à infliger le mal à autrui, les guerres et les totalitarismes du xxe siècle, mais également les flots d'hémoglobine répandus pendant des siècles dans l'Histoire trouvent une explication. Le travail de cette pulsion, ses heurs et malheurs, ses effets, sa logique, ses mécanismes.

Quatre-vingt-trois ans plus tard, la fameuse apostose des biologistes pourrait bien aider à résoudre le problème de l'origine de la pulsion de mort : quand vient-elle en l'individu ? Comment et de quelle manière y pénètre-t-elle ? De quelle façon évolue-t-elle ? Est-elle inégalement répartie, et selon quels principes ? Un individu, un seul, peut-il échapper à son empire ? Si oui, lequel ? En vertu de quel mystère ? Autant de questions de moins en moins celées si l'on demande à la biologie l'aide de son matériel conceptuel et de ses découvertes sur le travail de la mort dans le vivant dès le moment même de son apparition.

La mort nécessaire au vivant dans une physiologie dès le départ de l'être, dès sa conception, voilà un fait troublant ! Que le spermatozoïde vainqueur dans sa course vers l'ovule paie son succès par la mort de milliards d'autres concurrents engagés dans le combat pour la victoire et apparemment tout aussi bien dotés, voilà un début dans l'univers placé sous le signe de la vie payée d'un holocauste considérable ! Quand le percuteur permet d'entrer dans l'ovule, que le flagelle reste à l'extérieur, qu'une substance émise immédiatement verrouille l'entrée dans la gamète et que dès lors le destin des prétendants soit l'anéantissement, comment ne pas voir là le travail sculpteur du vivant de la pulsion de mort ?

La mort est donc consubstantielle à l'être. Elle n'apparaît jamais, sinon en même temps que lui. Elle n'est pas générée par autre chose que le fait d'exister. Il n'existe pas d'intromission de cette énergie dans l'épicentre du corps à la faveur d'un événement particulier inaugurant la fin de l'innocence, un genre de péché originel biologique. Il n'y a aucune possibilité pour quiconque d'y échapper, de s'y soustraire. Aucun destin ne s'écrit en dehors de ce travail de l'être par Eros et Thanatos. Leur affrontement constitue l'équilibre ou le déséquilibre de chacun.

En revanche, si l'être même de la pulsion de mort relève de la fatalité, son devenir me semble indexé sur ses interactions avec le monde. Elle prend plus ou moins de place et d'importance dans la genèse d'un individu suivant les relations subjectives et singulières entretenues par lui avec le monde en général et la mort en particulier. Thanatos relève en chacun d'un donné biologique, certes, mais aussi d'une construction sociale sur laquelle un pouvoir des hommes semble possible.

Le refoulement de la mort, sa dissimulation, son apprentissage sur le mode terrorisant ou apaisant, lointain et détaché ou proche et impliqué, le langage ou l'absence de parole qui entoure le moment de la découverte, la solitude ou le partage du deuil, la bonne ou mauvaise qualité éthique de l'intercesseur de la nouvelle funeste, l'âge auquel on se trouve en présence de son premier mort, assister ou non à l'agonie, au trépas ou arriver ensuite, les réactions de l'entourage, des proches qu'on aime, sereins ou détruits, autant d'occasions et de circonstances qui élaborent une idée de la mort en chacun. La pulsion gît *a priori*, mais l'histoire s'y ajoute et détermine le sujet à entretenir avec elle une relation particulière.

Où l'on retrouve la structuration des tempéraments sadiques, des comportements masochistes, des natures nocturnes ou des figures solaires...

La mort nous habite tous mais nous hante en regard de nos expériences. Certains vivent avec, sans trop y penser, sans se soucier d'elle, sans craintes, peurs ou angoisses ; d'autres souffrent au quotidien d'avoir à mourir, de se savoir mortels et cauchemardent leur vie à cause de son heure finale ; les uns l'aiment et optent pour les professions, passions ou logiques thanatophiliques : médecine légale, Pompes funèbres, métier de soldat, thanatopraxie, sports extrêmes, anthropologie ou histoire de ce sujet ; d'autres au contraire n'en supportent pas même l'idée, ou l'évocation. Et tous doivent mourir un jour...

La sublimation – au sens freudien – permet de donner à ces pulsions *a priori* socialement inacceptables des formes socialement acceptables. On ne naît pas sadique ou masochiste, criminel en série ou violeur, professionnel des soins mortuaires ou soignant dans une unité de soins palliatifs, on le devient. En fonction d'une histoire personnelle, évidemment riche en traumas qu'on cherche à guérir comme on peut. Souvent sans succès, car peu disposent des moyens de détourner ces passions mortifères en activités dérivatives équilibrantes.

Pour les autres ? Souffrances psychiques et mentales, donc physiques permanentes, frustrations, douleurs ontologiques, angoisses sans nom, somatisations tous azimuts, conduites de fuite, stratégies d'évitement – des techniques pharmacologiques de l'antidépresseur aux addictions à des produits toxiques –, n'importe quoi fait l'affaire. Les religions, les spiritualités alternatives, les fables et mythologies irrationnelles, les fictions parapsychologiques disposent dès lors d'un immense boulevard métaphysique sans réelle opposition, la philosophie ayant peu son mot à dire...

Le malaise dans la civilisation, le nihilisme européen, le déclin de l'Occident, l'ère du vide, la défaite de la pensée, l'empire de l'éphémère, le désenchantement du monde, la chute dans le temps si souvent diagnostiqués depuis un siècle proviennent vraisemblablement d'incapacités à affronter la mort, la regarder en face, proposer une lecture alternative à la version judéo-chrétienne vieille de plus de quinze cents ans en Europe. Si l'Eglise fournissait jadis une camelote ontologique, du moins elle produisait des effets sur le principe du placebo ontologique. Depuis l'effondrement du christianisme, la plupart sont désemparés devant ce avec quoi il faut composer : disparaître un jour sans aucun espoir de survie.

Le refoulement de la pensée de la mort tue, lentement, doucement, de manière invisible, certes, mais il tue. Le déni sauve un temps, dans l'instant, pour l'immédiat, et encore. Mais plus tard ? Même remarque avec les idéologies de substitution bricolées pour produire un effet au plus vite et parer au plus pressé. Or, à l'heure dite, ces constructions de guingois menacent de s'effondrer avec fracas... A vivre comme s'ils ne devaient jamais mourir, les hommes meurent plus encore, à petit feu, dans une vie où le retour du refoulé les travaille bien plus qu'un net affrontement de la question.

L'occultation de la mort épouse la courbe de la désaffection du religieux : moins on croit à l'immortalité de l'âme, à la vie éternelle, à la résurrection de la chair, plus il faut se rendre à l'évidence de la mortalité du corps, de l'inexistence d'un au-delà et de la pourriture de la chair comme horizon indépassable, conséquemment, plus on enfouit le problème pour éviter de le rencontrer, trop désarmé, trop impuissant, trop désespéré. La révolution métaphysique de Mai 68 accélère ce déni pendant que prolifèrent les techniques de soins conservateurs, les recours thanatopraxiques, les constructions de funérariums, les décès hors du domicile. La gestion théologique de la mort laisse place à sa gestion commerciale. Pour le reste, le néant triomphe...

Que faire ? Outre le scandale de la confiscation de la mort par les marchands (résolu sans difficulté par la nationalisation des Pompes funèbres), donnons à la philosophie un rôle qu'elle a perdu. Là où les prêtres officiaient, les commerciaux font la loi. Ni le prêche œcuménique d'aujourd'hui – on accepte tout et n'importe quoi désormais à l'église les jours d'enterrement, pour une fois qu'elle est pleine... –, ni la transformation du mort en support à la marchandisation – location des chandeliers, facture du maquillage pour faire comme si on enterrait un vivant, prix du cercueil, choix des capitons, des oreillers et des coussins en fonction de son pouvoir d'achat, compensation de la culpabilité par l'acceptation de factures aux montants obscènes, etc... –, ni les curés, donc, ni les croque-morts ne doivent disposer du monopole de la gestion de ces moments pénibles. Trop facile dans pareil cas de vendre son âme et de payer jusqu'à l'endettement...

Alors ? Alors, retour aux anciens, et construction d'une éthique de la mort en regard d'Epicure, Sénèque et Montaigne : une proposition laïque, païenne, une lecture immanente de cet événement.

Déplatoniser, puis déchristianiser la question. Balayer les fictions et les mythologies : les âmes immortelles, les corps sauvés, les démons et les anges, le paradis et les enfers, la punition ou la rédemption, le salut ou la damnation. Arrêter d'exploiter la mort pour accéder au pouvoir sur les individus via la police et la cohorte des rois et papes. Arracher le trépas aux mains des charognards exploiteurs des angoisses que la raison peut calmer, voire guérir.

Apprendre à mourir ? Quelle idiotie ! Au théâtre, la qualité de toutes les répétitions n'assure jamais l'excellence de la première. Entre avoir à mourir et mourir, un abîme existe. Envisager son anéantissement de son vivant relève de la prouesse conceptuelle : je me vois toujours vivant quand j'use de mes cinq sens, de mon cerveau, de mon intelligence, afin de construire le néant. La mort, je me la représente toujours vivant. Dans son essence même, elle suppose l'inconcevable, l'impensable, ce qu'on approche seulement, dans le meilleur des cas...

Apprivoiser la mort ? Quelle autre sottise ! Celle des tenants du soin palliatif en l'occurrence. Jamais une bête sauvage – dissertons sur la métaphore – ne se laisse domestiquer. Pour qui ou quoi la prend-on ? La mort est effectivement la quintessence de la sauvagerie du prédateur. Rétive, rebelle, impossible à dresser – par quoi d'ailleurs ? –, elle demeure jusqu'à la fin brutale, impérieuse, violente. Dompter la mort ? Impossible. Lui faire perdre sa nature ? Hors de question... Autant vaut l'illusion qu'un prisonnier à mains nues, dans l'arène romaine, aura raison des fauves qui débouchent dans la lumière du cirque...

Alors ? Alors l'affronter. Savoir le combat perdu d'avance, à l'évidence, mais ne pas ignorer l'essentiel : arriver à la dernière heure le plus calme possible, le plus déterminé, le plus serein, avec derrière soi une existence bien remplie, conforme à ses désirs, sans temps morts ni perdus, sans indolences ni avachissements – autant de concessions faites à la mort de son vivant... Y aller, mais à son heure. Ne pas avoir empoisonné son existence avec elle : tant que je suis là, elle n'y est pas, dit Epicure – leçon toujours valable ; quand elle arrive, je n'y suis plus – autre cordial intempestif.

La mort vaut moins que la représentation qu'on s'en fait, disent les stoïciens. Vrai. Avoir à mourir un jour n'équivaut pas à devoir mourir tout de suite. Quand la mort arrivera, on verra. En attendant, travailler sur les représentations – la façon de se la représenter. Rien à craindre : une fois mort, l'agencement de matière qui constitue notre conscience, notre raison, notre intelligence, notre être, disparaît. Les conditions de la souffrance anéanties, il n'y a rien à craindre du trépas qui, de plus, libère de toute possibilité d'une passion – au sens étymologique.

Avoir à mourir pose problème, mais la résolution de celui-ci passe par un travail sur le temps : vivre dans l'instant, pas dans la projection, ne pas encombrer le présent si l'on dispose de ses moyens physiques et psychiques par un futur qui, par définition, n'est pas là. L'heure H suffit, pas le décompte. Chaque chose en son temps. Ne pas mourir avant l'heure, ne pas contaminer l'ici et maintenant par du plus ou moins lointain, certes, mais qui demeure à venir. La mort emporte ce qu'on lui laisse, elle prend ce qu'on lui donne, autant lui soustraire le maximum de son vivant et interdire à sa pulsion missionnée de nous travailler plus que de raison. Du moins avec ces précautions, quand on meurt, on meurt vivant...

33

LE CADAVRE

Être, naître, vivre, exister, puis mourir, voilà avec quoi la philosophie doit composer si elle veut remplacer la théologie et la religion. Faire de nécessité vertu ? pas exactement, mais ne rien ignorer des lois naturelles auxquelles les corps obéissent. Le spermatozoïde élu dispose d'une destinée sans pareille, pour sûr, mais finalement, après son périple, il rejoint ontologiquement les milliards dont il s'est extrait un jour faste pour lui. La mort semble la loi, la vie une exception, d'où son caractère précieux. Sorti du néant, via le sperme, parmi des millions de possibilités, l'être y retourne via le cadavre qui boucle le trajet.

Cloné, greffé, opéré ou non, naturel ou artificialisé, chrétien ou faustien, le corps vit son cycle, connaît le plaisir et la douleur, puis retourne d'où il vient sans autre forme de procès. Je tiens le cadavre pour un objet de méditation particulier semblable aux sabliers, crânes, papillons fragiles, bougies éteintes, fleurs juste abîmées partout présentes dans le registre pictural de la Vanité. Rembrandt ou Beckmann, Géricault et Otto Dix en disent la matérialité radicale et proposent des leçons matérialistes consolantes : la mort n'est rien en dehors de l'instant de mourir, lui-même juste un mauvais moment à passer si l'on tient à l'écart les prêtres et leurs servants...

Toute une existence d'arrachement à la nature avec du travail, de la civilisation, de l'éducation, tant de progrès et d'informations accumulés, d'efforts destinés à éloigner de l'animalité, à distancier de la trivialité des instincts, pulsions et passions, à quoi ajouter la construction de soi, l'édification spirituelle, la structuration d'une individualité, la formulation d'une subjectivité, ou bien le perfectionnement dans le langage, la communication, la méditation, la contemplation, tout ça pour ça : un corps glacé, immobile, silencieux...

La voix aimée ? Fini. Les mouvements familiers ? Terminés. Le regard, le rire et le sourire si souvent appréciés, goûtés ? Révolus. Les bruits de respiration, de mastication, ceux du sommeil ? Disparus. Le parfum, l'odeur, l'air tremblant au passage de l'autre ? Évanouis. La chaleur de la peau, du toucher, la pression de la pulpe des doigts ? Abolies... Et pour toujours. Le cadavre affirme non plus le corps moindre comme dans la vieillesse, mais le corps nul, désormais incapable de rien. Embarrassant, en trop, gênant, importun, il rappelle à ceux qui voudraient éviter la leçon que c'est fini et qu'il n'a plus sa place dans le monde des vivants. L'hygiène bien sûr, mais aussi l'ontologie : on ne passe pas sa vie à regarder la mort en face, à exister en présence d'une Vanité si impérieuse et efficace qu'elle interdit toute autre activité qu'une contemplation abîmée...

Le cadavre menace. Sa présence enseigne tout ce que les civilisations refoulent et refourguent au religieux. Allons-y : l'âme est séparée du corps, elle a rejoint le ciel, se trouve en présence de Dieu, oui, bon. Et cette odeur douceâtre, de qui est-ce l'odeur ?

d'où vient-elle ? que dit-elle ? Une odeur lourde, qui tombe, un peu fade et s'immisce dans tout ce qui se trouve alentour ? Ce parfum insupportable dont certains affirment qu'il ressemble à celui d'un frottement vigoureux par une paume du dos de la main enduite de salive. Les chiens, dit-on, hurlent à la mort quand ces phéromones pénètrent leurs narines... Essayez...

Menace aussi à cause de l'effacement des traits. Le visage fond, s'effondre, s'affaisse. Trous profonds dans les cavités des orbites, contraction des ailes du nez, affaissement et creusement des tempes, lividités sur la peau, couleur parcheminée, plombée, grise pour les noirs, verdâtre pour les jaunes, oreilles rétives en haut, lèvres pendantes, pommettes enfoncées, menton ridé et raccourci, bouche ouverte, mâchoire tombante, Hippocrate raconte ce que nous, ses contemporains, constatons encore : une anatomie vivante gommée par une physiologie morte. Le cadavre ? L'autre corps du vivant, celui que voient les autres, jamais soi : un pur être-pour-autrui...

Le restant, ce reliquat, exprime le Même et l'Autre. Plus précisément, il affirme : le Même est l'Autre. Le corps d'avant n'est plus, du moins il subsiste, mais défiguré, transfiguré, méconnaissable tout en trahissant encore une ressemblance. Qui est-il, cet être que je reconnais sans le reconnaître vraiment ? Comme si je le retrouvais cinquante ans après alors qu'une poignée d'heures me séparent de lui vivant ou de notre dernier échange ? Même par son nom, son corps, son identité, son histoire devient soudain Autre par le devenir de cette chair désertée par le souffle. On meurt petit à petit, par fragments, puis un jour, il ne reste plus rien à tuer : le cadavre, voilà l'être sur lequel la mort n'a plus aucune prise. Mais paradoxalement la vie, elle, continue son œuvre...

La vie ? Oui, car le travail après la mort, c'est celui du vivant... La mort se résume à une poignée d'événements et à un seul moment nommé grâce au recours de trois électro-encéphalogrammes plats effectués à quelque temps de distance. Signature du certificat de décès. Formalités administratives. Pendant ce temps, le vivant œuvre encore et toujours. Avers et revers de la même médaille : la mort travaille la vie de notre vivant ; la vie travaille la mort dans notre néant. Échange de bons procédés métaphysiques...

Plus de conscience, plus de volonté, plus de décision : normal, plus de cerveau. Plus de relation avec soi, les autres et le monde, impossibilité technique : décomposition du système nerveux. Mais tout cela dit la permanence du travail de la vitalité. Car ce qui réduit à rien ces instruments du jadis ne se nomme pas la mort. Des preuves ? Voici l'identité des coupables : bactéries, champignons, bacilles, puis des processus d'ingestion, de digestion et d'excrétion. Quand plus rien n'existe et que l'on parle de cendres, que sont-elles ? Les déchets des bestioles nourries de flore intestinale, d'acides aminés, de graisses et de cellules dont les festins produisent des gaz...

Pendant que le cadavre se prélasse dans une éternité où plus rien ne le presse, les insectes souterrains, les mouches, les coléoptères, les acariens travaillent. Ignorants des leçons épicuriennes, ils prouvent à leurs mandibules défendantes la validité des thèses du philosophe : les agencements disparaissent, ce qui constitue une identité à même de dire « je » ou « moi » cesse d'exister, mais pas les atomes qui composent cette structure subjective. La beauté d'un regard de femme fatale dormant du dernier sommeil survit dans la kératine du bousier. Maigre consolation, on a les immortalités qu'on peut...

Et l'âme ? Ah ! l'âme, cette Arlésienne ontologique ! Eh bien sa constitution ne fait plus aucun mystère. Elle se réduit à des éléments classés par Mendeleïev. L'âme se compose de méthane, de gaz carbonique, d'azote, d'ammoniac, d'hydrogène sulfuré – autant dire qu'elle sent fort et de manière incommodante... –, ajoutons de la triméthylamine, une poignée de bactéries du genre digestif : Escherichia Coli, Bacillus, Megatherium, Lacotobacille, Proteus, Klebsiella, Pseudomonas, Streptocoque – connu celui-là... –, Entérocoque, mais aussi, pour faire bonne mesure, un zeste de bactéries pulmonaires : Staphylocoque blanc et deux ou trois variations sur le thème des précédentes. Ne négligeons pas celles du tractus génital et du vagin assez pourvoyeur en bestioles stercoraires... Voilà l'âme.

A l'évidence, on comprend que les hommes préhistoriques penchés sur un de leurs défunts dans une grotte du quaternaire refusent les leçons visuelles, olfactives, auditives – l'éclatement des gaz fait toujours croire à la vie du mort... – de ce spectacle terrifiant. Pour peu qu'un animal passe par là et se repaisse de l'ancien compagnon de chasse, l'effet est garanti. D'où l'invention de la sépulture, peut-être juste une pierre posée sur le cadavre pour le protéger des bêtes errantes, mais assez pour scinder en deux le monde des mammifères : d'un côté le bipède sait qu'il meurt, de l'autre on l'ignore toujours...

Quand la vie a réglé son compte à la mort, que reste-t-il ? un squelette. Et encore : enterré, sollicité par les pressions, les hygrométries et les températures de la terre en sous-sol, il finit pulvérisé, transformé en une fine poudre de calcium confondue à la glaise. Engrais naturel ! Inhumé, même le squelette meurt. Sorti de terre, au sec, il dure l'éternité, du moins le temps qu'elle dure... Plus présentable que le cadavre, il sert aux artistes, aux apprentis médecins et aux marchands qui les fournissent. Aux dramaturges anglais aussi...

Rien, vraiment rien ne dure, ne reste, ne subsiste ? Si, l'âme... Mais de grâce définissons-la autrement que dans les catégories du matériel et de l'immatériel, du mortel et de l'immortel, sortons des histoires à dormir debout des partisans de l'esprit qui conduit au ciel et de l'âme comme trace du divin à même d'assurer notre salut. L'âme d'un mort coïncide avec le souvenir laissé par lui dans la mémoire de ceux qui l'ont connu, côtoyé, aimé. Ni réductible à la matière, ni relevant de l'incorporel, elle a l'étoffe des songes, des rêves, des souvenirs et des images. Elle exprime le corps – vivant ou mort – sur le principe de l'ubiquité, en dehors du temps et de l'espace, du moins dans tous les temps et dans tous les espaces des individus qui se souviennent et se remémorent.

Un terme convient pour la dire : l'aura. Walter Benjamin l'utilise, on le sait, pour caractériser l'œuvre d'art unique, ce qui la nimbe, la transfigure en épiphanie sans duplication possible. Chacun suppose une seule occurrence, une éventualité élue sur des milliards, autant dire une probabilité extraordinaire. L'excellence de l'individu – comme celle d'une œuvre d'art digne de ce nom – consiste en cette élection magique, tellement improbable *a priori*. Du spermatozoïde après sa rencontre avec l'ovule au cadavre en cours de décomposition, le corps enregistre une histoire sans double. Cette odyssée d'une chair à laquelle toute vie se résume oblige à un seul et unique devoir : ne pas la gâcher. D'où les impératifs catégoriques : sculpter son existence, construire son excellence, fabriquer son destin, peaufiner son être, produire un style. L'hédonisme propose de quoi éviter le ratage...

POUR SUIVRE :

FÉERIES BIBLIOGRAPHIQUES

1. Autobiographie de corps philosophiques

Qui inaugure le genre ? **Pascal** avec sa *Prière pour demander à Dieu le bon usage de la maladie*, Pléiade, Œuvres complètes, 1954, pp. 605 *sq*. Ou **John Donne**, poète et philosophe, auteur de *Méditations en temps de crise*, trad. Frank Lemonde, Rivages, 2002, un journal analytique de sa maladie, le typhus, écrit en 1623 ? **Montaigne**, à l'évidence, quand il raconte dans les *Essais*, trois tomes, Imprimerie nationale, sa maladie de la pierre, sa chute de cheval, son petit sexe, sa diététique comme autant de confidences autobiographiques qui fournissent l'occasion d'une pensée. Voir la théorie de cette vérité dans Nietzsche, *Le Gai Savoir*, Préface, trad. Pierre Klossowski, 10/18.

Parmi les philosophes contemporains, lire **Jean-Luc Nancy**, *L'Intrus*, Galilée, 2000, un texte très court, très beau, écrit à la première personne et qui pense la transplantation cardiaque qu'il a subie avec succès. Un bel exercice d'autobiographie philosophique, une illustration de ce que Jacques Derrida appelle ailleurs dans une trouvaille extraordinaire une *égodicée*, *Donner la mort*, p. 90, Galilée, 1999. L'égodicée définit une « autobiographie qui est toujours une autojustification ». Autre petit livre poignant, d'autant plus que son auteur en est décédé à l'âge de 53 ans en 1998, la narration de son cancer en phase terminale par **Jean-Michel Palmier**, *Fragments sur la vie mutilée*, Sens et Tonka, 1999. Sur une maladie, aussi – la dépression nerveuse –, on lira de **Clément Rosset** (qui prétend par ailleurs répugner aux confidences autobiographiques (!), il a tort...), *Route de nuit. Épisodes cliniques*, Gallimard, 1999.

2. Réparation aux utilitaristes

Si l'on ne sait rien du tout sur l'utilitarisme, voir les trois volumes très complets de **Catherine Audard**, *Anthologie historique et critique de l'utilitarisme*. Tome 1 : « Bentham et ses prédécesseurs » (1711-1832), tome 2 : « L'utilitarisme victorien » (1838-1903), tome 3 : « L'utilitarisme contemporain », 1999, P.U.F., dans la collection dirigée par **Monique Canto-Sperber** à qui l'on doit dans la même collection un intéressant *La Philosophie morale britannique*, 1994, dans lequel on peut lire parmi plusieurs essais de philosophes contemporains celui que Jonathan Glover consacre à des questions de bioéthique (avortement, transgenèse, handicap, etc...), p. 197 *sq*.

De **Jeremy Bentham**, *Déontologie ou la science de la morale*, tomes 1 et 2, 1834, éd. Charpentier – introuvable en librairie, à dénicher chez les bouquinistes au prix fort... Mais aussi *De l'ontologie et autres textes sur les fictions*, trad. Jean-Pierre Cléro et Christian Laval, Points-Seuil. Et *Essai sur la pédérastie*, trad. Jean-Claude Bouyard, éd. Question de genre / GKC, 2002. Un bref mais bon aperçu sur le mode abécédaire : *Le Vocabulaire de Bentham*, **J.-P. Cléro** et **C. Laval**, Ellipses, 2002. Les revues qui consacrent à Bentham ou à l'utilitarisme un texte ou un dossier, même chose pour les actes de colloque, peu nombreux au demeurant, gagnent à être laissés de côté... Préférer la source.

De **Peter Singer**, *Questions d'éthique pratique*, trad. Max Marcuzzi, Bayard, 1997. Ce livre comprend un appendice (pp. 317-337) qui rapporte quelle réception honteuse, violente, agressive, hystérique, on a pu faire physiquement du philosophe et de ses travaux en Allemagne, très prompte sur ces sujets à voir du nazisme partout. Tout vient à point à qui sait attendre ! Lire également, du même auteur, un petit livre qui défend une position inattendue, mais intéressante : *Une gauche darwinienne. Évolution, coopération et politique*, trad. Manuel Benguigui, Cassini, 2002. Si la gauche a envie d'avoir des idées, sait-on jamais...

3. La médecine vaticanesque

La bioéthique offre aux éditeurs un superbe filon à exploiter. La quantité astronomique d'ouvrages sur ce sujet n'a d'égal que l'indigence des contenus. Quand il ne s'agit pas purement et simplement d'expliquer le clonage, la transgenèse, les fondamentaux du génie génétique, on assiste à des leçons de morale infligées par des spécialistes patentés, médiatisés et propriétaires du fonds de commerce de ces questions. Aux côtés des prêtres, des rabbins, des pasteurs, des imams et des vénérables, ces blouses blanches en service commandé affirment qu'il est urgent d'attendre, que la prudence importe plus que tout, que le principe de précaution doit mener le bal. Au bout du compte, le conservatisme règne quand ça n'est pas la réaction... Laissons de côté ces livres.

Si l'on veut connaître la position de l'Eglise sur les questions de bioéthique, on lira avec profit la *Charte des personnels de la santé* publiée par le *Conseil pontifical pour la pastorale des services de la santé*, Cité du Vatican, 1995. On ajoutera le *Catéchisme de l'Église catholique*, Mame-Plon, 1992. Ne serait-ce que pour lire la justification de la peine de mort (article 2266 !) ou de la légitime défense (article 2264 !) dans un chapitre consacré au cinquième commandement : « Tu ne commettras pas de meurtre » (*Exode* 20,13) ! Les chrétiens pourront difficilement rétorquer à ceux qui refusent le judéo-christianisme pour sa haine du corps, son dolorisme, sa fascination pour la mort, sa nécrophilie (pour reprendre le terme utilisé par **Jankélévitch** dans *Penser la mort ?*, Liana Levi, 1994, qui écrit page 113 : « L'amour du cadavre est catholique. Le catholique est nécrophile, nécromant, il aime mieux un cadavre qu'un vivant. » Et page 133 : « La haine du corps est particulièrement développée dans le christianisme ») qu'ils retardent car sur ce sujet l'Église a évolué... Ou alors depuis 1995 !

On y lira la condamnation de l'avortement (articles 139 et 140), des pilules anticonceptionnelles ou du lendemain (articles 15 à 20), de la Fivete (articles 24 à 28)), des mères porteuses (article 29), de la stérilisation, de la chirurgie transsexuelle, une invite aux analgésiques (articles 122 à 124), certes, mais avec modération (*sic !*) (articles 68 à 71), le refus de l'expérimentation sur l'embryon (article 82), des xénogreffes (article 89), des drogues douces (articles 93 à 96), de l'euthanasie (articles 147 à 150) et du suicide (article 65). A lire aussi l'éloge des soins palliatifs (article 130) comme occasion « d'évangéliser la mort »...

4. Les philosophes avec les prêtres

La tradition de la haine du corps remonte à loin. Pythagore est le premier, héritier des Orientaux, mais **Platon** est le plus célèbre. On lira ses œuvres complètes traduites par Léon Robin dans les deux tomes de la Pléiade et plus particulièrement le *Phédon* sur l'âme immortelle et distincte du corps (69 c, 73 a, 76 c, 80 b, 100 b), la chair comme ce qui trouble l'âme et l'empêche d'exister souverainement (64 b-c), ou la vérité de la métempsycose (82 a). On retiendra, pour mémoire : « Les philosophes authentiquement philosophes sont avides de mourir » (64 b).

Augustin, ancien bambocheur devenu évêque (les pires ?) théorise le christianisme et fournit à l'Eglise l'ensemble de son matériel conceptuel dans *La Cité de Dieu*, Pléiade. Ajouter à ce monument catholique la *Somme théologique* de **Thomas d'Aquin** en quatre tomes parus au Cerf. Variations sur la haine des hommes, du réel et du monde doublée d'une vénération pour le ciel, ses habitants et son confort. Pour analyser la névrose chrétienne, notamment en ce qui concerne le corps, voir *Le Renoncement à la chair*, trad. P.-E. Dauzat et C. Jacob, Gallimard, 1995.

5. Contre l'obscurantisme chrétien

La science permet depuis toujours de faire reculer les spectres religieux... J'ai travaillé sur quelques ouvrages techniques : un *Atlas de poche d'embryologie* d'**Ulrich Drews**, Flammarion, m'a permis d'aborder la difficile question de la date d'apparition de l'humain dans le vivant, notamment à partir de l'interactivité du système nerveux et des stimuli extérieurs. Sur ce sujet, **Mahieu-Caputo**, « La douleur du fœtus », *La Presse médicale*, tome 29, n° 12, pp. 637-692. Pour approcher quelque peu la mécanique elle aussi imprécise du système nerveux autonome, *Système nerveux végétatif*, **J. Guérin**, **B. Bioulac**, **P. Henry** et **P. Loiseau**, Sandoz. Sur le cerveau comme lieu de l'identité, je suis parvenu à mes conclusions après lecture des 888 pages de l'ouvrage de **Mark F. Bear**, **Barry W. Connors** et **Michael A. Paradisio**, *Neuroscienses. A la découverte du cerveau*, trad. André Nieoullon, éd. Pradel. Accepter de ne pas tout comprendre...

Lire avec profit et bénéfice, de **Jean-Pierre Changeux**, *L'Homme neuronal*, Fayard, **Jean-Didier Vincent**, *Biologie des passions*, Odile Jacob, et de l'ancêtre philosophe sur ces questions : **Julien Offroy de La Mettrie**, *Œuvres complètes*, deux tomes chez Fayard, voir notamment *L'Homme-machine*, mais aussi *Système d'Épicure*. A quoi on ajoutera son excellent pamphlet sur la médecine récemment réédité : *Ouvrage de Pénélope*, Fayard également.

Le vocabulaire posant souvent problème, j'ai utilisé l'excellent *Les mots de la bioéthique. Un vocabulaire encyclopédique*, sous la direction de **Gilbert Hottois** (dont c'est probablement le meilleur travail...) et de **Marie-Hélène Parizeau**, éd. De Bœck Université. Bibliographie précieuse. Plus synthétique, plus rapide, mais tout aussi efficace . *Vocabulaire de la bioéthique*, P.U.F., de **Laurence Azoux-Bacrie**.

Les *Annales d'histoire et de philosophie du vivant* ramassent parfois de très bonnes contributions : volume 1 : *Philosophie, médecine et réalité en soi*, volume 2 : *Biologie et éthique*, volume 4 : *La Philosophie et la biologie de la fin de la vie*, volume 5 : *Pour une autre histoire des sciences*, volume 6 : *Les Traitements des maladies de l'âme et du cerveau*, tous publiés aux Empêcheurs de penser en rond, sauf le volume 2 : Sanofi-Synthélabo.

6. Où sont les philosophes ?

Sur cette question, on se le demande : peu écrivent sur ce sujet qui exige un immense investissement pour le non-spécialiste et de longues heures de lecture. Du travail donc... On tourne autour des mêmes... **Georges Canguilhem**, bien sûr, notamment *Le Normal et le Pathologique*, P.U.F., *La Connaissance de la vie*, 1992 (édition augmentée dans laquelle on trouve cette définition pertinente de la médecine comme « un art au carrefour de plusieurs sciences » ainsi qu'une passionnante profession de foi vitaliste). Plus récemment : *Écrits sur la médecine*, Seuil, 2002. Voir également *L'Homme de Vésale dans le monde de Copernic*, Les Empêcheurs de penser en rond, 1991.

Et puis, autre figure incontournable, penseur original, philosophe atypique, homme de gauche radical : **François Dagognet**, lui-même médecin-philosophe, auteur d'un ouvrage consacré à son maître : *Georges Canguilhem. Philosophe de la vie*, Les Empêcheurs de penser en rond. On trouve dans ce livre une démonstration du vitalisme de Canguilhem et d'intéressantes réflexions sur la possibilité de « corps utopiques ». Du même auteur : *Le Corps multiple et un*, une synthèse de la question du corps en philosophie, *Savoir et pouvoir en médecine*, et *Questions interdites* – sur avortement, assistances à la procréation, prolongation et raccourcissement d'une vie, tous les trois aux Empêcheurs, puis *La Maîtrise du vivant*, Hachette. Voir aussi : *Pour une philosophie de la maladie*, des entretiens avec Philippe Petit, éd. Textuel.

Sur son travail : *François Dagognet médecin épistémologue philosophe. Une philosophie à l'œuvre*, Les Empêcheurs de penser en rond : les auteurs de ce livre abordent les facettes multiples de ce philosophe passionné aussi par l'art contemporain, les images, la politique... Un texte de lui également dans le volume 5 des *Annales :* « Essai d'autojustification. Dispersion et recentrage », pp. 11-24.

7. Mais encore ?

On fait beaucoup de cas de Peter Sloterdijk, pour de mauvaises raisons... La polémique qui oppose Habermas l'ancien à Sloterdijk le postmoderne pour la maîtrise du champ philosophique allemand, donc européen... explique en partie les enjeux de ce faux débat. A quoi il faut ajouter l'orchestration d'une campagne de dénigrement sur son travail à l'occasion d'une conférence, *Règles pour le parc humain. Une lettre en réponse à la* Lettre sur l'humanisme *de Heidegger*, trad. Olivier Mannoni, Mille et Une Nuits, dans laquelle un inoffensif exercice universitaire qui commente les pages de Platon sur la pastorale politique et d'Heidegger sur l'humanisme s'est trouvé transformé en apologie pour la sélection raciale rappelant outre-Rhin de mauvais souvenirs. On lira, du même tonneau, *La Domestication de l'Etre. Pour un éclaircissement de la clairière*, même traducteur, même éditeur. Sous les brouillards stylistiques et conceptuels germaniques de Sloterdijk, on trouve une banale invitation à la prudence devant les potentialités de la transgenèse... Pas de quoi fouetter un philosophe ! **Yves Michaud**, dans *Humain, inhumain, trop humain. Réflexions philosophiques sur les biotechnologies, la vie et la conservation de soi à partir de l'œuvre de Sloterdijk*, éd. Micro-Climats, 2002, n'ajoute rien de notable à ce que l'on peut lire en première main.

Habermas, pour sa part, a publié un bien triste ouvrage sur ce sujet – *L'Avenir de la nature humaine : vers un eugénisme libéral ?*, Gallimard, 2002 – car ses arguments pour condamner la bioéthique postmoderne restent au niveau des craintes et peurs banales de l'individu moyen. Mêmes remarques pour l'ouvrage de **Francis Fukuyama**, *La Fin de l'homme : les conséquences de la révolution biotechnique*, La Table Ronde, 2002. Ou celui de **Paul Virilio**, *Ce qui arrive*, catastrophiste en diable et radicalement désespéré sur les potentialités d'un corps postmoderne, voir pp. 29 *sq.*, Galilée, 2002. **Dominique Jannicaud**,

L'homme va-t-il dépasser l'humain ?, Bayard, 2002 s'inquiète de la montée en puissance des technosciences et invite à résister avec... l'humanisme – ce christianisme des agnostiques...

8. Vitalité du vitalisme

La bibliographie sur le sujet du vitalisme fait cruellement défaut. Consulter partiellement **André Pichot,** *Histoire de la notion de vie*, Gallimard, 1993, les pages 391 à 578 abordent la question de l'opposition mécanisme / vitalisme. Le seul ouvrage philosophique sur la question : **Cournot**, *Matérialisme, vitalisme, rationalisme. Étude sur l'emploi des données de la science en philosophie*, Vrin, Œuvres complètes, tome 5, 1987. Un texte de **Ernest** et **Paul-Joseph Barthez** : *Sur le vitalisme de Barthez. A propos de la synthèse des matières organiques*, éd. Thunot. Un livre singulier sur la mort comme sculpteur de la vie dans le vivant – l'apoptose : **Jean-Claude Ameisen**, *La Sculpture du vivant. Le suicide cellulaire ou la mort créatrice*, Seuil. Excellente synthèse de cet ouvrage dans le volume 4 des *Annales* précitées, « La mort et la sculpture du vivant », pp. 81-108. Ne pas oublier non plus les *Recherches physiologiques sur la vie et la mort* de **Bichat**, Marabout Université : c'est dans ce livre qu'on lit (première partie, article 1, première phrase) : « la vie est l'ensemble des fonctions qui résistent à la mort », *op. cit.*, p. 1.

9. Naître ou ne pas naître ?

Sur les premiers moments d'une vie et la possibilité d'intervenir médicalement au plus tôt : **Bernice Elger**, *Médecine prédictive et décisions procréatives et prénatales*, éd. Médecine et hygiène. Pour éviter les stupidités racontées sur l'affaire Perruche comme la prétendue reconnaissance du préjudice à être né là où il est seulement question de la possibilité de dédommager une famille trompée par une erreur de diagnostic prénatal, **Olivier Cayla** et **Yan Thomas**, *Du droit de ne pas naître. A propos de l'affaire Perruche*, Gallimard, 2002. Sur le même sujet, et avec de semblables arguments, **Marcela Iacub**, *Le crime était presque sexuel et autres essais de casuistique juridique*, EPEL, 2002, et *Penser les droits de la naissance*, P.U.F., 2002. A compléter par l'ouvrage de **Dominique Youf**, *Penser les droits de l'enfant*, P.U.F., 2002.

10. L'eugénisme, cet inconnu

Le terme glace immédiatement et la discussion tourne court dès son apparition. Pourtant, l'eugénisme nazi ne contient pas toutes les formules possibles d'eugénisme : de gauche avec l'hygiénisme, de droite avec le racialisme, libéral selon Habermas, ou libertaire – selon la proposition de *Féeries anatomiques...* – on lira la bonne synthèse des enjeux dans *L'Eugénisme en question. L'exemple de l'eugénisme « français »*, Ellipse, 1999, d'**Alain Drouard**. On y découvre que le problème est plus compliqué que ce que l'on dit. Voir aussi de **Jean-Noël Missa** et **Charles Susanne**, responsables d'un collectif intitulé *De l'eugénisme d'Etat à l'eugénisme privé*, éd. de Bœck Université.

Si l'Allemagne nationale-socialiste a rendu inutilisable le terme, la France de Vichy y a aussi contribué à sa manière avec **Alexis Carrel,** l'auteur d'un best-seller constamment réédité : *L'Homme cet inconnu*, Plon. On y trouve un éloge de la suppression des handicapés par les gaz... Le personnage, brillant chirurgien, homme détestable, Prix Nobel de Médecine en 1912, a dirigé pour Pétain de 1941 à 1944 – après ça n'est plus possible... – la « Fondation française pour l'étude des problèmes humains » devenue après la Libération l'« Institut national d'études démographiques »... **Alain Drouard** consacre une biographie au personnage : *Alexis Carrel (1873-1944). De la mémoire à l'histoire*, L'Harmattan, 1995. Lucien Bonnafé et Patrick Tort lui règlent son compte dans *L'Homme cet inconnu ? Alexis Carrel, Jean-Marie Le Pen et les chambres à gaz*, éd. Syllepses, 1992.

11. Je pense donc je suis – mon cerveau...

L'histoire du bateau de Thésée, ce sont quelques lignes seulement dans **Plutarque**, *Vies parallèles*, « Vie de Thésée », XXIII, 1, trad. Anne-Marie Ozanam, Gallimard, Quarto, p. 76. Locke disserte sur l'identité du roi et du savetier dans *Essai concernant l'entendement humain*, livre II. chapitre XXVII.15, trad. P. Coste, Vrin. Voir l'édition et la traduction nouvelle d'Etienne Balibar : **John Locke**, *Identité et différence. L'invention de la conscience*, Seuil, 1998. **Leibniz** planche sur les indiscernables dans les *Nouveaux essais sur l'entendement humain*, livre II, XXVII, 1-3, Aubier-Montaigne. Sur ces questions, **Stéphane Ferret** montre son brio de rhéteur et de dialecticien dans *Le Philosophe et son scalpel. Le problème de l'identité personnelle*, et *Le bateau de Thésée. Le problème de l'identité à travers le temps*, tous deux aux éditions de Minuit. Livres intelligents et drôles. **John R. Searle** pour sa part démontre avec bonheur que les états de conscience relèvent purement et simplement de la neurobiologie : *Le Mystère de la conscience*, trad. Claudine Tiercelin, Odile Jacob, 1999. Le livre contient également des entretiens avec David Chalmers et Israël Rosenfield.

12. La chair n'est pas triste !

Et il reste beaucoup à lire, notamment sur cette question du corps matériel. Un classique, brillant, mais peu consistant comme souvent avec **Paul Valéry**, le *Discours aux chirurgiens*, Pléiade, *Œuvres*. La vie de Voronoff est plus drôle, voir la biographie de **Jean Real**, *Voro-*

noff, Stock, 2001. Puis les textes mêmes du greffeur juif de testicules de singe sur le corps de Maurras : **Serge Voronoff**, *Étude sur la vieillesse et le rajeunissement par la greffe,* Sens édition, 1999. Bibliographie et photos des prouesses chirurgicales du héros ! Pour ceux qui doutent de l'existence et des travaux de ce personnage fantasque : **Nicolas Postel-Vinat** et **Christian Sinding**, « L'utopie hormonale de Voronoff. L'endocrinologie à l'heure du mythe », *La Revue du Praticien,* 1994, n° 44, pp. 2140-2143. Et **Alain Lellouch** et **Alain Segal**, « Contribution à l'histoire de la gérontologie et de l'endocrinologie du début du xxe siècle. Le docteur Voronoff (1866-1951) et ses essais de rajeunissement par les greffes animales », *Histoire des sciences médicales,* tome XXXV, n° 24, pp. 425-434, 2001.

13. Modernité des anciens

Sur la vieillesse, le suicide, la mort, rien ne remplace le contact direct avec les philosophes antiques, d'une étonnante modernité. **Cicéron**, par exemple, *De la vieillesse. Caton l'Ancien,* trad. Pierre Wuilleumier, Les Belles Lettres, 2003. Mais aussi les *Lettres à Lucilus,* un authentique chef-d'œuvre philosophique de tous les temps dont Paul Veyne a préfacé très longuement – avec un regard critique, parfois méchant... – une édition en un seul volume chez Robert Laffont, Bouquins, trad. R. Waltz, A. Bourgery, F. Préchac et H. Noblot dépoussiérés par Veyne, 1993. Voir plus particulièrement les lettres XXX, XXXVI, LXX, LXXVII, et LVIII. Sur la question de la mort, **Epicure** dit peu, mais parle avec densité : sur la mort et la possibilité du suicide, *Lettre à Ménécée* (124 à 126). Platon, pour une fois, dit ce qu'on ne voit pas habituellement sur la question de la mort volontaire quand on se contente de lire le *Phédon,* voir, donc, *Les Lois* (873 c), in *Œuvres complètes, op. cit.* A quoi on peut ajouter le travail de **Yolande Grisé,** *Le Suicide dans la Rome antique,* Les Belles Lettres, 1983.

15. Caducité de certains modernes

La lecture de la littérature consacrée aux soins palliatifs paraît ridicule en regard des textes de l'Antiquité... Voir ainsi **Michèle Salamagne** et **Emmanuel Hirsch**, *Accompagner jusqu'au bout de la vie,* 1992, Cerf – éditeur chrétien. Le même **Hirsch** – qui sévit à l'« Espace éthique de l'Assistance publique » – passe pour le spécialiste de la question. Il emballe effectivement la marchandise dans un style philosophique qui peut faire illusion : *Médecine et éthique : le devoir d'humanité,* Cerf, 1990. Sa bibliographie se constitue presque exclusivement de recueils et présentations de textes, d'entretiens et de participations à des ouvrages collectifs. Voir aussi **Patrick Verspieren**, prêtre, rattaché au « Département d'éthique médicale » au Centre

Sèvres, in *Annales, op. cit.*, volume 4, « Soigner et accompagner jusqu'au bout : significations d'une redécouverte », pp. 145-158. Autant d'individus aux endroits stratégiques...

Moins emballé de philosophie, plus fabriqué avec des témoignages anonymes (Marcelle, 35 ans, cancer du rectum, nous dit que...), certainement la plus médiatisée grâce aux massages du visage, comptines fredonnées et autres bougies allumées au chevet de François Mitterrand : **Marie de Hennezel**, la Pasionaria des soins palliatifs. Elle écrit sans vergogne page 48 de son *Nous ne nous sommes pas dit au revoir*, Robert Laffont, Pocket, 2000, qu'au moment où elle achève l'écriture de son livre, sa tante « sourde-muette » vit ses dernières heures. Elle tient la main de sa parente, disserte sur les glaires, précise qu'elle s'y connaît en encombrement respiratoire et raconte la fin, notamment quand la tension monte jusqu'à 20, que du sang coule de sa bouche et que la mourante « dit » : « Maman, maman, je souffre, j'étouffe », page 49. On ne sait si le charisme de la « titulaire d'un DESS de psychologie clinique et d'un DEA de psychanalyse » – jamais finie la thèse ? – suffit pour expliquer ce miracle, mais une tante sourde-muette qui retrouve la parole sur son lit de mort, voilà qui renseigne sur le sérieux, voire la sincérité du personnage... Et des correcteurs de Robert Laffont édition !

On ne trouvera pas pareille bévue dans *L'Art de mourir*, un entretien avec Jean-Yves Leloup, Pocket, Robert Laffont, 1997. Ni dans *La Mort intime*, préfacé par l'ancien président très anciennement socialiste qui, dans les derniers jours de sa vie, sollicita le passage des reliques de Thérèse de Lisieux, trimbalées en France derrière une petite Peugeot. L'éditeur ? Robert Laffont, encore et toujours. Le même qui publie *Mémoires de vie, mémoires d'éternité*, de **Elisabeth Kübler-Ross** – sur la couverture : « La mort n'existe pas » – la prêtresse de cette religion New Age.

Franchement philosophique, avec des « parlêtres » privés de parole » (p. 193), « un aître de l'homme » (p. 74), du « désaimer » (p. 186), des génuflexions devant Heidegger et Lacan, l'ensemble constellé d'italiques et de guillemets, **Daniele Moyse** défend les mêmes thèses que la titulaire du DEA qui rend la parole aux muets dans *Bien naître-bien être-bien mourir. Propos sur l'eugénisme et l'euthanasie*, éd. Érès. La dame est également membre du « Groupe éthique de l'Association des paralysés de France »...

16. Cadavre exquis

Sur la pulsion de mort, **Freud** écrit des pages d'une importance majeure dans *Au-delà du principe de plaisir*, 1920, mais également dans *Considérations actuelles sur la guerre et sur la mort*, 1915. Voir aussi dans *Le Moi et le ça*, 1923, les développements consacrés aux pulsions de vie et de mort. Ces études sont regroupées sous le titre *Essais de psy-*

chanalyse, Payot, trad. Dr. S. Jankélévitch, 1981. Voir aussi *Deuil et mélancolie,* dans *Métapsychologie,* Idées, Gallimard, trad. Laplanche et Pontalis.

Jankélévitch, dans un style lyrique, précieux – debussyste pourrait-on dire... –, aborde la question de *La Mort,* Flammarion, 1977, et laisse son lecteur sur sa faim avec ses conclusions habituelles sur l'ineffable, le mystère et l'indicible... Dans *Penser la mort ?* déjà cité, il prend nettement position pour l'euthanasie et contre la mainmise de la religion sur la question du corps souffrant. **Norbert Elias**, plus concis, dit plus dans *La Solitude des mourants,* trad. Sybille Muller, Christian Bourgois.

Hans Jonas, dont je n'aime pas les attendus et les conclusions quand il théorise le *Principe responsabilité,* Champs-Flammarion, écrit sur le suicide, la fin de vie, un joli et court texte intitulé *Le Droit de mourir,* trad. Philippe Ivernel, Rivages Poche, 1996. Du même auteur, on lira aussi *Pour une éthique du futur,* trad. Sabine Cornille et Philippe Ivernel, Rivages, 1998. Et le chapitre VIII intitulé « La prédisposition à la peur est un commandement éthique » in *Une éthique pour la nature,* Desclée de Brouwer, 1993. Et puis, conclusion des conclusions, *Le Cadavre. De la biologie à l'anthropologie* de **Louis-Vincent Thomas**, éd. Complexe, 1980. Tout sur la décomposition, la pourriture, les embaumements, la cryogénisation, le cannibalisme, la thanatopraxie, les funérariums, les morgues, les cercueils, les cimetières et autres joyeusetés funéraires...

Cet ouvrage a été composé et imprimé par

FIRMIN DIDOT
GROUPE CPI

Mesnil-sur-l'Estrée

pour le compte des Éditions Grasset
en septembre 2003

Imprimé en France
Dépôt légal : septembre 2003
N° d'édition : 12956 – N° d'impression : 64773
ISBN : 2-246-64581-6